D1731157

R.W.B. McCormack
TIEF IN BAYERN

R.W.B. McCormack

TIEF
IN BAYERN

Eichborn Verlag

Die Deutsche Bibliothek – CIP-Einheitsaufnahme
McCormack, R. W. B.:
Tief in Bayern / R. W. B. McCormack. – Frankfurt/Main : Eichborn, 2000
ISBN 3-8218-1623-6

5. erweiterte und aktualisierte Auflage

© Eichborn Verlag AG
Frankfurt am Main, April 2000
Umschlaggestaltung: Christina Hucke, Umschlagfoto: © Bavaria [M]
Satz: Fuldaer Verlagsagentur, Fulda
Druck und Bindung: Wiener Verlag, Himberg
ISBN 3-8218-1623-6

Inhalt

Liberalitas Bavarica — *Inschrift über dem Portal der Stiftskirche zu Polling bei Weilheim: eines der großen ungelösten Rätsel der Ethnographie. Der Wortsinn konnte nie befriedigend dechiffriert werden. Die Bedeutung bleibt wohl für immer im Dunkeln.*

Vorbemerkung

In den *Human Relations Area Files* (HRAF), einer unverzichtbaren ethnographischen Datenbank, sind nicht weniger als elftausend Seiten über die Navajos gespeichert; über die Bayern kein Wort. Ebenso wenig Beachtung finden sie in Woods *Uncivilized Races of Men.* Die Quellen sind so dürftig, die Wissenslücken so beschämend, daß wir uns aufgerufen fühlten, eigene Feldforschung anzustellen, hier definiert als »systematisches, an Ort und Stelle vorgenommenes Sammeln von wissenschaftlich auswertbaren Daten über die Verhältnisse in der Wirklichkeit«. Methodisch haben wir uns hauptsächlich auf die teilnehmende Beobachtung *(participant observation)* verlassen, ergänzt durch Fragebögen und strukturierte Interviews. Unter dem Einfluß von Alkohol ließen sich Informanten gelegentlich auch zu unstrukturierten Interviews bewegen. Unsere Erkenntnisziele lagen in der Entzifferung des kulturellen Codes und der Grammatik sozialer Interaktion. Uns interessierte das kognitive System der einheimischen Bewohnerschaft ebenso wie ihre Kognaten. Wir untersuchten den Naturbegriff, die Heiratsmechanismen, typische Körperrituale und Verhaltenssequenzen (z.B. trinken – urinieren), Normen und Werte und je die ethnohistorischen Rückbezüge. Daten wurden nach einer *folk taxonomy* geordnet. Daß vieles Konjektur bleiben mußte, hat mit dem Indeterminismus der Informanten zu tun (»Ma woaß ja nix, ma moant ja bloß«). Wir bevorzugten einen naturalistischen Ansatz, beobachteten die Bewohner also möglichst in ihrem natürlichen Umfeld *(behavior settings)*. Unsere Forschungsreise währte gut zwei Jahre.

Mein Dank gilt dem *National Council of Foundations* und dem Präsidenten meiner Universität, der dafür sorgte, daß in meiner Abwesenheit Kollegen die Betreuung meiner Studenten übernahmen. Dank schulde ich ferner meiner Lebensgefährtin, die mir jederzeit *moral support* gab und ansonsten nicht weiter störte. Danken will ich schließlich Tracy Hallett und Kitty O'Connor-Schmehr, die mir bei der Herstellung des Manuskripts geholfen haben. Dr. Fred A. Mergenthaler erstellte das Ortsregister.

Washington, im Sept. 1990   Richard McCormack

Geschichte

Die Bayern genießen bei den umwohnenden Stämmen nicht eben hohes Ansehen. Eine gelehrte *Gesellschaft der vertrauten Nachbarn am Isarstrom* mutmaßte bereits im Jahre 1702, daß ein ganzes Leben nicht ausreichen würde, wollte man »dem Chur-Bayrischen Vatterland nachtheilige Bücher oder Schrifften ex fundamento und mit Offenbarung aller ihrer in sich begreiffenden Tadlhafftigkeiten durchgrüblen und also die Scribenten derselben sambt ihrer völligen Boßheit mit allen Umbständen entdecken wollen«. Jahrhundertelang hat das Bayernvolk Kränkungen hinnehmen, sich als grob, omniphag und ungeschlacht beschimpfen lassen müssen, als »Gesellschaft des ewigen Stillstands«. Für einen aus der Oberlausitz stammenden Autor war der bayerische Bauer »von Natur aus ein dummes und faules Tier«. In Gesprächen ermittelte der Berliner Friedrich Nicolai Spuren von Vernunft, hielt die Bayern aber im Grunde für »rohe Söhne der Natur«, aus denen man Menschen erst machen müsse. Vielfach trübte Angst das Urteilsvermögen. Gerade norddeutsche Ethnologen setzten ob der reizbaren Gemütsart des Stammes in ihren *field notes* ein Ausrufezeichen vor Bayern, wie bei den !kung, einer Sprachgruppe im afrikanischen Busch. Die *Neue Frankfurter Schule* trieb ihre Bavarophobie so weit, blutige Karambolagen und tödliche Verkehrsunfälle bayerischer Würdenträger eifrig weiterzuerzählen und zu beklatschen. Jüngste Veröffentlichungen stellen die Bayern als »eine der politisch, sozial und kulturell unmündigsten Bevölkerungen« überhaupt vor, und die Radiomeldung »in ganz Bayern erhebliche Behinderungen« gilt einer maliziösen Auslegung zufolge nicht nur an nebligen Tagen. Begabte und gewöhnlich nicht zum Alarmismus neigende Gelehrte haben vor dem Stamm gewarnt. In den Ruf »Reisende, meidet Bayern« stimmten vor allem

11

solche Kollegen und Kolleginnen ein, die nicht fähig waren, kognitive, linguistische und affektive Besonderheiten dieses Volkes im Innern Zentraleuropas *on its own terms* zu würdigen.

*

Bayern ist ein meeresfernes, den nördlichen Kalkalpen vorgelagertes Binnenland. Das Klima mag zu früheren Zeiten etwas wärmer gewesen sein, wie sich aus dem *Theodelindenfächer* und anderen Primärquellen sowie aus den 280 Heiztagen im Bayerischen Wald (»drei Vierteljahr Winter, ein Vierteljahr kalt«) schließen läßt. Zu den charakteristischen Landschaften zählen das Obermainische Schollenland; das Gebiet vom Steigerwald zu den Haßbergen; die mondähnliche Region im Nördlinger Ries bei Bopfingen; das niederbayrische Tertiärhügelland, dessen Osthänge mit Löß bedeckt sind; das Oberwiesenfeld als voralpine künstliche Endmoränenlandschaft; das Land der Heißen Quellen im Südosten und das durch Pollenanalyse entdeckte Areal Wilder Samen (das heutige Schwabing). Die höchste Erhebung ist der Volkacher Kirchberg, ein gigantisches Massiv im wenig erforschten Nordteil des Landes.

Die topographischen Kenntnisse der Einheimischen ändern sich zeitabhängig. Der Obersalzberg wird neuerdings als Deutschlands höchstgelegener Golfplatz identifiziert. Richtungsangaben enthalten Lokalkolorit und erschweren dem Fremden die Orientierung. Ein Informant beantwortete die Frage, wo die Hallertau liege, so: »Das Feldkreuz da sehen Sie; und da, wo unser lieber Herrgott sein Arsch hinstreckt, da ist die Hollertau.«

Das Anbaugebiet des Hallertauer *prima* bildet eine eigene biotische Region. Das alpine *herbland* ist reich an Heilkräutern. Der Enzian hat die Ethnobotaniker in unserem Team in seinen Bann geschlagen.

Teilrestaurierte Höhlenzeichnungen, wie sie 1928 und 1931 auf dem Bojernfeld bei Straubing gefunden wurden.

Von den natürlichen Ressourcen ist an erster Stelle die Wasserkraft zu nennen. Wasser wurde ursprünglich zum Antreiben der Malz-, Hanfbrech- und Schnupftabakmühlen gebraucht, wie man sie heute noch in abseits liegenden Gehöften findet.

Die für das Hochland typische Gams *(ovis sp.)* war um 6500 v. Chr. schon einmal ausgestorben und mußte von den römischen Eroberern erst wieder eingeführt werden.

*

Das gesamte Stammesgebiet ist pferdelos, bis auf das Areal Rottal-Inn. Dort ausgegrabene Petroglyphen zeigen Hufeisen, möglicherweise aber auch Vulvae, daneben gehörnte anthropomorphe sowie zoomorphe Wesen, wahrscheinlich Schweine *(sus scrofa vittatus)*. Die proto-historische Fleischversorgung bestand zu 80 Prozent aus geschwärztem oder gebrühtem Schweinefleisch und zu einem Fünftel aus schweinernen Würsten. Mageres Fleisch unterlag einem Meidungsgebot.

Unsere prähistorischen Kenntnisse von der größten Siedlung verdanken wir der Isotopenanalyse von Urin und Rattenfaeces in

13

der Nähe des heutigen Prinz-Carl-Palais; Pygmäenkoniferen beim
jetzigen Ministerium an der Salvatorkirche und Fossilien parasiti-
scher Würmer im Herzogpark und in der Nymphenburger
Frickastraße. Frauengrabbeigaben und achtlos weggeworfener
Siedlungsabfall legen den Schluß auf eine einheitliche materielle
Kultur nahe. Zu den ältesten Funden gehörten eine tauschierte
Gürtelgarnitur aus der zweiten Belegungsschicht, Stilettspitzen,
Hirschhornknöpfe, perloptische Mehrschichtengläser *(bladern)*
und Schnappverschlüsse. Die Töpfer spezialisierten sich auf *open
mouth jars*, zunächst mit zwei Griffen, in der Zeit der Einhenkel-
oder Sollbruchstellenkeramik mit einem Griff *(keferloher)*. Zu-
sammengedrehte Kuhschwanzhaare dienten nach heutigen Erkenntnissen als Milchsiebe.*

Verläßliche schriftliche Aufzeichnungen zur Stammesbildung
gibt es nicht. Entsprechend wild wucherten die ethnogenetischen
Erklärungen. Als widerlegt müssen die anti-keltische Markoman-
nentheorie und die asiatische Hunnentheorie gelten. Daß die
Bayern, wie noch Nicolai meinte, in die Kluft zwischen Anthro-
poiden und Menschen gefallen sind, mag heute niemand mehr
ungeschützt behaupten. Wie gravierend jedoch die klassifikatori-
schen Probleme sind, zeigt die Schlagzeile einer süddeutschen Zeitung aus dem Berichtszeitraum: »Literaturfestival für Menschen
und Bayern«.** Fest steht, daß die Bayern ein Mischvolk mit einem Ursubstrat aus Kelten, Raetoromanen, Römern und Germa-
nen sind. Das poly-ethnische Völkergemisch verdichtete sich nach
der Überlagerung und Beherrschung durch die Franken. Passau
war der Welt erste multikulturelle Stadt, ohne daß sich die Passauer dessen bewußt wären.

---

* W. Scheingraber, *ABC alpenländischer Volkskultur*, Dachau 1988, S. 82.
** *Süddeutsche Zeitung* vom 15. Juni 1989.

Baio-varii heißt nichts anderes als Männer aus dem Lande Baia. Diesen Namen erhielt der Stamm *nach* dem Kontakt mit benachbarten Hochkulturen, vornehmlich suebischen Alemannen, Sachsen und Thüringern, die einige hundert Jahre früher in die Geschichte eingetreten sind. Der anfänglich vorherrschende nomadische Pastoralismus, ein Wanderhirtentum unter geistlicher Führung, ging um diese Zeit zu Ende. Über den Grund der Seßhaftwerdung wissen wir wenig. Die Domestizierung von Nutzpflanzen wie Rettich, Hopfen und Kartoffel könnte eine Rolle gespielt haben. Andererseits hätte gerade ein stark blähendes Nahrungsmittel wie Rettich eine Fortsetzung des nomadischen Lebensstils nahegelegt.

Eine interessante Variante brachte Berthold. Er glaubte sichere Beweise dafür zu haben, daß die Urbajowaren oder Bojern längst abgewandert und die rezenten Bewohner des Landes Nachkommen von Arbeitssklaven, Bauchtänzerinnen, Kantinenwirten, Huren und Haarauszupfern aus den sudanesischen und syrischen Fremdenlegionen sind, die jahrhundertelang den römischen Limes bewachten. Deshalb die gekräuselten Haare der Männer, der dunkle Teint der Frauen.* Zur Frage der sozial-räumlichen Häufung solcher Erbmerkmale notierte Sebastian Franck schon 1534 in seinem Weltbuch über Bayern: »weibßbilder hat es fürbündig schön / doch etwas braun von schwartzen augen gemeynklich«. Schon aus diesem Zusammenhang heraus bewegt sich der Völkerkundler in Bayern auf legitimem Terrain, denn: »Ethnology is the study of everybody shorter and darker than you.«

*

---

* Fritz Berthold, *Die Hirtin und ihr Paradies*, Wien und München 1976. Den linguistischen Aspekt behandelt: Friedrich Müller, *Die Sprachen der lockenhaarigen Rassen*, Wien 1887.

Der männliche Bayer zeichnet sich durch eine volle, runde Gesichtsbildung aus *(gschwoischädl)*. Riesbeck beobachtete »aufgedunsene Wänste, kurze Stumpffüsse und schmale Schultern, worauf ein dicker runder Kopf mit einem kurzen Hals sehr seltsam sitzt«.* Wo in anderen Kulturen, etwa am Asowschen Meer, Langköpfe als edel galten und oft durch künstliche Deformation beim Kleinkind eigens herbeigeführt wurden, ging die Entwicklung beim Bayern kontrafaktorisch zur Breitschädeligkeit. Der Kopfindex – Breite in Prozent der Länge – kann bis zu 120 Prozent erreichen.** Obesität wird mit dem Argument verteidigt, man habe lieber vom Saufen einen Bauch als vom Arbeiten einen Buckel. Ein gewisser Leibesumfang und auseinanderstehende Schneidezähne sind Voraussetzungen für den Aufstieg in der Stammeshierarchie. Der Ruf nach mehr Leptosomen im rituellen Leben wird beharrlich überhört. Die Robustheit der Skelettreste aus den bajuwarischen Gräberfeldern bei Straubing und Altenerding läßt den Schluß zu, daß Leptosome keine Chance hatten, auf höhere Entscheidungsebenen geschweige in die Zentren der Macht vorzustoßen.

Der neuzeitliche Münchner gleicht anthropometrisch den Fassaden seiner Zweckbauten. Barock sind an ihm nur noch Bauch- und Kinnpartie. Dasselbe gilt *ceteris paribus* für Augsburger und Nürnberger. Muskelatrophie grassiert vor allem in den Städten. Ein starker Bizeps, geschwollene Halsschlagadern, hervortretende Nackenmuskeln und martialische Schnurrbärte sind – mit Ausnahme einiger unterfränkischer Restgruppen – für die indigene Bevölkerung weniger charakteristisch als für die zahlreichen türkischen Gastringer.

---

* Johann Kaspar Riesbeck, *Briefe eines reisenden Franzosen durch Bayern*, Zürich 1783, S. 126.

* Bei Werten von 81 Prozent und darüber liegt Brachykephalie vor. – Vgl. J. Imbelloni, »Die Arten der künstlichen Schädeldeformation …«, in: *Anthropos*, 1930, S. 801 ff.

Die Einheimischen beurteilen ihr eigenes Äußere durchaus ambivalent. So bemerkte ein gefeierter Volksschauspieler. »Von hint bin i net so schee wie von vorn«, was allerdings von Kennern der Szene bestritten wurde.

*

Will man die Entstehung der landesüblichen Tracht nachzeichnen, stößt man auf Probleme. Die Quellenlage ist nicht sonderlich gut. Am zuverlässigsten ist noch die Rekonstruktion aus Votivtafeln. Im großen und ganzen gibt es zwei Interpretationsschulen, die sich recht unversöhnlich gegenüberstehen.* Die erste Richtung vertritt die Auffassung, die Bauern hätten vor der Aufklärung allesamt denselben Kittel getragen, erst dann wären Lederhosen als »die Jeans des 18. Jahrhunderts« in Mode gekommen.** Die andere Schule ist überzeugt davon, »daß die bäuerliche Tracht zum großen Teil auch einmal hochgeschichtliches Kulturgut war, das mit einer zeitlichen Phasenverschiebung und in vereinfachter Form (damit aber auch verbilligt) von der bäuerlichen Bevölkerung übernommen und dann für einige Generationen beibehalten wurde«.***

Für eingeschworene Trachtler klingt dies wie Hochverrat, doch muß man zugeben, daß die Miesbacher Tracht, die das bayerische Nationalkostüm schlechthin ist, mitnichten auf heimischem Boden gewachsen, vielmehr erst um 1820 in Nachahmung der Kleidung von Tiroler Gastarbeitern entstanden ist. Und die Tegernseer Frauen haben zwanzig Jahre später ihre Dirndln den

---

* Ein 1958 erschienenes Werk über die *Tracht in Niederbayern* wurde von der Gegenseite prompt mit einem Pamphlet über die *Niedertracht in Bayern* beantwortet.
** Ernst Schubert, *Arme Leute, Bettler und Gauner im Franken des 18. Jahrhunderts*, Neustadt an der Aisch 1983, S. 26.
*** Demmelmeier, *Trachten in Bayern*, Miesbach 1981, S. 33.

Klassische Tracht um 1920.

Modernisierte Tracht um 1990.

Münchner Wirtinnen und Kellnerinnen abgeschaut. Selbst die bäuerlich aussehende Riegelhaube stammt aus der Stadt; sie wurde von Ludwig I. favorisiert.*

Die Trachtenforschung befindet sich somit in einer Sackgasse. So interessant es gewesen wäre, mehr über die Herkunft von Kropfketten zu erfahren (nachdem deren Funktion klar zu sein scheint) – wir haben es nicht für unsere Aufgabe gehalten, in die komplizierte Diskussion über die korrekte Verknotung des *labertaler haubentücherls* oder über den richtigen Schnitt des *busenpfaids* im Rottal einzutreten. Konsensus besteht unter Folkloristen eigentlich nur über zwei Dinge. Eines der gängigsten Bekleidungsstücke wurde aus der Not geboren: Die *wadlstrümpf* verdanken ihre Entstehung dem im Merkantilismus herrschenden Wollmangel. Zweitens starb die lebendige Tracht in den 1860er und 1870er Jahren aus. Unmittelbar danach setzten Revitalisierungsbestrebungen ein, zunächst bei besonderen Gelegenheiten, »wenn ein feierlicher Brauch in altertümlicher Weise« begangen werden sollte**, zum andern, wenn staatliche Zuschüsse in Aussicht standen. Die öffentliche Förderung der *trachtensach* erklärt das Mysterium, warum Gebirgstrachten-Erhaltungsvereine auch auf absolut flachem Land anzutreffen sind. Die Revitalisierung wird allgemein als Erfolg gewertet. »Es ist nicht vermessen festzustellen«, schrieb Karl Kraus, »daß trotz Fremdenverkehr und Zeitgeist die Bodenständigkeit immer neu hervorquillt.«***

In unserer Zeit bieten sich Trachten dem Forscherauge hauptsächlich in geschlossenen Formationen zum Klang von Blasmusik dar. An hohen Feiertagen wird der Welt gerne gezeigt, »wie sauber

---

* Barbara Brückner, »Die Münchner Riegelhaube«,. in: *Jahrbuch für Volkskunde*, 1958, S. 39 ff.

** Oskar von Zaborsky-Wahlstätten, *Die Tracht in Niederbayern*, München 1979, 2. Auflage, S. 13.

*** Karl Kraus, *Das Jahrhundertfest der bayerischen Trachtler*, Traunstein o. J., unpag.

man sein Sach beinand hat.« Ansonsten fällt eine eigenartige Nonchalance gegenüber den Sumptuargesetzen und dem äußeren Erscheinungsbild auf. In der kalten Jahreszeit kleiden sich Hoch und Niedrig in Lodenkotzen aus den verfilzten Haaren einheimischer Bergschafe. Bei aller Nachlässigkeit in der Kleidung ist doch eines verpönt: das Tragen des Hemdes über der Hose. Hier spielt ein verschämter Antiamerikanismus herein.

*

Der Stamm tauchte im 7. Jahrhundert nach Christus in der Geschichte auf. Das Selbstbewußtsein erwachte früh. Aus dem Hochmittelalter ist der Satz überliefert »Tole sint Uualhâ, spâhe sint Peigira« – dumm sind die Welschen, schlau die Bayern. Schon bald bildeten sich *consistent observable patterns* heraus. Der Agilolfinger Stammesfürst Tassilo forderte seine Untertanen auf, im Interesse der Volksgemeinschaft »dem König gegenüber stets falsch zu schwören«. Im aufgeklärten Absolutismus galt als Axiom »alles für den Stamm, nichts durch den Stamm«.

Hervorzuheben ist die Gewissenhaftigkeit der Potentaten in dieser Zeit. Unter der Führung von Max Joseph und Karl Theodor beriet die Stammesvertretung ausführlich, ob das Band des Georgsordens von links nach rechts oder von rechts nach links getragen werden solle.

Der Stamm hat immer Wert auf Kultur gelegt, Kultur verstanden als einheitlichen Stil in den Lebensäußerungen eines Volkes. Stil und Selbstachtung mußten von anderen Stämmen respektiert werden. Das Bestechungsgeld vor dem Eintritt ins Deutsche Reich wurde in einer Saffianmappe überbracht. Angewidert blickt der geschichtsbewußte Bayer heute nach Bonn oder Düsseldorf, wo bei ähnlichen Gelegenheiten unpersönliche DIN-A4-Umschläge zur Anwendung kommen.

Im Jahr 1919 entstand mit Sowjetbayern die erste Räterepublik auf deutschem Boden. Die nachfolgende Restauration gebar die Idee von der Ordnungszelle. Es gelang, diese Idee mit der vielgerühmten *Liberalitas Bavarica* zu vermählen. So erklärt sich auch die Großzügigkeit, mit der man den wegen Hochverrats verurteilten Ausländer Adolf Hitler im Land beließ, obwohl man ihn ohne weiteres hätte abschieben können.

Zwischen 1933 und 1945 geschah etwas historisch Einmaliges: Der Stamm verabschiedete sich aus der Geschichte. »Seit dem Jahre 1933 ... hatte Bayern aufgehört, eine eigene Staatspersönlichkeit zu sein, es hatte keine Geschichte mehr.«* Das Dutzendjährige Reich wurde nämlich wie ein Naturereignis erfahren. »Als der erste Frühlingssturm durch das junge, sieghafte Deutschland brauste«, schrieb die vielgelesene *Hofbräuhauszeitung*, »da war es das gesamte München, das sich der Bewegung Adolf Hitlers mit einer demonstrativen Glut ergab. Mit einem einzigartigen politischen Schwung riß sich das Volk hier die Binde, die es länger trug als seine Brüder in anderen deutschen Gauen, von den Augen.«** Einfache *bierdimpfln* sprachen plötzlich von »uns Nordländern«. Im tiefen Süden scharten sich Arbeiterinnen bei ihrer Betriebsweihnachtsfeier um nordische Wintersonnenwendsymbole. Doch merkwürdig: Nach Kriegsende wurde man gewahr, daß die überzeugtesten Nationalsozialisten allesamt harmlose Polterer oder Luftwaffenhelferinnen gewesen waren. Genauen Wahlanalysen zufolge hatte Hitler niemals die volle Unterstützung der Bevölkerung besessen. Wohl hatte die NSDAP 1938 bei den Reichstagswahlen 99,92 Prozent der Stimmen eingeheimst, aber nur im dichtbesiedelten Oberbayern. In Niederbayern waren es nur magere 98,40 Prozent und in der Oberpfalz gar nur 98,31 Prozent.

---

* Bosl ist konsequent und schreibt in seiner *Bayerischen Geschichte* (1971) über diese Zeit tatsächlich nichts.

** *Hofbräuhauszeitung*, 1933, Nr. 12, S. 3.

Nach der Kapitulation wurden die Briefkästen sofort von rot auf gelb entnazifiziert, die Ausnahmebestimmungen für Juden in den Badeanstalten unverzüglich aufgehoben. Der Widerwille gegen das Naziregime saß so tief, daß er *post mortem* anhielt. Als der letzte Spandauer Häftling nach seinem Ableben vorübergehend in Fürth aufgebahrt wurde, reagierte die Bürgerschaft ebenso mutig wie unmißverständlich. Sie forderte den Bestattungsunternehmer auf, den »auswärtigen Leichnam bis spätestens 19.00 Uhr aus dem Stadtgebiet zu entfernen«.

Daß nicht heimische Brauer, sondern preußische Junker Hitler in den Sattel gehoben hatten, wurde von benachbarten Stämmen angezweifelt. Bayern sei die wahre Heimat des Nationalsozialismus gewesen. Gleichwohl blieb das Land nach 1945 als intaktes Stammesgefüge erhalten, eine *tribal re-organization* erübrigte sich. An der Spitze des *chiefdom* steht ein *Archont*, unter ihm existieren *small chieftaincies*. Stammesfürsten sind mit bestimmten Statusprärogativen ausgestattet. Die Verbindung zwischen Stamm und Wirtschaft ist eine enge. Am deutlichsten wird das im Wehrwesen und bei den Staatsbrauereien sichtbar.

*

Laut Verfassung hat jeder Einwohner das Recht auf Naturgenuß, wie es einem Naturvolk nicht anders zukommt. Dasselbe gilt für den Konsum von Kultur. Hoch über der Isar, am Gasteig dräut eine mächtige Kulturvollzugsanstalt. Das Gemeinwesen verfügt am Rundfunkplatz über eine Verwaltungsbehörde mit eigenem Sender. Das dort beschäftigte Personal – Lehensmänner und freie Gefolgschaftskrieger – ist bekannt dafür, das rechte Maß zu finden, den guten Ton zu treffen und nicht jeder roten *trebernlos* das Mikrofon zu überlassen. Die Mehrzahl der Lehen in diesem System ist erblich. Die wichtigste Instanz zur Kontrolle abweichender Meinungen ist das Landwirtschaftsministerium, zu dessen Geschäftsbereich die Schädlingsbekämpfung gehört und das gleichzeitig oberste Jagdbehörde ist.

Die Träger der politischen Kultur verfügen über Witz und Einfallsreichtum. In kritischen Wahlbezirken werden die Bleistifte in den Wahlkabinen so kurz angebunden, daß nur der zuoberst stehende Wahlvorschlag angekreuzt werden kann.

Seit der Niederlage des Archonten gegen den Sieger von Mogadischu ist das Verhältnis zu führenden Köpfen der Rheinischen Hegemonialmacht ambivalent mit Beseitigungswünschen. Berlin, speziell Kreuzberg, wird als lästiger Rivale empfunden. Seit Jahrhunderten andauernde Mediatisierungsbestrebungen haben den Stamm mißtrauisch gemacht. Damit sind einerseits zwar günstige Voraussetzungen für das gesunde Wachstum einer eigenständigen Kultur gegeben – wenn wir mit Lévy-Strauss ein gewisses Maß an Fremdenfeindlichkeit als der Kultur zuträglich erachten wollen –, andererseits aber ist eine deutliche Inklination der Eingeborenen zum xenophobischen Exzeß zu beobachten. Aus Angst vor Aushöhlung und Verpreußung mußten Einreisende an den kleineren Grenzübergängen bis vor kurzem den Antimodernisteneid ablegen. Der schleichenden Syndikalisierung zu wehren, findet der internationale Jugendherbergsausweis in Bayern keine Anerkennung. Der bayerische Exzeptionalismus zeigt sich auch darin, daß das Land selbständig in der EG vertreten sein möchte, hat es doch mehr Einwohner als manch anderer Mitgliedstaat.* Nach diesem Kriterium müßte Bayern auch einen Sitz in der UNO haben.

Der Verkehr wird über steinbefestigte Kunststraßen abgewickelt. Die Bausubstanz in den Städten erscheint ordentlich, ge-

---

* *Weiß-Blaue Rundschau*, August/September 1975.

mindert zwar durch die *deconstruction* amerikanischer Piloten, doch fehlen ausgesprochene *blight*-Phänomene.

Der formale Bildungstrieb ist unauffällig, historisch läßt sich sogar eine gewisse Bildungsfeindlichkeit ausmachen. Im Nürnberger Stadtrat durften studierte Doktoren nicht mitstimmen. Doch tut der leichte Bildungsvorbehalt der Kulturbeflissenheit keinen Abbruch. Ein Bayer war es, der zum Bierbrauen erstmals Kulturhefe statt wilder Hefe einsetzte. Das Interesse an Kunst kann sich bis zur Neugier steigern.* Lange Zeit stand ein Kunstflieger an der Spitze des Gemeinwesens.

Es gibt ein interethnisches Gefälle zwischen den mäßigen, arbeitsamen, treuherzigen Fichtelgebirglern und den genußfrohen, doppelbödigen Bewohnern des Chiemgaus, für die ein gewisser Grad von Faulheit zur Humanität gehört. Doch mit Ausnahme der nicht assimilierbaren Einödpreußen lassen sich über der Binnenvarianz bei der Kropfform stammesübergreifende Merkmale nicht übersehen. Da ist einmal das gewaltige Freiheitsbedürfnis, welches historisch verankert ist und von den Machthabern stets geachtet werden mußte. Die Gärten zwischen erster und zweiter Stadtmauer standen am Fronleichnamstag jedem Münchner offen. Nach der Abdankung Ludwigs I. durften auch niedriggestellte Untertanen die Prunktreppe in der Bayerischen Staatsbibliothek beschreiten. Dann die tiefempfundene Frömmigkeit. Eine Stadt wie Regensburg verdankt ihre herausgehobene Stellung weniger der Universität als dem Leib des hl. Emmeram. Bei aller Frömmigkeit ist jedoch das Gebot der Toleranz nie mißachtet worden. So konnte die Evangelische Kirche bereits im Jahr 1919 ihre volle Gleichberechtigung erlangen. Tolerant war man auch in der Rechtspflege, sei es bei der Verwandlung eines Todes-

---

* Bei einer Aufführung des *Don Carlos* hörte man eine Dame in der Pause sagen: »Jetzt mecht i wissen, obsn umbringa oder obs no guat nausgeht.«

urteils in den Klostertod, sei es bei der Behandlung des Bettlerunwesens. In der Hauptstadt war traditionell das Betteln auf öffentlichen Plätzen und vor Kirchen erlaubt. Ein weiteres Merkmal ist die ausgeprägte Naturverbundenheit. Sie zeigte sich im Berichtszeitraum in anmutiger Weise beim sogenannten Begonienmord, anläßlich dessen die Täterin ihrem Opfer einen Blumenstock mitbrachte.

*

Bayerns Kritiker haben bislang keine Notiz von der Zuvorkommenheit genommen, die innerhalb des *kinship system*, etwa zwischen Schwiegermutter und Schwiegertochter, herrscht. Das Stereotyp von der Grobheit und der Ruppigkeit will so gar nicht zu der Herzlichkeit passen, mit der ein Bayer seinen Mitmenschen begegnet. Jeden, der ihm debile Sepplhaftigkeit unterstellt, straft er durch selbstsichere Umgangsformen Lügen. Mustergültig die Höflichkeit, mit der sich ein Münchner Glaubensmann im Juli 1933 an den neuen Reichskanzler wandte: »Der Erzbischof von München gibt sich die Ehre, Eurer Exzellenz einen tiefempfundenen Glückwunsch zum Abschluß des Reichskonkordats zu übersenden. Was die alten Parlamente und Parteien in 60 Jahren nicht fertigbrachten, hat Ihr staatsmännischer Weitblick in sechs Monaten weltgeschichtlich verwirklicht.«

Die Menschen in Bayern mögen einander, sie zeigen nicht die *avoiding tendency*, die wir aus amerikanischen Vorstadtkulturen kennen. Die Vertrautheit miteinander gestattet enge Sozialbeziehungen. So ruft der Jäger den Wildfrevler an: »I derschiaß net gern oan, wo i net kenn. «

Die Inebriation wird vorzugsweise im Kollektiv vorgenommen. Eine Vielzahl von geselligen Vereinen wie die *Fraunhofer Gesellschaft* läßt sich die Pflege der Gemütlichkeit angelegen sein.

Zusammenhalten heißt die Devise. Ein gigantischer Rüstungs-konzern gehört einer *Bindungsgemeinschaft der Familie Siemens.* Selbst die Friedhöfe sind dicht belegt, und fast schon sprichwört-lich ist die Objektverliebtheit des Stammes. Auf sie werden wir zurückkommen.

Staat

Die Untertanen von Karl Theodor wurden von der Angst geplagt, Majestät könnte sich von einem Herzschlag erholen und weiterregieren. Am Ende bewarfen sie seine Leichentruhe mit Steinen. Der bayerische Prophet Mühlhiasl weissagte mit einer gewissen Drastik: »Wer feine Händ hat, wird aufgehängt.« Im allgemeinen jedoch ist der Bayer mehr als bereit, die historischen und gegenwärtigen Leistungen von Adel und Hochadel für das Gemeinwesen anzuerkennen. Selbst Johann Pezzl, der bayerische Voltaire, stand nicht an, die Kooperationsbereitschaft der Großen am königlichen Hofe zu preisen und ihren unermüdlichen Einsatz bei der Unterdrückung aufklärerischen Schrifttums und bei der Verfolgung liberaler Autoren zu würdigen. Pezzls kritischer Intellekt erkannte, wie sehr der Adel die Nähe zum Volke brauchte, wie vorurteilslos er gewöhnliche Maiandachten und Freudenhäuser besuchte. Gerne erzählt man sich die Anekdote von der Königin, die bei einer Almwanderung das Gespräch zwischen einem Holzknecht und einer Sennerin belauschte. Sie wollte der sprachlichen Urkraft einfacher Leute teilhaftig werden und bekam dieses zu hören:

> *Knecht:* Miadei!
> *Sennerin:* Was willst denn scho wieda?
> *Knecht:* Putzt dir dein Arsch gar nia?
> *Sennerin:* Wos hast denn, du narrats Luada?
> *Knecht:* Weil mir allaweil der Beidl so dreckat werd.

Das Volk wiederum weiß der hohen Herrschaften Volkstümlichkeit zu entgelten. Die Soldaten eines Regiments schoren sich den Bart, um mit den Haaren ein Polster für einen neugeborenen

28

Am 13. Juni jedes Jahres richtet die Vereinigung König Ludwig – Deine Treuen *in Berg am Starnberger See ein König-Ludwig-Fest aus. Anlaß ist jeweils der Todestag des Monarchen.*

Kronprinzen zu füllen. Ein Lakai zeigte seine Opferbereitschaft, indem er sich auf Verlangen seines Fürsten scheiden ließ, und ein anderer lief tagaus, tagein mit einer Maske herum, weil Exzellenz sein dummes Gesicht nicht ertragen konnte. Die Liebe des Volkes zu seinen Gebietern hat sich auf die Rüstungsbarone und die Kir-Royal-Logen des jüngeren Geldadels übertragen. Wir konnten beobachten, wie ein Industriekapitän, einer der mächtigsten Männer des Landes, mit seinen Freunden in ausgelassener Stimmung und zum Gaudium der Passanten durch die Münchner Fußgängerzone tobte, eine Toilettentür aus einer Bar mit sich führend, die man schließlich unter großem Hallo unter die geschmeichelten Köche des Franziskanerkellers schleuderte.

Jeder durfte erwarten, daß der Monarch auf sein Volk hörte. Wo nicht, lagen physiologische Gründe vor. Ludwig I. mußte sich nicht taub stellen, er war taub. Nur so konnte es zu dem Skandal um die Gräfin Landsfeld kommen. Ludwig hatte den Unmut nicht vernommen, den das Volk gegen die »fremde Metze« aus Schottland hegte, die ihr Dasein als »Lola from Bavaria« in Amerika beschloß. Es wirkt wie ein Fanal, daß ihre gräfliche Residenz an der Barerstraße späterhin zu einem Stripteaselokal umgewidmet wurde.

Seit Max I. höhere Beamte mit Adelstiteln belohnt hat, ist es zu einem leichten Überangebot blauer Blutkonserven gekommen. Dem symbiotischen Zusammenwirken von Hof und Verwaltung hat diese Entwicklung keinen Abbruch getan. Mal um Mal konnten adelige Herren ihren politischen Instinkt und ihren gesellschaftlichen Nutzen unter Beweis stellen. Ein Graf ist es gewesen, der dem König vor der Reichsgründung die Bestechungsgelder aus Preußen überbrachte.

Leider sind auch weniger erfreuliche Dinge nach Bayern eingeschleppt worden. Die Geisteskrankheit Ludwigs II. geht angeblich auf den 1592 gestorbenen und schizophrenen Herzog Wilhelm von Preußen zurück. Es fällt jedoch auf, daß Ludwig nur zu Lebzeiten für verrückt gehalten wurde, danach nicht mehr. Der Märchenkönig traf bis zuletzt ganz vernünftige Entscheidungen, indem er etwa zu Ankurbelung der Wirtschaft für eine sechsstellige Summe einen Schlitten in Auftrag gab. Trotzdem beschloß der Ministerrat, Durchlauchts Geisteszustand untersuchen zu lassen. Derart in die Enge getrieben, war dem König nur noch die Wahl zwischen Selbstmord und dem Verlassen des Landes geblieben.* Daß ihn vorher Dr. Gudden oder ein unbekannt gebliebener Täter »von hint angrennt« und in den Würmsee »einigschteßn« hat, ist nicht auszuschließen. Möglicherweise stehen wir aber auch vor dem ersten hydrosexuellen Arzt-Patienten-Verhältnis der Medizingeschichte.

*

Das monarchische Prinzip konnte sich zunächst in die Räterepublik hinüberretten. Kurt Eisner führte eine kommunistische Demonstration von einer Hofkutsche aus an. Doch wurde am 28. März 1919 der Adel per Gesetz aufgehoben. Seither sind Titel wie Fürst, Graf, Freiherr, Ritter oder einfache »von« nur noch Namensbestandteile und sagen nichts mehr über die Nähe zum Thron aus. Nach dem Ende des Monarchismus entstand ein Vakuum. Hitler stieß in dieses Vakuum hinein und verschaffte dem Prinzip des Monarchismus Geltung.

Eine Zeitlang sah es nach einer biologischen Lösung aus. In den Todesanzeigen las man vom Hinscheiden des Großkomturs Thymian von zur Mühlen, der Reichsfreiin Katharina von

---

* E. Rosle, »Die Geisteskrankheit der bayerischen Könige Ludwig II. u. Otto in der Sicht neuerer genealogisch-erbbiologischer Methoden«, in: *Genealogisches Jahrbuch*, 1962. S. 101 ff. – Luigi von Buerkel, *Vom Rindermarkt zur Leopoldstraße*, München 1966.

Weibliche Mitglieder einer mächtigen Adelsfamilie zeigen sich in der Schlosskapelle mit einer Nachbildung des Postillions, der das Stammhaus begründete.

Schmalbeck und der Gräfin Maxine von Schnappe-Grün. Doch zeigt sich die Langlebigkeit des Feudalen heute wieder im Alltag des Stammes. Nach der Landung auf dem Riemer Flughafen prescht der Infant in einer Kavalkade dunkelblauer Limousinen davon, noch ehe die hydraulischen Türen den letzten bürgerlichen Fluggast in den Rollfeldbus gequetscht haben. Die unentgeltliche, direkte Zufahrt zum Flugzeug ist zu einem der am meisten begehrten neoroyalistischen Privilegien geworden. Den größten Distinktionsgewinn jedoch bezieht man aus dem Standort. Als die Firma Siemens 1945 ihren Stammsitz von Berlin nach München verlegte, nahm sie wie selbstverständlich am Wittelsbacher Platz Quartier. Das Erbe des Monarchismus macht verständlich, daß für den Neubau der Staatskanzlei nur der Hofgarten der Residenz in Frage kommt. Damit wurde auch der unhaltbare Zustand beendet, daß die Geschicke Bayerns von der ehemaligen preußischen Gesandtschaft in der Prinzregentenstraße aus geleitet werden.

Das feudale Prinzip lebt fort in den Straßennamen des Arbeiterviertels Westend, die nach alten Patriziergeschlechtern benannt wurden, lebt fort in der königlichen Hof- und Staatsbibliothek an der Ludwigstraße. Nicht weit davon unterweist ein Fürst die Studenten in Demokratie; ist er verhindert, vertritt ihn sein Neffe, der Graf. Die Hoheiten haben eine erfolgreiche republikanische Enkulturation hinter sich und eine enorme Anpassungsfähigkeit unter Beweis gestellt. »Die Frau von Prinz Etzel von Bayern posiert im Quelle-Katalog für Miederwaren.«* Bis zu einem gewissen Grad ist es sogar zu einem Austausch adeliger und bürgerlicher Verhaltensweisen gekommen. Ein Regensburger Fürst läßt in dem zweihundert Jahre alten Barocksaal seines Schlosses Arme speisen, während er selbst bei einer Penner-Party

---

* Margret Dünser, *Königs- und Fürstenhäuser heute,* Zürich 1980.

33

gesichtet wurde, zu der die Gäste ihren eigenen Billigrotwein mitbringen mußten.

Den feudalen Kontext intuitiv zu begreifen ist den Mitarbeitern des Bayerischen Rundfunks gegeben. Von einer Fürstenhochzeit aus London meldete ein Reporter, es sei »alles ruhig« gewesen, die Leute hätten »wunderbar gejubelt«. Dies ist der Geist, der die zahlreichen *König-Ludwig-Vereine* des Landes beseelt. Um politische Schlagkraft zu gewinnen, haben sie sich 1980 zu einem *Landesverband der Königstreuen* zusammengeschlossen, der in seiner *Gammelsdorfer Exklamation* für eine Erneuerung der Monarchie eintrat, einer Epoche ohne Machthunger und Größenwahn.

*

»Lang zu Hof, lang zu Höll«, heißt es sprichwörtlich. Dengelbach, ein Kammerdiener bei Hofe, wollte sein Schicksal möglichst hinauszögern. Als er 1770 starb, war er 112 Jahre alt geworden. Man könnte daraus aber auch schließen, daß dienen gesund ist. Zumindest entspricht es nach bayerischer Tradition der göttlichen Ordnung. Keiner hat diesen Zusammenhang schärfer gesehen als Hans Sachs: »Man muß nothalben Reiche haben, die den Armen handreichung und hüllf beweisen, so muß man wiederumb auch Arme haben, welche den Reichen mit Handwercken und sonst zu arbeiten geschickt seyen … Man muß Hohe und gewaltige Oberkeit haben, unter welcher Regiment, schutz und schirm uns Gott gesetzt hat …«[*] Nach theologischer Auffassung sollten die Dienstboten sich so betragen, wie sie selbst die Dienstboten sich wünschten, wenn sie Hausleute wären. Altväterliche Strenuität verlangte, den Hausvater und andere Respektspersonen wie Kanzlisten und Advokaten mit »streng Herr« anzureden und den für

[*] Hans Sachs, *Eygentliche Beschreibung aller Stände auff Erden*, Frankfurt am Main 1568.

die Herrschaft bestimmten Kohl besonders fein zu hobeln. Nach der für Bayern gültigen *Dienstbotenordnung* von 1781 durfte aufsässiges Personal durch »konstitutionsmäßiges Karbatschstreichen« zur Räson gebracht, notfalls ins Arbeitshaus gesteckt werden, wo es die »Atzungskosten« aus eigener Tasche bestreiten mußte. Eine Verletzung der Fürsorgepflicht hätte man den Dienstherren nicht vorwerfen können.

Seit den 1980er Jahren gab es in der Hauptstadt ein eigenes *Institut für kranke Dienstboten*. Zur Entlastung seines Stammpersonals kaufte Herzog Max auf dem Kairoer Sklavenmarkt vier Mohren und nahm sie mit nach Hause. Nachdem sie in der Frauenkirche aus der Hand des Erzbischofs das Sakrament der hl. Taufe empfangen hatten, dienten sie zur vollsten Zufriedenheit ihrer Arbeitgeber. Keinen Grund zur Klage fand auch Ludwig II. Seine Diener »durften dem höchsten der Könige nicht mehr ins Gesicht blicken, sie mußten tiefgebeugt vor ihm stehen, ja schließlich durften sie nur noch auf dem Bauche kriechend ihm nahe kommen oder von außen durch verschlossene Türen die Befehle entgegennehmen und durch Kratzen an der Thüre Antwort geben.«[*]

Aus der historischen Ethnologie wissen wir, wie wandelbar die äußeren Attribute der *authority structure* sind. Nach dem *Bayerischen Landfrieden* von 1244 mußten sich die Bauern und ihre Söhne das Haar bis zu den Ohren abschneiden. Daher der Name »Gscherte«. Anders zu Beginn der Neuzeit, als dem Soldaten untersagt wurde, sich die Haare zu stutzen. Das wäre als Verbrechen geahndet worden, »weil man ihm keine Paryque gestattet«. So mancher versuchte sich mit geschnittenen Haaren der Wehrpflicht zu entziehen. In der neuesten Entwicklung hat sich eine Umkehrung ergeben. Plötzlich sprach man bei Militärs von einem Langhaarigenproblem.

---

[*] Dr. med. W.W. Ireland, *Herrschermacht und Geisteskrankheit*, Stuttgart 1888, S. 126.

Die alte *Bayrische Kriegsordnung* sah innerhalb der Rangabstufung ein Modicum an Gleichheit vor: »In jeder Besatzung sollen zwey oder drey Frauen seynd, und soll nicht darunter geeifert werden oder der Hauptmann dencken, daß er sie allein haben wolte.« Die Wehrpflicht dauerte zur napoleonischen Zeit acht Jahre. Für den Rußlandfeldzug Napoleons stellte Bayern 35799 Mann ab, 6000 kamen zurück. Tiefgerechnet: Aus Neukirchen im Bayerischen Wald kehrten von hundert Soldaten drei wieder heim. Der Diensteid verpflichtete zur Neutralität in zivilen Dingen. Der Jäger Pfederl erschoß den Wilderer Jennerwein, obwohl beide Kriegskameraden gewesen waren.

Als Kennzeichen eines Staatsdieners wurden genannt Liberalität, Servilität und ein Schuß Brutalität, untermischt mit Angstschweiß (»Angstschweißissimus«).* Nach dem Matrioschka-Prinzip durften Staatsdiener wiederum Diener haben.** Das Ideal des Dienens hat über die Epochen hinweg nur in den Privathaushalten eine Abschwächung erfahren. Eine regionale Ausdifferenzierung läßt sich nicht erkennen. Aus der Ostmark kam das Gelöbnis, dem Führer auf Leben und Tod verbunden zu bleiben: »Wir holen den Teufel aus der Hölle, wenn Du uns den Auftrag gibst ...«*** Der Diensteid wirkte regimeübergreifend und sorgte für Kontinuität. Aus Entnazifizierung wurde Rehabilitation. »1949 setzte sich die Beamtenschaft im höheren bayerischen Justizdienst bereits wieder bzw. immer noch zu 81% aus ehemaligen Nationalsozialisten zusammen.«**** Wie dem afrikanischen Wissenschaftler Sweezey auffiel, bedeutete Entnazifizierung nicht die Entfernung von Nazis aus dem Amt, sondern die Entfernung des Stigmas von den Nazis.

---

* *Der Scharfschütz* vom 13. November 1830.
** *Baierische Nationalzeitung* vom 8. April 1810.
*** *Hans Schemm spricht*, Bayreuth 1942, S. 424.
**** Manfred Bosch, Hrsg., *... du Land der Bayern*, Köln 1983, S. 247.

Der Stamm unterhält ferner eine Abrichteanstalt für Dienst-
hunde. Beim Bayerischen Rundfunk vermögen sich Mitarbeiter
*hoch*zudienen, indem sie sich *ein*arbeiten, eine Allusion zum Anus
des Dienstvorgesetzten. Eine Institution des Dienens ist schließlich die Kirche mit ihren Kirchendienern und Ministranten. Die
Ministrantentätigkeit kann als Vorbereitung für den Dienst am
Volk begriffen werden. Der Archont, ein ehemaliger Ministrant,
hatte das Ideal so sehr verinnerlicht, daß er es auch unter widrig-
sten Begleitumständen einhielt. Einmal wurde er dabei beobachtet, wie er neben der Leiche eines verunglückten Motorradfahrers
Autogramme gab.

Die genaue Definition der *authority relations* erlaubt radikale
Offenheit. Der Archont sagte zu seinem späteren Nachfolger: »Du
bist das größte Arschloch, das ich kenne.«

In schriftlosen Kulturen wird der *aberrant* in menschenleere
Wälder hinausgeschickt, in Bayern ins Ausland. Um 1848 flohen
Studenten aus München und aus dem Hinterland über die
Schweiz nach Amerika, nachdem man sie demokratischer Umtrie-
be bezichtigt hatte. Friedrich Brendel, Hilfsarzt und Burschen-
schaftler am Bamberger Krankenhaus, geriet wegen liberaler An-
sichten mit der Polizei in Konflikt, wurde entlassen und setzte sich
in die USA ab. Johannes Most ist bereits polizeiwidrig zur Welt
gekommen: Seine Eltern hatten keine Heiratserlaubnis erhalten –
zu arm. Als der junge Most sich weigerte, die gesetzlich verlangte
Christenlehre zu besuchen, wurde er arretiert. Kaum freigelassen,
gelobte er, nie wieder eine Kirche zu betreten. Er verließ den bayerischen Untertanenverband, wurde Sozialist und experimentierte
in Amerika mit neuen dramatischen Formen und Sprengstoff.

Gnädig verfuhr die Regierung mit dem Freiherrn von Dalberg, Redakteur der aufmüpfigen Zeitschrift *Der Scharfschütz*. Ihn
schickte man als Forstpraktikanten nach Waldmünchen im bayerischen Sibirien. Dalberg konnte von Glück sagen, daß man nicht

dem Rezept des bayerischen Feldmarschalls Wrede gefolgt war. Der hatte in aller Bescheidenheit gesagt, er kenne nur ein Mittel gegen Demokraten und kannte doch deren zwei: Galgen und Rad.

Der Demokratievorbehalt ist eine Konstante in der politischen Kultur des Landes geblieben. »Wo das Volk sein eigener König ist«, erkannte Kardinal Faulhaber, »wird es über kurz oder lang sein eigener Totengräber.«

»In Bayern feierte der Bolschewismus seine grausamsten Triumphe«*, obwohl den meisten Untertanen ihr Ludwig von hinten lieber war als der Eisner von vorn. Bereits im Vormärz war das Gerücht kolportiert worden, daß die Roten den Walchensee ablassen und das Voralpenland überschwemmen wollten.** Die Nr. 227 des *Münchner Bilderbogens* goß um 1860 die Kommunistenfurcht in einprägsame Verse:

Auf Frieden folget Krieg gar oft
Die Russen kommen unverhofft.

Als es schließlich über Nacht zu einem Sowjetbayern gekommen war, setzten beherzte Gebirgler diesem Spuk bald ein Ende:

»Von der Landeskrüppelanstalt her hatte der Vormarsch angesetzt. Feldgraue Männer mit erbitterten, zornigen Gesichtern waren vorübergezogen, in Reih und Glied, geschlossene Kolonnen, wirkliche Soldaten, wie wir sie hatten im Krieg. Da kam es heran, wetterharte Gestalten, sehnige Männer mit Lodenhüten mit Gemsbärten, den Stutzen über der Schulter, in Reihen zu vieren, ein weißblau Fähnlein voraus: die Werden-

---

* Hans Schemm, Hrsg., *Aufbruch der Nation,* Sulzbach 1933, S. 20.
** *Finessensepperl* vom 9. März 1849.

Landsturm vor! Es gilt zu fechten für das teure Vaterland,
Schützt die deutsche Heimaterde heldenhaft mit starker Hand.
Greift zum Schwert, zum sieggewohnten, gegen Falschheit, Haß und Neid,
Gegen eine Welt voll Feinde. Zieht mit Gott zum blut'gen Streit.

39

felser. Das waren keine Soldaten; das war das gesunde Volk, das auszog in heiligem Zorn. Manch einer war darunter, der aus dem Weltkrieg wieder heimgekommen, zwei, drei bunte Bändlein im Knopfloch des Lodenkittels zeugten davon oder auch ein armes zerschossenes Bein, das sich quälte, mit den andern Marschschritt zu halten. Klare, sichere Augen schauten trutzig unter dem Hutrand hervor. Sie hatten schon gezeigt, daß sie sich um ihre Heimat, wenn's not war, auch mit der Faust wehrten, wenn Raubgesindel unter allerlei philosophischen Vorwänden und übelverstandenen Wirtschaftsideen ihnen Haus und Hof verschmutzen wollte. «[*]

Wie Hohn mußte es auf diese Männer wirken, als nach dem nächsten Krieg ein Kommunist ins Kabinett aufrückte und bei einer KPD-Veranstaltung im Prinzregententheater nicht nur die tonangebenden bayerischen und amerikanischen Persönlichkeiten im Parkett saßen, sondern daß die Feier sogar vom Bayerischen Staatsorchester musikalisch umrahmt wurde. Eine Entspannung trat erst ein, als im Juli 1946 die Militärpolizei mehrere Kommunisten verhaftete. »Gründe«, schrieb der Chronist, »sind nicht bekannt.« Aber natürlich wußte sie jeder.

In der Gegenwart ist parteilich organisierter Widerstand kaum noch zu befürchten. Eine vormals große Oppositionspartei hat es eigener Einsicht zufolge in Bayern versäumt, »die Ziele der Partei mit der Gefühls- und Erlebniswelt der Bevölkerung zu verbinden«. Wie man Heimatparteiführer, die eigenes Profil zeigen, ins Zuchthaus bringt, das hat sich der später »tödlich verunglückte« Oliver Hassenkamp in seinem Roman *Das Recht auf den anderen* (1962) so farbenprächtig ausgemalt, daß man meinen könnte, er hätte nach der Wirklichkeit geschrieben: willige Chefredakteure,

---

[*] *Das Bayerland,* Juni 1919, S. 316f.

pflichtvergessene Psychiater, verbeamtete Richter und ein armseliges Kommunistl. Als ein ehemaliger Günstling der Stammesführung es wagte, sich zum Rivalen und organisierten Republikaner aufzuwerfen, wurde das Gemeinwesen flugs daran erinnert, wie dieser Mann vor mehr als vierzig Jahren den Krieg nur »als trippergeschädigter Lazarettinsasse und profunder Schwarzhändler«* überlebt hatte.

*

Einer internen Regelung zufolge ist Kritik am Stammesrat »unverzüglich zurückzuweisen«. Der Volksmund reagiert entsprechend derb auf kritische Stimmen (»Früher hat der Dreck gschtunga, heut redt er.«). Was alternative Parteien anlangt, so orientiert sich die gesunde Mitte an einem Diktum von Lion Feuchtwanger: »Weißblau ist bayrisch, grün scheißen die Maikäfer.« Gute Gelegenheiten, die Opposition kleinzuhalten, werden wahrgenommen. Man versetzt dem nichtangeschnallten Sozi den finalen Rettungsstoß dergestalt, daß er von der Autobahn in die Wiese fliegt, und vertraut dem unabhängigen Gutachter. So fest sitzt die Führung im Sattel, daß sie Verleumdungen ignorieren kann. Als der Oppositionsführer *pro tempore* den Archonten zum »größten deutschen Waffenschieber« stempelte, erzeugte dies ungefähr so viel Kommotion, als wäre in Garmisch ein Mountainbike umgefallen.

Gewisse Risiken bergen oppositionelle Geister, die keiner bestimmten Fraktion angehören. Einer im Volk laut gewordenen Anregung, Kernkraftgegnern einfach den Strom abzustellen, braucht man nicht näherzutreten, solange die Rechtsstaatlichkeit mit anderen Mitteln aufrechterhalten werden kann. Ein Urteil zu

---

* *Bayerische Staatszeitung* vom 19. August 1987, S. 2.

einer Wiederaufbereitungsanlage im Oberpfälzer Wald erging nicht »im Namen des Volkes«, sondern »im Namen des Freistaates Bayern«, der in diesem Verfahren beklagten Partei.

Stimulierte Bayern zeigen normal aggressives Verhalten. Bei einigen Probanden reagierte der Haaraufrichtemuskel, sobald ihnen die Lautkombination »Petra Kelly« geboten wurde. Anderen mußte ein Beißring bei Worten wie »Brandt« oder »Wehner« hingehalten werden. Im Landesinnern gibt es auch eine unprovozierte, nichtspezifische Angriffslust, deren Ursachen sich nicht gleich erschließen. Verschiedene Informanten gaben an, »ab der vierten Halbe« den Wunsch zu verspüren, mit einem gepanzerten Fahrzeug durch ein Haus zu fahren, vorne hinein und hinten wieder hinaus, vorzugsweise mit einem *Leopard 2*.* Diese Form der Aggressivität entspringt dem Gefühl, einem großen Ganzen zuzugehören, das selbst gegen imaginäre Feinde verteidigt werden muß.

Eine gewisse Komplikation ergibt sich daraus, daß eine große Projektionsfläche nahezu verschwunden ist. »Wie leicht und kräftig wirkt oft die Einbildungskraft auf den Unterleib, vorzüglich eines Juden!« hatte die *Bayer'sche Landbötin* einmal geschrieben. Heute machen Juden bloß noch 0,05% der Bevölkerung aus. Im 14. Jahrhundert meinte man, die jüdischen Bewohner schon einmal ausgerottet zu haben, indem man sie massakrierte oder lebendig ins Feuer warf. Aber um 1722 wurde am Isartor der Ewige Jude gesichtet, und ein halbes Jahrhundert später zählte man in der Hauptstadt schon wieder »1275 Bettelleute, 46 bloß müßige Personen und 21 Juden«. Die katholische Landbevölkerung wußte das reelle Geschäftsgebaren der Viehjuden zu schätzen, aber der liberale *Scharfschütz* aus Würzburg gab sich einem wüsten Antisemitismus hin, und der Volksdichter und Jurist Ludwig Thoma

---

* Hier bietet sich als Erklärungsrahmen die klassische Definition von Politik an – »the maintenance of order by personal or group action«.

suggerierte im *Miesbacher Anzeiger*, was man mit den »galizischen Rotzlöffeln« machen könne: »In München haben wir doch mit der Hinrichtung des Eisner den Nachweis geliefert, daß es uns nicht an Temperament fehlt. Immerhin waren das nur Vorspiele zu größeren Kuren, die wir uns gelobt haben für den Fall, daß sich die Beschnittenen bei uns noch einmal mausig machen.« Der Münchner Schweinsbergverlag nannte die Juden die Totengräber Englands, während der Kultusminister und Reichsleiter des NS-Lehrerbundes in den Juden nicht nur »tausend Lüste« vereint sah, sondern auch die »Führer der Sozialdemokratie und die Zersetzer völkischer Eintracht«.*

Für die *Hofbräuhauszeitung* war »Alljuda« der »Weltfeind aller Völker«. Deswegen gehöre das *Handbuch der Judenfrage* in jeden Haushalt.** Um 1980 loderten im Lande wieder die Judasfeuer, woran kein Anstand genommen wurde, solange die Zündler nicht gerade in Uniform auftraten.

Der Erklärungen für die Tenazität des Antisemitismus sind viele. Bei Thoma wurden Alter, Krankheit und Enttäuschung ins Feld geführt. Nicht zu vernachlässigen ist auch der Faktor, daß der Autor der *Lausbubengeschichten* in Oberammergau geboren ist. Das Wort »Lausbub« leitet sich übrigens von einer Replik der Ministranten ab: *laus tibi Christe.*

»Warum is jetz' des, daß mir so vui greisliche Baraber bei uns aufnehma müassn?« Die Potentaten sind um eine Antwort auf diese im Volk dringlich gestellte Frage meist verlegen. Sie wissen freilich, daß die Mehrzahl der Asylsuchenden dem somatischen Normenimage der Stammbevölkerung nicht entspricht und daß Mobilität aus der geschichtlichen Dimension heraus beurteilt wird.

_____
* Hans Schemm, Hrsg., *Deutsche Jugend, dein Führer*, Sulzbach 1933, S. 3.
** *Hofbräuhauszeitung*, 1934, Nr. 13, S. 5.

43

Hats ja früher a net gebn,
Daß oaner wollt wo anders leben.*

Die Einheimischen wollen, in den Worten eines erfahrenen Kriegers, »bei sich keine Moscheen sehen, die Prinz Eugen einst Gottseidank verhindert hat«. Der Asylantenstrom läßt die Obrigkeit darüber nachdenken, wie sie die Maschen des Erbgesundheitsgesetzes wieder enger knüpfen können. Immerhin hat sich Bayern als erstes Bundesland dazu entschlossen, Asylbewerbern die Sozialhilfe zu kürzen. Und im alemannischen Teil des Landes hat man einen asylsuchenden Ausländer spüren lassen, daß buchstäblich jeder Pfennig verdient werden muß, auch wenn man gehbehindert ist. Als der Mann in einem Augsburger Omnibus statt 1,20 nur 1,19 zusammenkratzen konnte, ließ man ihn wieder aussteigen.

*

In der bayerischen Folklore hat der *Lokomotivführer Wastl* einen festen Platz. Wastl bringt seinen Zug zum Entgleisen und landet auf einer Wiese. Vor Gericht nach dem Hergang des Unglücks befragt, gibt er zu Protokoll, vor ihm sei ein Preuße auf den Schienen gesessen. »Den hätten Sie dann aber glatt überfahren müssen«, wirft der Richter ein. Darauf Wastl: »Wenn i 'n doch erscht in der Wiesn drin erwischt hob.«

Die Borussophobie ist hedonistischen Ursprungs. Wo Bayern und andere Südländer das Vergnügen genießen, meinte der Freiherr von Aretin, würden Norddeutsche bloß davon schwatzen. »Wir küssen den Busen, der ausgefüllt, sie phantasieren ein paar Stunden darüber.« Wenn es Preußen gelänge, südliche Lebensfül-

---

* *Der Maßkrug*, Februar 1925.

le mit nördlicher Kälte und Steifheit zu ersticken, würde dies den Untergang des Vaterlandes bedeuten. Der Preußenhaß ließ immer dann nach, wenn Franzosen oder andere Ersatzfeinde zur Verfügung standen. In einem dramatischen Gedicht aus der Gründerzeit heißt es:

Schau Michl, an Bismarck sei' Geist und Vastand
Reicht jed'nfolls weita als bei uns Oll' mit'nand;
Denn eam is des g'lunga, was Neamad z'sambracht,
Er hot des zerrissene Deutschland ganz g'macht.

Michl läßt sich überzeugen, bietet nur noch ein Rückzugsgefecht an:

I war fei an Bismarck sei' g'fährlichsta Feind
Doch iatzt san ma guat … etc.*

Bismarck wußte, wie schwer es war, die Bayern für seine Ziele zu gewinnen. Am 23. September 1870 hatte Ludwig II. noch getönt: »Aber nicht wahr, in den Norddeutschen Bund treten wir nicht ein?« Einen Tag später notierte Bismarck: »Abends bairische Unterschriften« und nach einem weiteren Tag: »bair. dîner bei Seiner Majestät«. Eine Belastung der Beziehungen trat ein, als Bismarck versuchte, Georg von Vollmar die Invalidenpension zu streichen und als herauskam, daß es eine preußische Prinzessin gewesen war, die den Irrsinn ins bayerische Königshaus eingeschleppt hatte.**

Der Preußenhaß ist wetterfest und systemunabhängig. Ein Preußenfresser machte Bayern 1919 zur Republik, und am

---

* Peter Auzinger, *An Bismarck sein g'fährlichsta Feind,* München 1875, S. 6f.
** W.W. Ireland, op. cit.

6. Oktober 1945, als der westdeutschen Demokratie der Morgen dämmerte, erschien die erste Ausgabe einer süddeutschen Zeitung mit dem Vorsatz, gegen den preußischen Militarismus in Stellung zu gehen. Ein emigrierter Stammesführer hatte schon unterm Krieg mit den Amerikanern verhandelt und eine politische Gliederung nach Volksstämmen vorgeschlagen – um den preußischen Einfluß zurückzudämmen. Zum überzeugten Anhänger dieser Strategie des *containment* entwickelte sich nach dem Krieg der Vorsitzende der *Bayernpartei*. Er forderte die Ausweisung von 400 000 Preußen und ein Ende der »Ameisenpolitik«, daß nämlich Norddeutsche mit leeren Rucksäcken an- und mit vollen wieder abreisen.

Die Anhänger einer Akkulturation, das heißt der Auffassung, »daß das spröde norddeutsche Element mit dem weicheren, gemütlicher angeflogenen süddeutschen nach und nach zusammenrinnen muß«, haben nur begrenzte Erfolge aufzuweisen. Die Nachteile einer Mischkultur treten zutage, wenn beispielsweise das Organ des Journalisten- und Schriftstellerverbandes von einer »Ludwig-Wilhelms-Universität« in München berichtet.* Die preußische Dauerpräsenz in bayerischen Urlaubsregionen führt allerdings zur Enkulturation, einem Austausch von Sprach- und Kulturgütern:

> *Kellnerin (beim Kassieren):* Brötchen?
> *Gast:* Hattest du 'ne Semmel, Kerstin? **

Das *going native* in Workshops für Schuhplatteln und Zithermusik kann nicht darüber hinwegtäuschen, daß Preuße und Bayer wie Anode und Kathode sind. Die Temperamentsunterschiede

---

* *Die Feder*, Februar 1988.
** Gerhard Polt und Hanns Christian Müller, *Die Exoten*, 1986.

zwischen beiden Stämmen verbieten eine erfolgreiche Assimilation. In einer von Parkplatznöten heimgesuchten Gegend, an Haidhausens Pariser Platz, wurden wir Zeuge dieses Dialogs:

Norddeutscher (erblickt eine Politesse): Ah, da können wir uns gleich kompetenten Rat holen. Dürfen wir stehenbleiben, da wo wir stehen?

Politesse: Des woaß i net. I woaß ja net, wo Sie stengan. *(Pause).* I ko ja net überall rumrenna.

Norddeutscher: Gleich da drüben, der Blaue.

Politesse: Ja mei. Da schaugns Eahna amoi des Taferl o, wos do draufsteht. An Führerschein werns eh gmacht ham. *(Pause, dann abschließend:)* I ko ja net überall rumrenna.

Einige Straßen weiter, am Weißenburger Platz, ertappt ein Polizist zwei Falschparker, einen Hamburger und einen Münchner. Er hat nur noch einen Strafzettel, und so einigt man sich darauf, daß derjenige zahlen muß, der eine Frage nicht beantworten kann. »Wie viele Menschen faßt das Olympiastadion?« – »80 000«, sagt der Münchner wie aus der Pistole geschossen. »Richtig«, sagt der Polizist. Dann wendet er sich dem Hamburger zu: »Name und Adresse der 80 000?«

*

Ältere Anthropologen haben die Existenz von Bayern und Preußen zur Widerlegung der monophyletischen Abstammungstheorie herangezogen, aber auch daß bayerisches und österreichisches Blut in einem Topf gesiedet sich nicht vermischen würde, ist seit der Lutherzeit sprichwörtlich. Dabei gehörten die beiden Stämme einmal zusammen und sind nur durch eine Fälschung im Jahr 1156 voneinander getrennt worden. Lug und Trug, Mißverständnisse und Spannungen haben die bilateralen Beziehungen seither gekennzeichnet. Ein österreichischer Gesandter hat versucht, dem sterbenden Stammesfürsten Karl Theodor eine Unterschrift zugunsten Austrias abzuluchsen. Unvergessen ist der Konflikt wegen der böhmischen Lehen in der Oberpfalz. Fürst Schwarzenberg, der österreichische Feldherr, umzingelte 1805 Schloß Nymphenburg und verlangte ultimativ die Eingliederung bayerischer Soldaten ins österreichische Heer. Ein ständiges Irritans waren die Überfälle österreichischer Partisanen auf die Hirnwursttransporte ahnungsloser bayerischer Metzger. Es kam zu einem brutalen Krieg zwischen den beiden Stämmen, deren Verhältnis zueinander durchaus gespalten ist. Der Bayer richtet seine Sehnsüchte auf bestimmte Orte in Tirol, wo viel gerauft wird und wo man des Gegners Auge noch ungestraft mit dem Daumen ausdrücken darf. Oberösterreich wurde zeitweise ganz ignoriert. Braunau war bajuwarisch und seine Lage kein Zufall: »Dort wo der Hexenkessel des Balkans brodelt, wo wirtschaftlich, politisch und rassisch die Probleme aufeinanderprallen, wo die Interessen des Abendlandes und des Morgenlandes sich stoßen, im Fegfeuer der Grenze wuchs Hitler empor.«* Die politische Presse nahm die geopolitische Diskussion relativ gelassen hin. Ob es um Teile Österreichs oder um andere Gebietserweiterungen ging – »das ist wie mit Warzen; sie kommen und fallen ab, das Fleisch wird nicht berührt«.** Eine explosive Situation ist allerdings im Kleinwalsertal entstanden, das politisch zu Österreich und zollhoheitlich zu Bayern beziehungsweise zur Rheinischen Hegemonialmacht gehört.

In letzter Zeit war eine erneute Zunahme der Spannungen zu verzeichnen. Einem der letzten Archonten war es noch um »die

---

* *Hans Schemm spricht*, S. 422. – Den preußischen Gesichtswinkel beleuchtete Edith Gräfin Salburg, *Deutsch zu Deutsch – Deutschland und Österreich, zwei Völker ein Blut*, Leipzig 1933.
** *Hofbräuhauszeitung*, 1932, Nr. 9.

Alpen als solche« gegangen, von Österreich hatte er sich lediglich durch einen »juristischen Zaun« getrennt gefühlt, und die Außenbeziehungen waren schiedlich-friedlich. Anlaß zu einer Verschlechterung gaben erstens ostwärts vorankommende Radionuklide, zum andern eine sich rasch ausbreitende Lustseuche. Zeitweise war völlig offen, ob durch Bayern reisende Österreicher sich nicht an den Grenzen würden das *Hosentürl* verplomben lassen müssen. Um das Ausbrechen von Stammesunruhen zu verhindern, mußte der Archont seinen *sub-chiefs* Reisen untersagen.

Österreich wünscht eine horizontale, aber Bayern praktiziert eine vertikale Integration, weil es sich für eine geschlossene *big chieftaincy* hält und den Nachbarn für eine Agglomeration aus *small chieftaincies*. Österreich setzt sich ideologisch zur Wehr, indem es geltend macht, der modale Österreicher habe im linken Hoden mehr Kultur als der Bayer im Schädel. Eine Wiener Behörde erließ aus dieser Gesinnung heraus ein Einfuhrverbot für Weißwürste und klassifizierte bayerische Leberknödel als Hundefutter.

Zum Abschluß unseres Aufenthalts eskalierte die Situation erneut. Alpenpässe wurden geschlossen, und ehemalige Kommilitonen von der angesehenen *Wiener Akademie für Brückenbau* grüßten sich nicht mehr.

Die bayerische Fremdenfurcht kann auf eine lange Tradition zurückblicken. Schon kurz nach dem Auftreten des Stammes in der Geschichte wurden 9 000 nach Bayern geflohene Bulgaren auf Befehl des Frankenkönigs Dagobert umgebracht. Es gibt aber auch Beispiele für eine Xenophobie mit menschlichem Antlitz. Während der kriegerischen Auseinandersetzung mit dem Islam wurde gefangengenommenen Türken das Recht auf Arbeit eingeräumt; sie durften Kanäle ausschachten.

Kompliziert ist das Verhältnis zu den US-Amerikanern, weil man ungern Direktiven einer Nation befolgt, die jünger ist als die

Ackerstraße 15: Der ebenso berühmte wie bescheidene Eingang zum bayerischen Senat.

meisten Brauereien des Landes. Nach dem letzten Krieg sorgten
sich Heimatführer um das Heraufziehen eines amerikanisch-preu-
ßischen Einheitsstaates und den Verlust der Selbständigkeit: »Es
ist nicht einzusehen, warum 300 Millionen NATO-Europäer sich
von 180 Millionen Amerikanern beschützen lassen müssen, um
vor 200 Millionen friedfertigen Russen nicht zittern zu müssen.«
Der letzte Archont forderte seinen Stamm auf, Abschied von der
Vorstellung zu nehmen, daß »die Amerikaner alles an unserer Stelle tun«.*

Die Fremdenfurcht wirkt gelinde übertrieben, zumal Bayern
jederzeit ein Bayernverbot (Landesverbot) aussprechen kann.

*

Bayern präsentiert sich heute als Kulturland mit einem geschicht-
lich gewachsenen, einmaligen Demokratieverständnis. Das Prinzip der Gewaltenteilung ist fest verankert und wurde in historischen Augenblicken wie selbstverständlich angewendet. Als Eisner
die Kasernen besetzen ließ, rief das Militär die Polizei zu Hilfe
und die Polizei das Militär. Das Begnadigungsrecht wird als eine
der demokratischen Tugenden mit christlichem Hintergrund
weithin geachtet. Die hochherzige Begnadigung des Mörders
Arco haben Münchner Universität und Rektor stürmisch gefeiert.
Das Volk macht ohne Umstände von der Möglichkeit der direkten Demokratie Gebrauch. Eine Apothekerswitwe wurde direkt
beim Bürgermeister vorstellig, weil sie es leid war, »sich mit den
unteren Organen der Polizei« zu befassen. Macht wird mit Finger-
spitzengefühl, mitunter fast zu behutsam eingesetzt. Die zweite
Kammer, der bayerische Senat, hat sein Prüfungsrecht (Enquête-
recht) bisher noch kein einziges Mal wahrgenommen. Die Zu-

---

* *Bayernkurier* vom 24. November 1979.

rückhaltung in der Machtausübung hat einen einfachen Grund. Das Gemeinwesen pflegt ein entspanntes Verhältnis zum *adversary system* in der Politik, sprich: zur Opposition. Wo die Opposition nicht zur Vernunft gebracht werden kann, verkündet die Regierung ihren Selbsteintritt. Man hat reichlich Erfahrung darin, politische Ausnahmesituationen zu ritualisieren. Mit erprobten Beschwörungsformeln und dem Verweis auf Arbeitsplätze gelingt es der Wir-Gruppe stets aufs neue, den *consensus omnium* herzustellen.

Sprache

Bei der Landessprache handelt es sich um eine 1200 Jahre alte Mundart, die im modernen Sprachvollzug wenig Anerkennung findet. Vielmehr gereicht die Dialektfestigkeit der Bayern den Sprechern des sogenannten Hochdeutschen und moribunder Mundarten zum Neid.

Bei Forschungsbeginn mußten wir feststellen, daß unsere Deutschkenntnisse nicht ausreichten, mit dem Bayerischen zu Rande zu kommen. Wir hatten zwar erwartet, daß die Begrüßungsbeschimpfung zu den *ritual insults* zählt, vermochten dann aber noch nur widerwillig die Wendung »du bist ein verreckter Hund« als Kompliment einzuordnen. Wir waren wohl vorbereitet auf die Homonymenflucht – *es* und *enk* statt *sie* und *ihr* —, aber nicht gefaßt auf die Flucht *ins* Homonym, wie in dem von Heimatparteiführer Ludwig Lallinger geprägten Slogan »Bayern den Bayern«.

Die Betonung weist einige gewöhnungsbedürftige Besonderheiten auf. Alkohol wird auf der letzten Silbe betont, ebenso Motor, Kaffee und Tabak. Ramersdorf spricht man wie »Rammersdorf«. Eines der auffälligsten Merkmale ist das überhelle *a* wie in »R*a*di« (Rettich) oder die Halbfortes als Laute mittlerer Stärke zwischen *b* und *p* wie in »*B*urzelbaum« oder zwischen *t* und *d* wie in *t*un. Die Apokope des *-e (die Sünd)* hat ihren historischen Ursprung im Kampf gegen das lutherische Endungs-*e.* Zum Ausgleich wird das postvokalische -*l* in den meisten Gegenden vokalisiert, man sagt also »Ho*iz*« statt »Ho*lz*.« Präfixe sind variabel (»*der*schlagen« statt »*er*schlagen«), der Hiatustrenner zwischen Vokalen wird instinktiv gesetzt. »Sind Sie betrunken?« fragten wir den Spediteur, der unsere Ausrüstung durch den Zoll schleuste. »Wia-*r*-a Sau«, kam es zurück.

Der bayerische Dialekt ist eine vokalreiche Mundart. »Ozapft is«, meldet der Bürgermeister beim Anstich des ersten *Bierbanzens* und kündigt damit an, daß der Umtrunk seinen Anfang nehmen kann. »Bi dui«, ruft der Skirennläufer im Ziel, womit er andeuten will, daß er sich durch alle Slalomtore ohne Anecken hindurchgeschlängelt hat.

Der Vokalreichtum geht einher mit einer Konsonantenschwächung, die oft so ausgeprägt ist, daß man versucht ist, die Artikulation als ein gesprochenes Jodeln zu bezeichnen:

do taat a da a stinga (da würdest du dich auch ärgern),

do daad da da Dadde do heiffa* (da würde dir der Großvater doch helfen),

mogarabiranodakari (wünscht der Karl noch ein Bier).

Der Jodler war anfangs ein Zuruf über Schluchten und Täler hinweg. »Aus dem hallenden Zuruf wird mit der Weite, in der die Konsonanten der Worte verlorengehen, der vokalreiche, am Tonspiel erkennbare Ruf.«** Auf die Frage des Fotografen, wie das Porträt aussehen solle, antwortete der Bauer: »Wiari wir, wiari« – wie ich werde, so werde ich eben.***

Das Bayerische ist ein Dialekt der gaumigen Laute und der Diphtonge. Besonders entwickelt ist die Verzwielautung im Bayerischen Wald, wo man bis zu 24 Varianten zählte. Gestürzte Diphtonge findet man im Norden des Stammesgebiets (»Brouder« statt »Bruder«). Trotz der ausgeprägten Diphtongierung kommt es zu Ambivalenzen bei der Aussprache. Wenn die Feuerwehr »von Feia zu Feia« eilt, ist nicht ausgemacht, ob es um eine Serienbrandstiftung oder um Festlichkeiten geht.

---

* Ludwig Zehetner et al., *Das bairische Dialektbuch*, München 1985, S. 78.
** Schmidkunz/List, *Das leibhaftige Liederbuch*, Wolffenbüttel 1969, S. 9.
*** A. Schweiggert, *Ein echter Bayer red't nicht viel*, Dachau 1988, S. 78.

Verkleinerungsformen finden sich vor allem in den fränkischen Landesteilen (»a klaas bissla«; »a weng a Kind«), aber auch im Oberbayerischen. Mit *Maxl* unterschrieb Herzog Maximilian seine Briefe an den lieben *Franzl*, nämlich den Mundartdichter Franz von Kobell. Als das *Platzl* im Jahr 1890 in »Plätzchen« umbenannt werden sollte, hagelte es Proteste, weil die Münchner auf ihren eigenen Diminutiv nicht verzichten wollten.

Der bayerische Separatismus drückt sich in der Wahl des Geschlechts und des bestimmten Artikels aus. Es heißt »*der* Kartoffel«, »*der* Butter«, »*das* Teller« und »*der* Petersil«. Noch charakteristischer ist die Verwendung des unbestimmten Artikels. Das Roß frißt »*ein* Heu«, der Volksschauspieler Polt bestellt »*einen* Scampi« und der Bayerische Rundfunk sagt »*ein* Wetter« vorher. Kompliziert wird der Gebrauch, weil der unbestimmte Artikel sehr wohl auf etwas Bestimmtes hinweisen darf. In dem Satz »I hob an Kaminkehrer gseng« kann *irgendein,* aber auch *der* Schornsteinfeger Demmelhuber gemeint sein.*

Mit Adverbien geht der *native speaker* verschwenderisch und diskriminierend in einem um. Nach München geht's *auffi*, nach Passau *obi*, nach Altötting *eini*. Amerika liegt *drent*, man fährt *auf* New York *ummi* und war in Kalifornien *hint*.

Orts- und Richtungsadverbien scheinen einen hohen Redundanzgrad aufzuweisen, und doch verkürzen sie dem Wissenden in deiktischen Situationen die Kommunikationsdauer erheblich, auch und gerade dann, wenn es sich um eine Deixis am Phantasma handelt, also um eine Welt, in die Personen und Gegenstände nur gedanklich hineingestellt werden. Die deiktischen Elemente der Sprache dienen aber zunächst einmal dazu, sich im Gelände möglichst exakt und zeitsparend orientieren zu können. Je zerklüfteter eine Landschaft, je krummer die Bäche, je verwinkelter

---

* Zehentner, S. 113.

die Fluren, desto vielgestaltiger die Richtungsadverbien. Deren Verwendung will nur dem ungeübten Ohr willkürlich vorkommen. In Wirklichkeit gibt dieser sehr elaborierte Code genaue Raumvorstellungen wieder. Nach der Stadt Weiden geht es *auffe* (aufhin), weil das Gelände vom Sprecher aus gesehen ansteigt. Die Richtungsadverbien sind nämlich sprecherperspektivisch strukturiert. Von unten gesehen steigt man einen Berg *auffe*, von oben gesehen steigt ein anderer den Berg *auffa*.* Ein komplizierterer Fall ist München. Von Oberviechtach nach München geht es *auffe*, obwohl das Gelände abfällt. Dies kann politisch bedingt sein, denn »die Landeshauptstadt genießt ein gewisses Maß an Respekt«, wie Rowley etwas zurückhaltend formuliert.**

Statt des einfachen Präteritums wählt der Bayer ausnahmslos das zusammengesetzte Perfekt oder Plusquamperfekt. Diese Vergangenheitsform sorgt für den gemächlichen Rhythmus des Bayrischen (»I hob eahm oane gschmiert ghabt.«).

Pluralbildungen sind manchmal Idiotismen. Ein *Kretin* ist ein Bewohner von Straubing, die *Kretinnen* sind mehrere Bewohner dieses Ortes, aber nicht notwendigerweise weibliche.

Verstärkungen wirken paradox. »Nicht viel« kann gerade das Gegenteil bedeuten wie in der Wendung »I hob mi net vui gschamt«, womit der Sprecher meint, er habe sich sehr geschämt.

Auf den Superlativ wird gelegentlich, auf den Komparativ implizit verzichtet (»Es gibt nix Bessers wia ebbs Guats!«).

Ganz ausgestorben ist in der gesprochenen Sprache der Genitiv. Aus »des Kaisers neue Kleider« wird »dem Kaiser sei neus Gwand«.

*

* Zehentner, S. 134f.
** A. Rowley, Hrsg., *Sprachliche Orientierung I*, Bayreuth 1980, S. 220.

	/-e/	/-a/	/hi-/	/hɛ̃ᵃ-/	/dahi/	/dahɛᵃ/
auf	/ã́ᵘffe/	/ã́ᵘffa/	/hína ᵘf/	/hɛ̃ᵃra ᵘf/	/dahina'ᵘf/	/dahɛ ᵃra'ᵘf/
ab	/ɔ́we/	/ɔ́wa/	/hínɔ/	/hɛ̃ᵃrɔ/	/dahinɔ́/	/dahɛ ᵃrɔ́/
um	/úme/	/úma/	/hínum/	/hɛ̃ᵃrum/	/dahinúm/	/dahɛ ᵃrúm/
aus	/ã́ᵘsse/	/ã́ᵘssa/	/hína ᵘs/	/hɛ̃ᵃraus/	/dahinã́ᵘs/	/dahɛ ᵃrã́ᵘs/
ein	/ã́ᶦne/	/ã́ᶦna/	/hínã́ᶦ/	/hɛ̃ᵃrã́ᶦ/	/dahinã́ᶦ/	/dahɛ ᵃrã́ᶦ/
zu	/dsũᵃre/	/dsũᵃra/	/hidsũ̃ᵃ/	/hɛ̃ᵃdsũᵃ/	/dahidsũᵃ/	/dahɛᵃdsũᵃ/
weg	/dã́ne/	/dã́na/	/hidã̃/	/hɛ̃ᵃdã̃/		
an	/ã́ne/	/ã́na/			/dahinã̃/	
vor	/fíᵃre/	/fíᵃra/	/hifíᵃ/	/hɛ̃ᵃfíᵃ/	/dahifíᵃ/	/dahɛ ᵃfíᵃ/
hinter	/hínddare/	/hinddara/				/dahᵃhindda

Quelle: J. Scherl-Nümeier, Die Orts- und Richtungsadverbien in der Mundart von Pocking (Rottal). Zulassungsarbeit an der Universität Regensburg (1974).

In fast allen Lebensbereichen kommt es zu Hypercharakterisierung und Verdoppelung. Das ist der *Zwiefache* in der Ausdruckskunst, der »Liberalkonservative« in der Politik und die doppelte Verneinung in der Grammatik. Scharl schreibt in seiner *Brau-Anleitung* aus dem frühen 19. Jahrhundert: »Wann das Bier einmal sauer wird, so ist es kein gesundes Getranck nicht mehr für den Menschen.«* Dem Bayern käme es nicht in den Sinn, eine doppelte Verneinung als verstärkte Bejahung zu verstehen. Man nehme etwa die Aussage eines der fidelen Postboten des Landes: »Des ham mia meine grünen Witwen scho gsagt, daß i koa Schlechta net bin.« Oder den energischen Protest des Landwirts Filser in Ludwig Thomas Stück *Erster Klasse*: »Vo koano Garatie [sic] woaß i durchaus gar nix.«

Die doppelte Verneinung kann zur Not mit dem restringierten Code der Unterschicht in Verbindung gebracht werden. Einer unserer Informanten beschrieb die Herausbildung eines Tumors mit den Worten: »Der Doktor hat nix Schöns net festgschtellt.« Die doppelte Verneinung hat freilich auch Eingang ins Amtsbayerische gefunden. Nach Naturkatastrophen wird der Stamm mit der Verlautbarung beruhigt: »Es bestand zu keiner Zeit keinerlei Gefahr.«

Es ist nur logisch, daß auch die Verdoppelung verdoppelt wird. Es kommt dann zur vierfachen Verneinung wie in dem Satz »Bei uns hot no nia koana koan Durscht ned leidn müassn.« Verdoppelt werden außerdem Artikel (»a ganz a bläde Sau«) und Zeitadverbien (»er soll schon bereits gestorben sein«). Persönliche Fürwörter läßt der Landbewohner ungern für sich alleine stehen, er paart sie pleonastisch mit Possessivpronomen (»ihm sein Bruder«). Der Adel hat sich auf diesem Sektor linguistisch akkultu-

---

* Benno Scharl, *Beschreibung der Braunbier-Brauerey im Königreich Baiern*, München 1814.

riert. Auf diese Weise kam es zu einer doppelten Affirmation der
Blaublütigkeit wie beim Fürstengeschlecht derer zu Oettingen-
Oettingen-Wallerstein.

*

Die Bayern halten zäh, wenn auch oft unbewußt, an ihrer Mundart fest.

> *Lehrer:* Was ist das für ein Tier?
> *Schüler:* Des is a Goaß.
> *Lehrer:* Es heißt nicht Goaß, es hoaßt Geiß.

Einer unserer lebendigsten Informanten teilte uns in durchaus
charakteristischer Manier mit: »Wenn man sich einmal an das
hochdeutsche Sprechen gewöhnt hat, kriagt mas ums Varrecka
nimma ausm Mäu.«

Tapfer wird das eigene Idiom gegen Angriffe von außen verteidigt. Als ein rheinländischer Fußballspieler die obenerwähnte Homonymenflucht eines bayerischen Schiedsrichters zu ironisieren
versuchte und den Satz »Ich verwarne Ihnen« mit einem »Ich dan-
ke Sie« konterte, wurde er sofort vom Platz gestellt. Ein norddeutscher Dozent mußte sich von seinen Erlanger Studenten belehren
lassen, daß eines schizophrenen Patienten Protest »I bin ja ned dorad« keineswegs als Krankheitssymptom zu werten sei. *Dorad* hei-
ße so viel wie taub.

Wieder wäre es zu einfach, derlei Sprachformen dem restringierten Code von Unterprivilegierten und virtuellen Analphabe-
ten zuzuordnen. Der mit einem Professorentitel ausgestattete Präsident eines großen Münchner Fußballvereins bestand auf der
Steigerungsform »Optimaler hätts nicht laufen können.« Und der
bayerische Innenminister meinte auf eine Reporterfrage, momen-

tan werde der Ruf nach Eliteschulen erhoben, wogegen man in den 1970er Jahren Bildung »so breit als möglich« (aber eben doch nicht breit genug) habe anlegen wollen.

Ganz unrestringiert ist der Code, wenn es ums Fluchen und Schimpfen geht. Die Liste der Schimpfnamen ist schier unendlich *(Krattla, Gloiffe, Klachel, Troadbiffe, Schoaß-tromme...)*, die Schimpfwortforschung zu einer mächtigen Disziplin aufgeblüht. Schimpfen kann die unterschiedlichsten Funktionen erfüllen. Als Goethe auf der Reise nach Italien die schnelle Reparatur seiner Kutsche anmahnte, kehrte der Ebenhausener Postillion Simon May, genannt Simmerl, die Dichtung gegen den Dichter: »Geh, leck mi doch grad du am Arsch, Depp damischer.« Einen politischen Unterton meint man bei dem Bauernbundführer Georg Eisenberger herauszuhören, der 1930 zu einem Dr. Goebbels sagte: »Rotzbua, dreckata, wennst net glei schaugst, daß d'verschwindst, kriagst a Trumm Fotzn, daß di drahst« – zumal Eisenbergers Absicht bekannt war, nicht in der »brauna Odlbruah« *der*saufen zu wollen.

Schimpfwörter werden selbst im Affekt selektiv eingesetzt. Scheinbare Synonyma sind in Wirklichkeit keine. »Old Schwurhand« ist schon vom Juristischen her nicht identisch mit »Meineidbauer«. »Old Schwurhand« ist erlaubt, »Meineidbauer« nicht.* Auch beim Fluchen wird mit zweierlei Maß gemessen, wobei der Status des Sprechers eine Rolle spielt. So konnte ein Pfarrer zwei vorübergehende Bauern ermahnen: »Herrgottsakra, wer fluacht denn da gar a so? Ferchts enk net Sündn, ös Malefizluada?«**

*

---

* Heinrich Senfft, *Glück ist machbar,* Köln 1988, S. 278.
** Georg Queri, *Von kleinen Leuten und großen Obrigkeiten,* München 1914.

Die bayerische Sprache ist eine opulente Sprache. Der Satz »Jetzt machen wir Brotzeit, dann fahren wir heim« wird adverbial angereichert und lautet dann: »Jetzt machen wir *sauber* Brotzeit, dann fahren wir schön *gemütlich* heim.«

Opulent ist der Umgang mit Vorsilben. »In meim Strafraum«, berichtete ein Sportheros mit dem Ehrennamen *Katze von Anzing*, »is zwar zuaganga und vorn is nimma arg vui zammganga, aber mir san jedenfalls ned eiganga, sondern als Sieger hoamganga.« Ein ähnliches, um die alpine Lebenserfahrung ergänztes Raster legte der letzte Archont in seiner Eigenschaft als Herr der atomaren Brennstäbe an: »Unsere Chancen liegen in der Innovation und nicht im Einstieg in den Ausstieg, der zum Abstieg führt.« Der Archont war es auch, der sich einen zusätzlichen Vornamen gab, um im *pluralis majestatis* von sich reden zu können.

Das Bayerische kennt die barocken, hochempfindsamen Vergleiche. Ein Kind, sagt man, ist so groß wie »ein Saustalltürl«. Ein Mann schaut aus wie ein »angemalter Türke«. Eine Frau hat »Dutten wie Odlfaßl«. Präponderant sind die Vergleiche aus der Ethnozoologie: Ein Schulmädchen »zittert wie ein Lämmerschweif«, eine Großmutter »schielt wie ein geköpftes Huhn«, ein Schweinsbraten ist »so groß wie eine Roßzehe«. Extreme Gefühlslagen verlangen kräftige Bilder. Da sagt ein Mann zu seiner Frau, sie sei ihm »so zuwider wie eine kalte Erdäpfelsuppe«. Worauf sie »so blaß wird wie der Käs auf dem Totenbett«. Als ausgesprochen metaphern-gläubig erweist sich der Bayer bei der Werbung ums andere Geschlecht:

I hätt a guats Bett für di,
derfst as scho glaubn,
und wannsd mir mei Uhr aufziagst,
back i dir Straubn.

Manche Vergleiche sind lokal begrenzt, beziehen sich oft nur auf ein einziges Anwesen. Die Bewohner einer Einöde bei Hintergrasensee sind bekannt dafür, so früh zu Bett zu gehen, daß sie die Flöhe noch hupfen sehen. Andere Bilder sind berufsspezifisch und haben einen hohen Realitätsgehalt. Ein Schäfer erbat Bier mit der Begründung, seine *Gurgel* (Kehle) sei so trocken, daß er dem Hund nicht mehr schreien könne. Die allerdrastischsten Vergleiche hebt man sich für die Abwehr von Fremden auf. Ihnen wird nachgesagt, sie würden die *Schwammerln* mit dem Lasso fangen, die Fensterscheiben mit *Grießschmarrn* putzen, die *Hosentürln* mit Steinen aufklopfen und die linke Hand zum Gruße reichen, weil sie in der Rechten den Knüttel halten.

Moritz Saphir hat sich einmal über das umständliche Münchner Journalistendeutsch mokiert und dieses abschreckende Beispiel gegeben: »Sondern weil lediglich derzeit möglichst, in so fern derselben können zu leisten zu werden bewiesen, derohalben allgemein zufällig kaum zu dürfen haben werden können mögen seyn wollen.«* Er hat unterschätzt, wie rasch der überladene Stil in Breviloquenz umschlagen kann. Wenige Monate nach seiner Attacke druckte die Konkurrenz eine Meldung, die nur aus drei Worten bestand: »Herr Saphir sitzt.«** Einen eklatanten Fall von Sprachverkürzung erlebten wir bei einem etwa 50jährigen Alkoholiker, der nach Erreichen der Fahruntüchtigkeit regelmäßig Gattin und Auto telefonisch vor seine Stammkneipe zitierte: »Kommen!« Ein vorangestelltes »Bitte«, erläuterte er auf Befragen, würde seine Frau nur irritieren.

Traditionsbewußte Bauern legen Wert auf sprachliche Genauigkeit. Der Bauer *liegt* bei der Bäuerin, aber er *flaggt* bei der Magd. Ein Fremder erhält auf die Frage »Gibt es hier eine Expreßreini-

---

* *Der Bazar für München und Bayern* vom 29. Januar 1830, S. 99.
** *Die Bayer'sche Landbötin* vom 9. Oktober 1830, S. 1.

gung?« die Antwort »Na, bloß a Schnellreinigung.« Sprachliche Feinabstimmung gehört zur Kunst der Stammesführung. Was Gegnern als »schmutziger Trick« verübelt wird, gilt unter politischen Freunden als »verwaltungstechnischer Schachzug«. Ein gehässiger Beobachter könnte als *doublespeak* einstufen, was wir als Sondersemiotik bezeichnen möchten und für erlernbar halten. Wir haben zum Beispiel herausgefunden, daß bei dem Zeichen »Luft- und Raumfahrtindustrie« das Bezeichnete die großen Rüstungsfabriken sind.

*

Ist das Verhältnis der Bayern zu *Fremdsprachen* nicht uneindeutig, so darf die Beziehung zum *Englischen* als entspannt gelten. Das Wort *gneisen* für »ahnen« kommt von *to recognize*. Beide Völker haben denselben umgangssprachlichen Ausdruck für Geld: *dough* und *doag*, also »Teig«. Beide verwenden das erweiterte Gerundivum. Das *staying in the bed long* des Engländers entspricht dem *langliegenbleiben* des Bayern. Während der Besatzung durch die Amerikaner war Englisch für kurze Zeit sogar Amtssprache. Einige dialektisch begründete Mißverständnisse konnten nicht ausbleiben.

GI: This is some soap for your face.
Fränkin: Na, na, die nehm ich net für die Feiß!«*

Bald brachte Radio München einen Kurs mit dem Titel *Englisch macht Spaß*, der im großen und ganzen ein Erfolg war, wenngleich ein prominenter Sportler und Teamchef das Wort »Training« heu-

---

* W. Ulsamer, *Bewegte Tage einer kleinen Stadt vor und nach dem Einmarsch der Amerikaner,* Spalt 1987.

te noch wie »Treining« ausspricht und Skilehrer die Wendung »it doesn't matter« für eine Höhenangabe halten: »in tausend Meter«. Bayerische Touristen legen in den USA eine verblüffende Gewandtheit an den Tag (»I search my wife«), und der Sinn des Fremdsprachenunterrichts erschließt sich vollends, wenn man erfährt, daß die Elitestudenten des Maximilianeums instand gesetzt werden, die Schönheiten von Paris auf Englisch zu schildern. Englisch ist heute die Sprache des Sports und der Werbung für den Sport: »Das Qualiteam Germany fährt mit Top-Racing-Laufkanten und aufgebogenen Downhill-Enden zu Tal. Der Racing Cut Special ist für Freestyle und Hotdogging geeignet. Wir haben den Compactski, den Softski, den Midski und den Allroundski, und viele von diesen sind waxfree.« Mit großer Selbstverständlichkeit wünschen sich Hörer der Erbschleichersendung vom Bayerischen Rundfunk das Lied »Amaising greis«. Man könnte sogar der Auffassung sein, daß Englisch das Bayerische schon zu sehr durchdrungen hat, wenn etwa über die Lautsprecheranlage eines Supermarkts »das gute Törn-und-Taxis-Bier« angepriesen wird oder wenn der Archont verbreiten läßt, er sei nicht everybody's Depp.

Die Liebe zur *lateinischen* Sprache ist nirgends so ausgeprägt wie bei diesem kleinen Bergvolk. Zum Teil geht dies auf die römische Besatzungszeit zurück (die *gred* vor dem Haus kommt vom lat. *gradus*, das heißt Stufe), zum andern auf die mönchische Vergangenheit. Die Klosterleute faßten ihre Lebensregeln gerne auf Lateinisch ab (z.B. *liquida non frangunt ieiunium* – Flüssiges bricht die Fasten nicht, man durfte also Starkbier trinken). Der Archont entwickelte sich nach seiner Ministrantenzeit zu einem geradezu fanatischen Latinisten, einem Horaz in Lederhosen sozusagen. Seine letzte Geliebte erlebte den Lateinunterricht, den er ihr erteilte, als Höhepunkt ihrer Beziehung (»Aber danach sollte ich lieber gehen.«).

Aus einem Blatt wie der *Landshuter Zeitung* spricht Gelassenheit im Umgang mit dem *Griechischen*, wenn dort berichtet wird, die Aidsseuche habe inzwischen nicht bloß Homo-, sondern auch Hydrosexuelle erfaßt.

Zum *Französischen* ergibt sich von der Nasalierung her eine gewisse Affinität, während Wortschatzübungen zumindest intellektuelle Neugier verraten (»Was heißt *pourquoi?*« – »Warum.« – »Weil i s wissen möcht, Rindviech!«).

Zu einer der beliebtesten Fremdsprachen hat sich das *Spanische* entwickelt. Man versucht, diese Sprache über die Landeskunde aufzunehmen, ohne dabei die eigene kulturelle Identität abzulegen. Das *Weinhaus Rubner* am Neuöttinger Stadtplatz veranstaltete im Untersuchungszeitraum eine *Fiesta Mexikaner* mit frischen Weißwürsten und Brezen. Der Tourist versteht sich auf Mallorca gegen den Zuruf »Buenos dias« mit dem Satz zu wehren: »Nix do! I fotografier selber.«

Das *Russische* ist unter dem Eindruck der aktuellen politischen Entwicklung ebenfalls im Kommen und gibt längst nicht mehr die Rätsel auf wie zur Zeit der russischen Zwangsarbeiter (*Bäuerin:* Zum Wohl, Alter, heut hast aber wieder ein Katarrh. – *Bauer:* Katarrh – Unsinn – unsern Russn ruf ich.*)

Um das *Chinesische* hat sich Karl Valentin in einem vielgesungenen Couplet bemüht (»Wanni ko na kimmi«).

Der Spruch »Wer ko der ko« gemahnt an die *Schoschonensprache*. Dort steht die Nachsilbe *-kanti* für einen, der besitzt oder gebraucht.

Es gibt demnach eine Vielzahl von strukturalistischen Bezügen. Wir wollen es mit dem Hinweis sein Bewenden haben lassen, daß das verbreitete *Grüß Gott* sich glotto-chronologisch vom altirischen *Go mbeannaighe Din dhuit* herleitet und die *Semmel* vom assyrischen *samidu* für Weizenmehl.

---

* *Das Bayerland*, Juli 1919.

Als Wesensmerkmale des Bayerischen wollen wir festhalten den vokalreichen Wohlklang, die leichte Sprechbarkeit und den getragenen Rhythmus. Die bayerische Sprache ist eine schöne Sprache und nach Ansicht vor allem ihrer Sprecher von einer »Vollendung, die keine Steigerung mehr zuläßt«.* Der Fremde wird die Nuancen dieses Idioms wohl nie vollständig ergründen können. Zu leicht sind neutral gemeinte Begriffe mit negativen Konnotationen zu verwechseln. Der Ausruf *Krüppelheim* der Münchner Trambahnschaffner an der Station Kurzstraße war in den 1950er Jahren nichts anderes als der heimische Ausdruck für Orthopädische Klinik. Der Zuruf *du Sau du* – mit stimmhaftem *s* – mischt auf subtile Weise Verachtung und Anerkennung: die halbe Verbeugung des Verlierers vor dem mit unlauteren Mitteln zum Ziel gelangten Sieger.

----

* Michael Kollmer, *Wesenszüge des Bayerischen,* im Selbstverlag 1985, S. 123.

Denken und Fühlen

»Die Schönheit des Landes verführt zur Geistferne«, schrieb ein Bielefelder Literaturwissenschaftler.* Der Fremde, der den Erstkontakt mit Bayern sucht, muß stammestypische Denkmuster idiographisch zu erfassen lernen und darf nicht mit externen Konzepten an seinen Gegenstand herantreten. Der Bayer denkt eher diskursiv als logisch. Man könnte von einer immerwährenden Logik sprechen, die aus dem Erbe einer Sammler- und Wildbeuterkultur kommt. In ärmeren Familien werden traditionell die Kinder in einem Jahr aufgefordert, Tannenzapfen zu lesen, weil es so viele, im nächsten Jahr, weil es so wenige davon gibt. Ein eigentümliches Gepräge nahm die Überkreuzlogik bei dem legendären Trickster Karl Valentin an (»Halten Sie Ihr Maul, wenn Sie mit mir reden!«). Georg Queri hat in seinem immer noch lesenswerten Band *Kraftbayrisch* (1912) sogar angedeutet, daß es in Bayern einen Dadaismus *avant la lettre* gegeben hat:

> Deandl, tua's Röckei weg
> und as Fürta,
> daß ih dei Bäucherl siehg
> und dei Dada.

Auf das Grauen des Krieges und der Gewalt reagierte die Zeitschrift *Der Maßkrug* mit dadaistischer Illogik, die dem Geist der Zeit nach 1918 durchaus entsprach: »Ich bestreite weiterhin, daß der Massenmörder Haarmann als Protektor einer neuen Kindererziehungsanstalt in Betracht kommt, wenn auch die Schlaflosigkeit

---

* In: *Geo spezial*, Juni 1990, S. 154.

in Paris doppelt so hoch ist, als die kürzlich festgestellte Sonnenfinsternis.«*

Daß Dada lebt, und nicht schlecht, kann dem umsichtigen Feldforscher nicht verborgen bleiben. Der surreale Anflug könnte genetisch bedingt sein, läßt er sich doch bereits im Kindesalter nachweisen. Auf einem der zahlreichen Volksfeste fragte ein verlorengegangener Bub einen Polizisten: »Sie, ham Sie net a Frau mit koam Buam gsehn, der so ausschaut wia i?«

In den nördlichen Landesteilen tendiert der Denkstil zum Unverbindlichen (»die, die so sind, sind alle nicht anders«), es gibt allerdings eine fränkische Wendigkeit, die in verblüffende Konterfragen ausmündet. Ein Polizist ermahnte einen fröhlichen Zecher: »Sing etz net so laut, wennst hamm gäihst!« und erhielt zur Antwort: »Wer sagst denn, daß i hamm gäih?«** Die oberbayerische Spielart dieser Technik fällt deutlich plumper aus. In der sogenannten *Schwemme* des *Hofbräuhauses* fragte ein durchreisender Hamburger einen Stammgast: »Sagen Sie mal, lieber Freund, wieviel solche Krüge Bier werden denn hier täglich getrunken?« Darauf der Stammgast: »Wiavui? Ja mei, wiavui Haring fangens denn bei euch da drobn am Tag?«***

Eine gewisse Spitzfindigkeit entwickelt freilich auch der Oberbayer. Dem Vorhalt, im *Leberkäs* sei überhaupt keine Leber enthalten, begegnet das Metzgerhandwerk mit der entwaffnenden Analogie, schließlich enthalte die Teewurst auch keinen Tee. Häufiger jedoch findet man die logische Selbstentwaffnung. Die Schaffner auf den alten Trambahnen haben ihre Fahrgäste Hunderte von Malen davor gewarnt, die Türen nicht zu öffnen, wenn sie sich nicht abzuspringen trauen. Dann setzen sie hinzu: »Und

---

* *Der Maßkrug*, Februar 1925.
** Hans Max von Aufsess, *Der Franke ist ein Gewürfelter*, Hof 1983.
*** *Hofbräuhauszeitung*, 1929, Nr. 2.

überhaupt is dös verbotenl«* Ganz ähnlich wurde der neugewählte Präsident des FC Bayern gefragt, ob er sich in der Lage fühle, die Spielerpersönlichkeiten in seiner Mannschaft zu bändigen. Jawohl, erwiderte der Präsident, das habe er in den vergangenen Wochen schon mehrfach bewiesen. Außerdem sei dies gar nicht nötig.

Testet man das Problembewußtsein der Einheimischen, so ergeben sich einige Überraschungen. Als »Problem« werden zum Beispiel unerstiegene Berge und Felswände angesprochen. Im Problemlösungsverhalten verläßt man sich am liebsten auf Erfahrungswerte. Daß der Hofhund auch bei großer Hitze seinen Stammplatz auf dem Düngerhaufen nicht aufgibt, kann nach Ansicht der Landwirte nicht ungesund sein, denn das müßte man gespürt haben, »wenns so gfeit war«.** Der traditionelle Empirismus hat jüngsthin gegenüber dem vorrückenden Agrarrationalismus etwas an Boden verloren. Manche halten die durchrationalisierte Landwirtschaft für eine »kulturelle und mentale Katastrophe« und nennen als Verantwortliche den Bauernverband, das Landwirtschaftsministerium und die Agrowissenschaft.*** Die Kritiker übersehen allerdings, daß die rationalistische und bis zu einem gewissen Grad auch die empirische Denkhaltung immer wieder durch quasi-dadaistische Denkfiguren überformt werden kann. Ein Referent für dörfliche Erneuerung erklärte in diesem Sinne, man brauche keine »rückwärts gerichtete bäuerliche Idylle«, denn »das Dorf ist nicht mehr das, was es noch nie war«.****

Als Manifestation des Dada im akademischen Bereich wird in weiten Teilen der ethnologischen Literatur die Tatsache gewertet,

---

* *Der Zwiestrolch*, 2. Jg., Nr. 1–3, S. 11.
** J. Wimmer, *Die sozialen und volkswirtschaftlichen Zustände des Königlichen Landgerichtes Eggenfelden*, Landshut 1862 (Neudruck 1969), S. 6.
*** Dietmar Stutzer, *Geschichte des Bauernstandes in Bayern*, München 1988, S. 281.
**** *Bayerische Staatszeitung* vom 30. April 1987.

daß an der Universität München *Alois* oder *Aloys* lange Zeit der Pflichtvorname für Angehörige der Philosophischen Fakultät war. Die Universität hat seither ihren Führungsanspruch an die *Würzburger Denkpsychologie* und an die *Gesellschaft für rationelle Psychologie* abgeben müssen. In der Erforschung der bayerischen Speziallogik ist man inzwischen ein Stück weitergekommen. Die anthropologische Erklärung, daß die Bayern zu 83 Prozent brachycephalisch sind – zum Vergleich: nur 13 Prozent aller Schweden sind Breitschädel —, wird heute kaum noch ernsthaft vertreten.* Doch hat der biochemische *approach*, daß Jodmangel zwar die Kropfbildung beschleunigt, aber die körperlichen und geistigen Funktionen verlangsamt, an Zugkraft gewonnen.

*

Im politischen Bereich erfährt der diskursive Stil eine Steigerung und nimmt dann einen stark sequentiellen Charakter an: »Erst laß i mi aufstelln, dann laß i mi wähln, dann laß i mir d Zähn richten und dann wird gheirat.«

Das kausale Denken geht in der Politik seine eigenen Wege. Weil die Mitglieder des bayerischen Senats eine Aufwandsentschädigung erhalten, dürfen sie öffentliche Verkehrsmittel kostenlos benützen.

Eine sehr persönliche Logik verfolgte der mächtige und wortgewaltige Archont. Im Sonthofener Raum prangerte er die Flucht in ordnungspolitische Grundsätze an, stellte gleich darauf aber in Aussicht, er wolle »hinkommen« und aufräumen und allen Banditen das Maul stopfen für den Rest des Jahrhunderts**.

---

* A.L: Kroeber, *Anthropology*, New York 1948, S. 128.
** Vgl. Claude Lévy-Strauss, *Das wilde Denken*, Frankfurt am Main 1968.

70

Sub-chiefs unterschiedlichster Qualifikation übernahmen misologische Schemen des Archonten und trugen sie in die Nachbarstämme hinein. Ein unweit Neanderthal tätiger und als *control freak* bekannter Satrap bayerischer Abkunft wurde gefragt, warum es nötig sei, bei geschiedenen Ausländern beide Partner in die Heimat abzuschieben? »Gemeinsam sind sie gekommen, gemeinsam sollen sie wieder gehen.«

Die logische Sondertümelei wirkt identitätsstiftend und dient dem Zusammenhalt des Gemeinwesens. Die Frage, wie etwas Unerhörtes habe passieren können, wird von der Stammesverwaltung gerne mit der Floskel beantwortet: »Eigentlich gar nicht.« In der Politik gebraucht man am liebsten ramistische Gegensatzpaare, während man im Geschäftsleben den Syllogismus bevorzugt. Der Repräsentant einer großen Brauerei entkräftete den Vorwurf, Pachtverträge zwischen Brauereien und Wirten seien oftmals sittenwidrig, so: »Wenn die Verträge sittenwidrig wären, würden sie nicht existieren. Da es sie gibt, kann der Vorwurf nicht stimmen.«

Die politische Logik erlaubt es, offen für das Petitionsrecht einzutreten und die Absicht des Petenten mit allen Mitteln zu hintertreiben. Die Stammesführung ist der Ansicht, der Stamm werde so gut geführt, daß keine ernstzunehmenden Gravamina entstehen und daß im übrigen auf eine Opposition »eigentlich« verzichtet werden könnte. Am liebsten leugnet der Stammesrat die Existenz oppositioneller Kräfte ganz, was ihn aber nicht hindert, von Zeit zu Zeit erbittert über sie herzufallen. Man stößt auf dieses Phänomen bereits zu Beginn des demokratischen Zeitalters, als die Zeitschrift *Der Scharfschütz* fragte: »Giebt es wirklich keine Opposition in Bayern?«* Das Prinzip eines demokratischen Pro und Kontra ist nach wie vor schwer vermittelbar. Der Leiter des

---

* *Der Scharfschütz* vom 4. Dezember 1830, S. 538.

Instituts zur Erforschung von Angelegenheiten meinte zum Beispiel:
»Ich brauche keine Gegenargumente, ich bin selber dagegen.«

*

Ein altes Sprichwort heißt: »Wenn der Bauer nicht muß, rührt er
weder Hand noch Fuß.« Der bayerische Mensch braucht Beständigkeit – der Familienname Permaneder existiert tatsächlich –, in
seinem räumlichen Empfinden ist er oknophil angelegt. Als eine
Universität von Ingolstadt nach Landshut verlegt werden sollte,
eine Strecke von weniger als 70 Kilometern, erhob sich akademischer Protest: Der Geist brauche Ruhe, nicht Bewegung. Die ersten Lokomotiven erzeugten bei medizinischen Gutachtern Panik: »Ortsveränderung mittels irgendeiner Art von Dampfmaschine sollte im Interesse der öffentlichen Gesundheit verboten sein.«
Durch die rasende Fahrt entstünde geistige Unruhe oder das *delirium furiosum*.

Der Bayer liebt die Nähe. Einer unserer Informanten beantwortete die Frage, warum er sein wohlbereitetes Frühstück nicht
anrühre, mit den Worten: »Z weit weg.« Der oknophile oder anklammernde Grundcharakter verlangt, daß alle Gegenstände möglichst am gleichen Platz stehen. Eine eher komische Bestätigung
dieser Eigenschaft lieferte ein Freier, der beim landesüblichen *Fensterln* in die Kammer des Mädchens sprang und mit dem Fuß
durch eine Bohle brach, weil dort seit alters der Nachttopf gestanden hatte und das Fußbodenbrett morsch geworden war.

Bei der kollektiven Inebriation und anderen Formen rauschhafter Geselligkeit legt der Bayer Wert auf *togetherness*, auch wenn
er das Wort nicht kennt. Im *Braunauer Hof* und in anderen Gaststätten rund um den Viktualienmarkt ist für einzelne Gäste kein
Tisch zu haben. Auf den Bänken des *Hofbräuhauses* sitzen Männerreihen unbewegt »wie Gebirgsketten« und trinken. »Ob der

eine Gipfel Huber oder Maier heißt«, ist gleichgültig.* Wenn sie Streit bekommen und raufen, nennen sie es »zusammenwachsen«. Selbst im tätlichen Konflikt wird das Gemeinsame vor dem Trennenden betont. Eine Lektion über die Unendlichkeit des Endlichen wurde einem Beobachter zuteil, als er Bauern dabei zusah, wie sie sich im Wirtshaus um einen Tisch drängelten:

> »Obschon der Platz bereits besetzt zu sein scheint, hält doch noch mancher prüfende Umschau, ob für ihn vielleicht nicht noch 1 Zoll Holz auf der Bank übrig bleibe und unter dem halblauten Selbstgespräche: ›oan leid's scho no‹ bückt er sich zum Niedersetzen, drückt zunächst den äußern Nachbarn etwas an, setzt sich mit der einen Parthie seiner verkehrten Front auf das noch übrige Fleckchen Holz, schiebt mit der Achsel etwas fühlbar nach, veranlaßt hiedurch die Übrigen zum Rükken und in Zeit von einer halben Viertelstunde hat auch er anständig Platz auf der vollgepfropften Bank.«**

Überseeische Gäste des Oktoberfestes, die aus Platznot dazu übergingen, das Bier im Stehen zu trinken, zogen sich den Volkszorn zu. Die *Stehmaß* wurde zum Politikum, der Kreisverwaltungsreferent untersagte diese nach seinem Dafürhalten ungemütliche, anstrengende und stammesfremde Art des Konsums und wies die *gatekeepers* an, dagegen einzuschreiten. Wenn gestanden werden muß, dann soll es wenigstens ein gemeinsames Stehen sein. »Bitte sechs Stehplatzkarten«, schrieb ein Fußballanhänger an die Geschäftsstelle eines Münchner Traditionsvereins, »wenns geht, nebeneinander«. Ein volles Stadion ist eine Affektgemeinschaft und wird vom ethnopsychischen Durchschnittstypus auch durchaus als solche begriffen.

*

---

* *Hofbräuhauszeitung*, 1934, Nr. 15, S. 3.
* J. Wimmer, 1862, S. 35.

»D Welt is koa Hönnasteign«, weiß man draußen auf dem Land. In alter Zeit operierten die bayerischen Bauern – und das waren ja 90 Prozent der Bevölkerung – mit der Hypothese, daß die Welt groß ist und daß es hinter Straubing noch weitergehen soll. In jenen Tagen ist das Fernweh auf theoretische Weise vom Pfarrer in der Kirche gestillt worden. »Wenn er auf sein Brödöschdöih dridd, so fahmd er aus in dö ganzö Welt.«* Und seine Zuhörer wünschten sich doch selbst im Himmel nur eins: auf dem Ofenbankerl sitzen und die bewährten *face-to-face relations* weiter pflegen zu dürfen.** Der Weltraumfahrt stehen eingefleischte Bayern ablehnend gegenüber. Mag das Meer der Ruhe auch oknophile Sehnsüchte ansprechen, insgesamt halten sie die Mondlandung für einen *Schmarren.*

Das konservative Verhältnis zum Raum hat einen nennenswerten Expansionsdrang gar nicht erst entstehen lassen. Aus der Gründung einer bayerischen Kolonie in Guyana, vorgeschlagen von Johann Joachim Becher im Jahr 1664, ist bekanntlich bis heute nichts geworden. Ludwig I. gab die Stimmung seiner Untertanen sehr genau wieder, als er sagte: »Nicht wenn es größer, wird ein Land glücklich.« Wohl hatte der Kultusminister im III. Reich verkündet: »Die nationalsozialistische Bewegung ist nichts weiter als eine Siegfriedbewegung des deutschen Volkes«, aber der Mann stammte aus Bayreuth, und es wurde eher eine bewegte als eine bewegende Zeit. Einfache Menschen behielten ihre zentripetalen Merkmale und gingen zum Nationalen auf ironische Distanz. »Aha, auf deutschem Boden«, sagten die Schuster, denen man ein Paar durchgelaufener Schuhe brachte.

Der bayerische Gebietszuwachs war bescheiden. Nach dem

---

* »Wenn er seinen Predigtstuhl betritt, schweift er in die ganze Welt hinaus.«
** Joseph Schlicht, *Blauweiß in Schimpf und Ehr, Lust und Leid*, Rosenheim 1973, S. 400.

Anschluß von Österreich erhielt man Jungholz bei Pfronten und Mittelberg im Kleinwalsertal.

Das Heimatgefühl ist schier übermächtig. Im Innern der *Bayerischen Staatszeitung* findet der Leser – wie bei ineinandergesteckten Matrioschkas – den *Bayerischen Staatsanzeiger* und darin wiederum die Heimatbeilage »Unser Bayern«, wo man doch meinen könnte, die Bayerische Staatszeitung sei schon eine Heimatzeitung per se. Prüft man den Inhalt, tritt allerdings ein gewisser internationaler Anspruch des Blattes hervor. Da wird der Ausweis Nr. 731 (grau) eines ausländischen Konsularangestellten für kraftlos erklärt, dort die Löschung des Exequaturs von Herrn Josef Riepl verfügt, bis zu diesem Zeitpunkt Honorarkonsul des Königreichs Thailand. Bayern verfolgt das diplomatische Wechselspiel mit gepaukster Aufmerksamkeit. Der letzte Archont war stets auf dem laufenden über die Vorgänge am Horn von Afrika, und die Schamanen in seiner Nachfolge beschirmen eben noch eine Fahnenweihe bei der *Königlich-privilegierten Feuerschützengesellschaft* von Wolfratshausen, um im nächsten Augenblick schon wieder die Probleme der Volksrepublik China, des Betschuanalandes und der Südafrikanischen Union einer Lösung zuzuführen.

Der Bayer »pleibt gern daheim, raist nit vast auß in frembde land«, hatte Aventinus in seiner *Bayerischen Chronik* geschrieben, die seit 1526 erschien. Das tribale Schweifgebiet hat sich nun aber doch beträchtlich vergrößert. Die Logik der Seßhaften (»Wenn i koa Geld hob, bleib i dahoam«) trifft man noch bei älteren Menschen an, die Kernbevölkerung jedoch hat sich in die totale Wegfahrgesellschaft eingeklinkt. Man fährt heute nach Fort Worth oder Las Palmas wie vormals nach Hellabrunn oder an den Schliersee. Bei der *Waldbauernvereinigung* heißt die Alternative Kuba oder Sri Lanka. Austrägler, die schon *z Moskau* oder *z Hongkong* oder *z Kalifornien hint* gewesen sind, finden sich heute auf jeder zweiten Parkbank. Bemerkenswert ist die Fähigkeit, Eigenes im fremden Land wiederzuerkennen und zu nostrifizieren. Der bayerische Tourist ist überzeugt davon, daß der *Palazzo Pitti* der *Münchner Residenz* nachempfunden wurde und daß die *Loggia dei Lanzi* eine Nachbildung der *Feldherrnhalle* am Odeonsplatz ist.

Hohes Tempo hat generationenlang Ironie provoziert (»Wannst di schickst, konnst di no selber einholn«). Hier hat ein tiefgreifender Kulturwandel stattgefunden, der von einer bayerischen Automobilfirma entscheidend mitgefördert wurde. Der Frankenschnellweg ist längst kein Paradoxon mehr, und von der heiteren Gelassenheit des Südeuropäers verspürt man auf allen bayerischen Straßen wenig. Motorradfahrer fliegen mit traumwandlerischer Sicherheit aus der Kurve, Radfahrer rasen mit über 70 km/h in Radarfallen. Bei Nebel ist noch eine Zunahme der Geschwindigkeiten zu verzeichnen, weil sich die Fahrer vor den Fotoapparaten der Polizei sicher fühlen. Der Verkehr ist dicht. Ein charakteristischer Hilferuf am Rande vielbefahrener Ortsdurchfahrten heißt: »Stopp dem Stau«. Eine Entlastung der Hauptverkehrsadern macht sich erst nach 23 Uhr bemerkbar, wenn die Gaststättenbesucher ihre Behausungen über Schleichwege ansteuern.

*

Der Bayer, stolz auf seine pralle Lebensphilosophie, spricht Intellektuellen die volle Genußfähigkeit ab. Diese Haltung kann sich bis zum Anti-Intellektualismus steigern. Akademiker sind dort verhaßt, wo sie »ihre Unfähigkeit zu einer breiten, sinnlichen Lebensführung durch oberlehrerhafte Arroganz kompensieren.«* Die mangelnde Gefühlstiefe studierter Personen wirkt um so häß-

---

* Ein bayerischer Republikaner in der *Deutschen Zeitung* vom 13. Juli 1979.

licher, als die sinnliche Wahrnehmung bei der Standardbevölkerung sehr ausgeprägt ist. Einen interessanten Fall von psycho-physischem Parallelismus erfuhr ein niederbayerischer Abgeordneter an sich selbst: »Meine Zunge wird immer trocken, wenn ich eine Briefmarke mit einem linken Kopf lecken soll.«

Die haptischen Fähigkeiten sind so phantastisch entwickelt, daß sie bis ins hohe Alter vorhalten. In den Bierschenken versichern die senilen Zecher den Kellnerinnen bis zum Überdruß, daß sie an Kurzsichtigkeit litten, aber »im Greifen« noch sehr gut wären. Der König hatte es dem Untertan schön vorgesagt: »Um glücklich sein zu können, muß er fühlen, muß einzig fühlen.« Der empfindliche Tastsinn bewährt sich selbst unter extremen Bedingungen. Ein MG-Schütze berichtete aus dem großen Krieg: »Der Niggl leitete das Patronenband, als ob er ein Kinderhemdchen zärtlich durch die Finger gleiten ließe.«

Eine Geruchsunterdrückung wie beim Amerikaner findet man nicht, was diffusionstheoretisch auf die Schwefelsulfide im Bier, aber auch auf ein kulturelles Grundmuster zurückgeht. So wie die Pygmäen aufs Hören fixiert sind und die Nacirema nur das glauben, was sie sehen, so traut der Bayer am liebsten seinem Riechorgan.

Er ist, was seine Blähungen angeht, recht erfinderisch. »Da könnte man einen druntermischen«, sagte einer unserer listigsten Informanten beim Passieren eines *Odel*feldes. Riechen und Schmecken können synonym verwendet werden. Die Frage »Ist dieser Platz noch frei?« hörten wir so beantwortet: »Ja, grad frei worn. Der schmeckt no.«

Wo das Denken optisch bestimmt wird, weist es eine unwiderstehliche Stringenz auf (»Jetz schaugn mer amoi, dann sehng mers scho.«). Die optische Orientierung ist bei den Bewohnern der Landeshauptstadt am stärksten ausgeprägt. Der Tagesablauf des modalen Münchners wird weniger vom Tun als vom Schauen bestimmt. Er sitzt im *Hirsch-* oder *Hofgarten* und schaut. Er liegt im *Englischen Garten* und schaut. Auf dem *Marienplatz* legt er, soweit möglich, den Kopf in den Nacken und schaut.

Will der Bayer seiner Lebenszufriedenheit Ausdruck verleihen, sagt er »i bi bfrüm« (ich bin zufrieden). Zufrieden ist er, wenn die Dinge im Lot sind, und wenn sie nicht im Lot sind, versucht er sich an einer alten Weisheit aufzurichten, die besagt: »Man soll die Dinge nicht so tragisch nehmen, wie sie sind.« Als die Bauern von Mariaposching links der Donau von einer schweren Überschwemmung heimgesucht wurden, brachten sie Vieh und Ackergerät notdürftig in Sicherheit, »sie selbst aber fuhren mit Floß und Zille zum Wirt, stiegen durch die Fenster in die obere Zechstube und, indes ihre Häuser nur mehr wie Inseln aus dem sturmgepeitschten Meer herausragten, karteten und tranken sie Tage und Nächte hindurch«.*

Ein warmer, »Föhn« genannter Bergwind regt den Serotoninausstoß an und führt zu erratischem Verhalten nicht nur unter Kraftfahrern. Bei Föhn verlieren viele Bayern ihre Gemütsruhe und bekommen einen »Moralischen«, so nennen sie eine depressive Verstimmung. Die intensive Beziehung zu den Alpen kann sogar selbstquälerische Züge annehmen. Unter dem Einfluß der amerikanischen Besatzungsmacht wurde das Streben nach Glück hypostasiert. Die medizinische Wissenschaft mußte sich dazu bequemen, eine »Glückspille« zu entwickeln, die der Bevölkerung im Kriegs- oder Katastrophenfall verabreicht werden kann.

Die äußere Robustheit täuscht über die innere Feinfühligkeit leicht hinweg. Als der Räuber Matthias Kneißl verhaftet werden sollte, schickte man nicht die Landgendarmen – Kneißl haßte deren grüne Uniformen —, sondern blau uniformierte Münchner Stadtpolizisten. Zwar würde niemand den Bayern übertriebene

---

* Schlicht, 1973, S. 81.

Förmlichkeit vorwerfen können, in Fragen der Tischsitten jedoch werden Takt und Zuvorkommenheit auf das genaueste beachtet. So ist denn auch die Frage »Sie nehmen den Kaffee ohne Zucker, Herr Doktor Zimmermann?« mehr als eine leere Höflichkeitsfloskel, weil sie das Krankheitsbild des Angesprochenen mit einbezieht. Die sprichwörtliche Reizbarkeit des Bayern provoziert, wer ihm die Ruhe stiehlt. In Erregungszustände versetzt ihn ein Verhalten, das in seinen eigenen Worten einem »Mangel an Nichtbeachtung« gleichkommt.*

---

* *Der Maßkrug*, August 1924.

Glaube

»Wie oft hat man nicht darauf hingewiesen, daß es kein Land
gibt, das so von Pfaffen heimgesucht wird wie Bayern; daß dort
die Religion der Obrigkeit dazu dient, den großen Haufen unter
den Füßen zu halten; daß fette, faule Mönche sich ins Fäustchen
lachen, während das Volk darbt.«* Wir haben auch andere Eindrücke gewonnen. Transparente Ortsnamen zeugen oftmals nicht
von Gottesfurcht *(mysterium tremendum)*, sie signalisieren im
Gegenteil eine Herausforderung Gottes, wie anders wären Einöd-
höfe mit Namen wie *Teufelseigen* oder *Ungnaden* zu erklären? Die
Demoskopen sagen uns, daß Geistliche in Bayern weniger geachtet sind als bei den angrenzenden Stämmen.** Überdies ist historisch belegbar, daß Bayern mitunter brutaler säkularisiert hat als
das protestantische Preußen. Während der Säkularisation sind
Klöster in Zuchthäuser, in Irrenanstalten und sogar in Bezirksäm-
ter umgewandelt worden. Die Bestände von Klosterbibliotheken
wurden zentnerweise an Käsehändler verkauft, mit wertvollen Fo-
lianten Straßen gepflastert. Es sei also davor gewarnt, leichthin
von theokratischen Strukturen zu sprechen. Und schließlich
stimmt es natürlich – Treitschke zitiert das alte Sprichwort ja
durchaus zu Recht —, daß nirgends in der Welt die Religion so
bequem und die Andacht so lustig ist wie hier.

In einer stillen Minute wird jeder verständige Einwohner zugeben, daß er und seine Glaubensbrüder von der Parusieverzöge-
rung weniger hart getroffen werden als alle anderen Konfessio-
nen. Der bayerische Katholizismus bildet somit den Gegenpol

---

* *Dymokritos*, IX, S. 105. – J.C. Riesbeck bei M. Bosch, Hrsg., ... *du Land der Bayern*,
Köln 1983, S. 34 u. 56. – J. Pezzl, *Reise durch den Baierischen Kreis*, Salzburg und Leipzig
1784, passim.
** Hermann Sand, *Warum die Bayern anders sind*, München 1973.

zum Adventismus und anderen millenarischen Glaubensrichtun-
gen.*

Meilensteine des Glaubens in Bayern sind die *Synode von Dingolfing* unter Tassilo im Jahr 770; die Tätigkeit des hl. Gunther im
Lallinger Winkel um die Jahrtausendwende; die Ankunft der Brüder vom hl. Geist in München anno 1262; und der Besuch von
Pius VI. in der *Lorettokirche* zu Ramsau bei Haag am 26.4.1782.
Die *pietas bavarica* wurde vor allem auch von Frauen getragen,
von *Ursulinen* und *Servitinnen*, von *Englischen Fräulein* und *Armen Schulschwestern*. Im Weinberg des Herrn arbeiteten die *Dil-
linger Barfüßerinnen* so emsig wie die Milchheiligen Agatha und
Lucia oder die drei hl. Jungfrauen Ainbeth, Vielbeth und Wol-
beth. Edigna in der hohlen Linde war als Rekluse von einer Gott-
seligkeit, wie man sie in anderen Kulturräumen nur schwerlich
antreffen dürfte. Die bayerische Frömmigkeit ist zu allen Zeiten
mehr gewesen als ein blödes Kreuzanstaunen, und sicherlich gibt
es heute noch Menschen, die nichts so fest glauben, als daß ein
schönes Stück Rindfleisch eine gute Suppe gibt. Um den Glauben
mußte nie gerungen werden, man hatte ihn. Zahlreiche Kult- und
Gnadenstätten künden von dieser Selbstverständlichkeit. In über
fünfhundert Klöstern wurde die Durchchristlichung des Menschen vorbereitet. Der Alltag lief nach einem religiösen Zeitmaß
ab. Agnes Bernauer, das registrierten die Zuschauer sehr wohl,
wurde vom Henker fünf Vaterunser lang untergetaucht. Reliquien
erleichtern den Übergang vom Vergänglichen zum Ewigen über
Grenzen hinweg. Viele dieser Reliquien haben ihren Aufbewah-
rungsort erst nach langer Irrfahrt erreicht. Der Oberarm der hl.
Antonia kam von Padua nach München, die Kinnlade des hl. Johann Baptist ist in Haidhausen gelandet, wodurch diese Münchner Vorstadt zum Wallfahrtsort aufstieg. Verglichen mit der Seß-

---

* L. Lévy-Bruhl, *L'Experience mystique chez les primitifs*, Paris 1938.

81

haftigkeit der Bayern ist die Mobilität toten Gebeins ganz erstaunlich.

Das Herz von Kurfürst Max Joseph wurde auf dessen persönlichen Wunsch in Altötting ausgesegnet. 1954 brachte man das Herz der Kronprinzessin Antonie ebenfalls dorthin. Damals entstand die Forderung, die überlastete B 12 zur A 94 auszubauen.

Eucharistisches Gerät und andere sinnlich wahrnehmbare Zeugnisse des Glaubens vergegenständlichen das Numinose. Deshalb auch die Beliebtheit von Mirakelbüchern, deshalb die Tatsache, daß es wenige Orte ohne eigenes Mirakelbild gibt. Von einer Naturreligion waren die Bayern nie weit entfernt, seit zwischen München und Augsburg ein Huhn sein Ei samt Marienbildnis auf einen Stein legte – der Grundstein für ein Wallfahrtskirchlein. Abraham a Santa Clara hat dem Vorgang eine eigene Thaumatologie gewidmet.*

Wunder kosten ihren Preis. Die *Kalende*, die Lebensmittellieferung an Geistliche, ist so unerschütterlich wie der Glaube selbst. Seit dem Mittelalter ist die Abgabeverpflichtung gottgewollt. Die Höhe der Verpflichtung richtet sich nach der Betriebsgröße. Der Zehnte war zu hinterlegen, damit Priester »durch keine Arbeit gehindert zu den vorgeschriebenen Stunden für die geistlichen Kulte Muße haben«. Aus Verbundenheit mit der Kirche und weil Zuwiderhandelnde mit Kerker, Zwangsarbeit oder Entzug der Hofstelle bestraft wurden, brachte ein Hofbesitzer bei Straubing den Mönchen von St. Emmeram das Jahr über die halbe Ernte dar, zu Epiphani ein fettes Schwein, zu Ostern 700 Eier und 36 Käse und am Emmeramstag 12 Gänse und 24 Hähnchen. Treffend spricht man vom christlichen *Brauchjahr*. Mit dem Butterpfennig konnte sich der Laie die Erlaubnis erkaufen, zur Fastenzeit

---

* Abraham a Santa Clara, *Gack, Gack, Gack, Gack, Gack, A Ga einer wundersamen seltsamen Hennen in dem Herzogthum Bayrn,* München 1742; vgl. Nina Gockerell, *Das Bayernbild,* München 1974.

Butter zu essen. Noch heute ist in Uffing am Staffelsee pro nutzbarer Kuh ein halbes Pfund Butter zu übermachen, um dem *Marienbutterreichniß* Genüge zu tun. Im bayerisch-schwäbischen Herbertshofen stehen der Kirche jährlich zwölf Laib Bauernbrot zu.

Die Regionalisierung des Glaubens fand in einer der ältesten christlichen Legenden Ausdruck. Sie besagt, daß Westfalen den Heiland gekreuzigt haben und daß Pilatus norddeutscher Abstammung war. Die Passionsgeschichte ist zur Gänze ins heimische Idiom übertragen worden:

> Mitn Jesus is dann aufs End zuaganga.
> Noamoi (nochmal) hostn ghert noch sein Vaddan valanga,
> dann ho a da (getan) an gspitzatn Schroa
> der oam ganga is durch Mark und Boa…*

Das Gebet ist in erster Linie ein solidarischer, auf Unheilabwehr gerichteter, über den Tod hinaus wirksamer Akt. Nach landläufiger Vorstellung kann man jemanden aus dem Fegefeuer herausbeten und dem höllischen *Huiradax* (scil. Teufel) das Nachsehen geben. Dankgebete schließen typischerweise das Lob Gottes mit ein. Gottlob, sagte sich die Obrigkeit im Vormärz, hätten sich nicht allzu viele Individuen den Demokraten angeschlossen. Der Rosenkranz ist immer mehr gewesen als ein mnemotechnisches Hilfsmittel. Aus der Nachkriegszeit ist ein Fall überliefert, daß ein Volksvertreter ein erwünschtes Mandat erst dann erhielt, als er vor der Stammesführung sein Taschentuch zückte und wie zufällig einen Rosenkranz herausfallen ließ.

Der Bayer besitzt Gottvertrauen, doch reicht die Skala seiner Glaubensäußerungen bis zur gespielten religiösen Verzweiflung.

---

* Ballerstaller/Kunzmann, *Die Passion auf Bayrisch,* Freilassing 1982.

Als ein Bauer im tiefverschneiten Wald sein Holzfuhrwerk umgeworfen hatte, rief er seinen Söhnen zu: »Schelts (flucht), Buam, schelts! I ko ma nimma gnua scheltn!« Gelegentlich verstummt der Gläubige vor dem Unbegreiflichen, aber im allgemeinen ist es nicht der metaphysische Nektar, der ihn trunken macht. Der Bericht von Johannes Pezzl aus dem Kloster Sankt Nikolaus will so gar nichts Weltfremdes, nichts Entrücktes an sich haben: »Jeder Ordensvater hält sich einen eignen Studenten aus Passau auf seinen Leib. Dieser muß ihm ... Schokolade und Bonbons aus der Stadt holen, Beichtkinder anwerben, Liebesbriefe vertragen, galante Tête-à-Tête veranstalten, und ihm überhaupt bald zum Engel und bald zu Priap dienen.« Die Liberalitas Bavarica tritt hier im Gewand eines aufgeklärten Katholizismus auf. Einen Begriff von der Prallheit des Glaubens und dem unausgesprochenen *pecca fortiter* vermittelt die Mahnung eines Beichtvaters an sein Beichtkind, im Beichtstuhl nur ja nicht zu »fasten mit deiner Zunge, nein, erzähle nur recht deine Sünden, rede gern davon ... schäme dich auch nicht, sogar mit groben Reden zu kommen.«* Soweit wir es wissen können, wird diese Aufforderung befolgt. (Ein Schulbub: »Ich hab dem Herrn Lehrer das Verrecken gewünscht!«)

Der bayerischen Frömmigkeit eignet eine gewisse Leichtigkeit. Und doch hat der Bayer auch mit großem Ernst für den wahren Glauben gekämpft. Im Streit zwischen einem katholischen Sergeanten und einem protestantischen Bauern um die rechte Form des Abendmahls ergriff der Soldat »ein Messer, schneydt den Bawrn uber die Nasen, bayde Ohren hinweck, erweitert ihm das Maul zu bayden Eggen und schneydet ihm auch ein Kreutz auff den Kopf.«** In Sulzbach in der Oberpfalz quartierte man Lands-

---

* Anton Westermayer, *Bauernpredigten*, Regensburg 1912, S. 152.
** *Ordinari-Zeitung* vom 30. Juni 1628.

knechte bei evangelischen Bürgern ein, damit diese sich zur katholischen Religion bequemten.

Seit Nicolai ist den meisten Anthropologen bekannt, »daß die Haut eines eifrigen Katholiken vom vielen Knien hart werden muß« und katholische und protestantische Mädchen sich mit einem Griff voneinander unterscheiden lassen. Fast vergessen ist dagegen der sogenannte Kniebeugungsstreit, ein siebenjähriger Kampf, der zwischen 1838 und 1845 ausgetragen wurde. Die Literatur über die Auseinandersetzung ist hoffnungslos veraltet.*

Der besagte Streit begann auf Kommando. Das Kommando lautete »Aufs Knie!« Es ertönte in der Kirche oder wenn bei Fronleichnamsprozessionen die Monstranz vorbeigetragen wurde. Der strittige Punkt bestand darin, ob sich diesem Befehl auch evangelische Soldaten beziehungsweise deren Knie zu beugen hätten. Für die einen war das Niederknien vor dem Venerabile lediglich eine *Salutation*, also eine rein militärische Maßnahme, mit der ein sentimentaler König seine romantischen Gelüste befriedigte. Die Gegenseite sah darin jedoch einen Akt der *Adoration*, der das protestantische Gewissen zu verletzen geeignet schien. Als Munition gegen das betreffende Kommando wurde die bayerische Verfassung ins Feld geführt, der § 15 des Augsburger Religionsfriedens, § 48 des Westfälischen Friedens sowie die Pfälzer Religionsdeklaration aus dem Jahrhundert der Aufklärung. Der amtierende Oberkonsistorialrat kam nach Würdigung der Rechtslage zu dem Schluß, daß das Beugen des Knies einem Akt religiöser Verehrung gleichkomme, weil es vom Dogma der Transsubstantiation getragen werde. Ein protestantischer Militär, der das Knie flektiere, begehe somit eine Sünde. Eine Beschwerde des Oberkonsistoriums bei der politischen Führung wurde freilich abgewiesen. Kirchliche Stellen, so

---

* E. Dorn, »Zur Geschichte der Kniebeugungsfrage«, in: *BBKG, 5, 1899, S. 1 ff. – I. v. Döllinger, Die Frage von der Kniebeugung der Protestanten …*, München 1843. – Th. Hekkel, *Adolf v. Harleß*, München 1943, Kap. III.

hieß es, hätten kein förmliches Beschwerderecht inne, es käme ihnen höchstens zu, *intercedendo* Vorstellungen zu erheben.

Die Rechtslage schien klar. In § 82 der II. Verfassungsbeilage stand geschrieben: »Keiner Kirchengesellschaft kann verbindlich gemacht werden, an dem äußeren Gottesdienst einer anderen Anteil zu nehmen.« Nur: Die Genuflexion konnte als kommandierte mechanische Bewegung ausgelegt werden, und strenggenommen hatte ein Soldat gar nicht zu fragen, welch tiefere Bedeutung dieser Bewegung zukam. Und beugten Protestanten etwa nicht selbst das Knie, bei der Konfirmation, bei Trauung und Abendmahl? Hatten nicht protestantische Bauarbeiter einen wichtigen Präzedenzfall geschaffen, indem sie am Kölner Dom mitgebaut hatten, worin doch ganz eindeutig und in regelmäßigen Abständen das Knie gebeugt wird? Schließlich: Hatten nicht Protestanten durch eine Neigung des Kopfes angedeutet, das Allerheiligste in katholischen Kirchen grundsätzlich anbeten zu können? Wer das Haupt neige, so lautete diese Argumentationsstrategie, vermochte auch das Knie zu beugen.

Der führende Theologe der Zeit, Ignaz von Döllinger, widmete dem Streit eine anonyme Schrift in Buchlänge. Dort wog er die religiösen und die staatsrechtlichen Argumente gegeneinander ab, verfing sich aber in einem haarsträubenden Widerspruch. Einmal suchte er zu beweisen, daß das Beugen der Knie eine sinnfreie und das Gewissen keineswegs beschwerende Körperbewegung sei, solange der Kniende sie automatisch ausführte und sich nichts dabei denke. Dann wieder meinte er, man solle auf besagtem Kommando nicht bestehen, weil auch ein irrtümlich beschwertes Gewissen Schonung verdiene. Man steht hier vor dem seltenen Fall, daß die *Toleranz* auf Kosten der *Logik* ging.

Die Aporie löste sich eher zufällig auf. Soldaten im ersten Glied verhedderten sich beim Hinknien in ihren Waffen, das Allerheiligste wurde unabsichtlich und zur Unzeit mit Böller schüssen salutiert, ja, es war sogar zu Leibschäden gekommen. Die Führung sah sich zu einer diplomatischen Lösung genötigt. Die Order wurde zwar nicht aufgehoben, aber nach siebenjähriger Gültigkeit für unwirksam *(inoperativ)* erklärt.

Der Streit hätte das Gemeinwesen fast gespalten. Seither vermeidet es der Stamm, in religiösen Zusammenhängen über Körperhaltungen zu reden. Das Thema ist entweder ganz tabuisiert worden oder es wurde stillschweigend säkularisiert. Später gewann es einige Bedeutung im taktil-pädagogischen Bereich. Dumme oder aufsässige Schüler mußten sich zur Belehrung niederknien, bis die Knie angeschwollen waren. Der Fachausdruck hierfür lautete »konsiquieren«. Im Familienverband hat das *Holzscheitlknien* mit zur Wand gekehrtem Gesicht des bestraften Kindes bis ins 20. Jahrhundert überlebt.

*

In den Isarauen stand lange Zeit ein Wegweiser mit der Aufschrift ÜBER HOLZKIRCHEN NACH ROM. Die Pilgerreise zur *ecclesia triumphans* war beschwerlich und mit zahlreichen Opfern verbunden. Und doch ist die Entwicklung insgesamt recht stürmisch verlaufen. Knapp 300 Jahre nach der Reformation, im Jahre 1801, erhielt der erste Protestant in München das Bürgerrecht, und nur eine Generation später wurde dort mit der Matthäuskirche das erste evangelische Gotteshaus gebaut.

In der Jugend hat das ökumenische Denken relativ früh Fuß gefaßt und nach den Erkenntnissen der Volkskunde sogar das generative Verhalten beeinflußt.

Mei Schatz is katholisch
und i bin reformiert,
drum werds zerscht katholisch,
dann reformisch probiert.

Ältere taten sich mit dem Toleranzdenken schwerer. In einem Augsburger Altenheim blieben Waschräume und Toiletten bis vor kurzem durch ein »K« und ein »E« konfessionell getrennt *(separate but equal)*, aber selbst hier brach sich der Liberalismus Bahn, weil man auf ein »J« verzichtete. Gelegentlich flammt alter religiöser Haß wieder auf. Im oberpfälzischen Kaltenbrunn weigerten sich protestantische Feuerwehrmänner, hinter einem Kreuz herzumarschieren, das katholische Kameraden in dem Wallfahrtsort Altötting hatten weihen lassen. Zeitweise blieb das Kreuz ganz verschwunden. Der soziale Friede war gestört. Protestanten und Katholiken grüßten einander nicht mehr.

Kein geringerer als Kardinal Faulhaber hat »die ruhige, eisenharte Pflichttreue« gepriesen, die katholische Feldgeistliche während des Ersten Weltkriegs an den Tag legten. Pfarrer Balthasar Meier hat berichtet, welche Wirkung seine Tröstungen auf tödlich Verwundete hatten: »Ihre Augen strahlten und leuchteten im Frieden Gottes und in voller Ergebung in seinen heiligen Willen, als ich sie verließ.« Wie oft habe er nicht tote Krieger »wie Schlafende vor dem aufgeschlagenen Gebetbüchlein« angetroffen.* Das war das Wundersame: Die Gefallenen fanden den Tod durch das Walten des Heilands. Die besondere Gnade des Herrn haben aber die Überlebenden erfahren, wie die Pfarrer nach dem Krieg vor zahlreichen Witwen nicht müde wurden zu erklären.

Als erstes Warnzeichen vor dem Heraufziehen der Barbarei benannte sich die Jesuitenzeitschrift *Stimmen aus Maria Laach* in *Stimmen der Zeit* um. Dann kam der *Kruzifixerlaß* vom April 1941. Der Kultusminister ordnete an, in den Klassenräumen den Gekreuzigten durch »zeitgemäßen Wandschmuck« zu ersetzen – und trat eine Lawine los! Die Gemeinden reagierten mit Schulstreiks und Milchlieferungsboykotts, die Behörde lenkte ein und

---

* Balthasar Meier, *Der baierische katholische Klerus im Felde 1914/18*, Eichstätt 1937.

brachte noch im selben Jahr ein Schulgebet in Vorschlag, das die
Belange des Tausendjährigen und des Ewigen Reiches gleicherma-
ßen berücksichtigte:

Herrgott!
Erhalte uns den Führer und schütze seine Soldaten,
Segne unsere siegreichen Waffen und die Arbeit der Heimat!
Wir aber geloben,
Wir wollen leben immerdar im Geiste Adolf Hitlers,
Tapfer und treu, froh, gehorsam und stolz,
So lange wir leben nur ein Ziel im Auge:
Das Ewige Deutschland.

Daß es einen christlichen Kommunismus geben könnte, ist in
Bayern nie verstanden worden. Auch die Verbindung zwischen
Kreuz und Hakenkreuz kam vielen problematisch vor. Wenn sich
trotzdem recht wenige der Widerstandsbewegung anschlossen, so
hat dies kaum mit echter Überzeugung zu tun. Zur »Hitler-
gschicht« befragt, meinte der Kooperator von St. Emmeram zu
Regensburg ohne Umschweife: »Wer gegen an Wind pieselt, der
brunzt se o!«
 Eine starke Unterströmung des Faschismus ist zu lange über-
sehen worden. Wenigstens hat Sebottendorff in seinem epochalen
Werk *Bevor Hitler kam* den engen Bezug zwischen Hakenkreuz,
Bayreuth und Dreifaltigkeit hergestellt: »Wodan, Wili, We ist die
Einheit der Dreiheit. Nie wird ein niederrassiges Gehirn diese
Einheit in der Dreiheit begreifen. Wili ist wie We die Polarisation
Walvaters und Wodan das göttliche immanente Gesetz.«*
 Führerbauten und *Haus der Kunst* überstanden den Krieg un-
versehrt. Ob dies der Vorsehung zu danken war oder einer Ironie

---

* Rudolph von Sebottendorff, *Bevor Hitler kam*, München 1934, S. 58.

des Schicksals gleichkam, muß ungeklärt bleiben. Die Heilserwartung wurde erneut säkularisiert. Der Archont trat als »Retter aus den Bergen« in Erscheinung und sorgte für eine Umkehrung der *Freisinger Diözesanmoral*: Christsoziale vertraten das Prinzip Auge um Auge, Agnostiker sollten die andere Wange hinhalten. Gott wurde expropriiert. Hatte die Urfassung der Bayernhymne gelautet

> Gott ... erhalte dir die Farben
> Seines Himmels weiß und blau,

so hieß die neue Version

> Gott ... erhalte dir die Farben
> *deines* Himmels weiß und blau.

Das Pendel schwang wieder in die andere Richtung, als mit dem Nachfolger des Archonten ein Ultramontaner ans Ruder kam, der zur *Marianischen Männerkongregation von Tuntenhausen* gehörte und im Stammesrat einen starken Marienflügel aufbaute. Die Festigkeit seines Glaubens trug irdische Früchte. Als er seine Absicht kundtat, vom christlichen Caritasverband ein Grundstück im Münchner Stadtteil Nymphenburg zu erwerben, vermehrte sich die Geschoßflächenzahl (GFZ) und damit die Wohnnutzfläche »auf wunderbare Weise«. Das eben ist das Wesen des *fascinans*, daß es Wunsch und Wirklichkeit zur Deckung bringt und sohin versöhnt.

*

Die Kirche lebt und vibriert heute aus einer inneren Spannung heraus. Da ist der Bischofsstab aus Holunderholz, da sind die goldnen Löffel im *Erzbischöflichen Palais*. Da ist der Kartäuserorden, der durch die intensive Pflege beschaulichen Lebens die moderne Tunix-Bewegung vorweggenommen hat.

Die Alltagssprache ist nach wie vor vom Religiösen durchtränkt. »Die haben hier ihr *Dominizil*«, sagte uns eine Informantin aus Teisnach über Berliner Zweitwohnungsbesitzer im Bayerischen Wald. Ein Spengler weiß ein technisches Problem beim Anbringen einer Dachrinne an morschen Balken gleich zu lösen: »Da nimm i an Zehner-Nagel und treibn oba bis ins Gelobte Land.« Der Glaube wirkt bis in die Versprecher hinein. »Ich möchte hier nur kommentieren, was ich zu glauben wisse«, erklärte der zu Wahlergebnissen befragte Vorsitzende des Stammesrates.

Wer gemeint hatte, an einer metropolitanen und neuzeitlichen Hochschule sei ein Lehrstuhl für Christliche Weltanschauung überflüssig, wurde vor dessen Wiederbesetzung durch den Stil der Debatte eines Besseren belehrt. Schon im jugendlichen Alter wird der Bayer darauf vorbereitet, seinen Glauben wehrhaft zu verteidigen. Es ist nichts Ungewöhnliches, wenn sich am Tag der hl. Kommunion sauber gekleidete Burschen ihre hochgeweihten Kerzen gegenseitig um die Ohren schlagen.

An die Allgegenwart des Glaubens erinnern auch schriftliche Dokumente am Wegesrand. Sie überzeugen durch ihre natürlich empfundene Frömmigkeit (»Dieses Kreuz errichtet ist / Zu Ehren von Herrn Jesus Christ / der gekreuzigt worden ist / von den Bauern der Gemeinde.«) Die Folgen des gestiegenen Verkehrsaufkommens haben das Sakrale in der Landschaft verdichtet. Schlichte Feldkreuze an den Umgehungsstraßen erinnern an hingeopferte Leben; Kranzspenden welken auf Öllachen und verkohltem Asphalt am Irschenberg; zwischen Adelzhausen und Odelzhausen brennt das ewige Licht für einen Hondafahrer, den es in die Leitplanken gedroschen hat. Gesegnete Totenbretter mußten dem Bau von Schnellstraßen weichen, obwohl sie gerade dort am rechten Platz gewesen wären.

Die Reinhaltung des Glaubens ist ein immerwährender Kampf. Auf dem hl. Berg Andechs konnte die Direktion von Klosterbraucrei und Ausflugsgaststätte die Installierung eines Personalrats bisher verhindern. Schließlich ist Andechs kein normaler Wirtschaftsbetrieb. Man verköstigt Pilger, die ihre rituelle Reinigung so intensiv betreiben, daß die Kotzbecken oft nicht ausreichen und die Handwaschbecken herangezogen werden müssen. Im Ort der Passionsspiele ringt die »Verkehrsgemeinde Oberammergau oHG« um die Orthodoxie und will es nicht leiden, daß Hoteliers andere als die zugeteilten Gäste aufnehmen und Köche andere als die vorgesehenen Mahlzeiten zubereiten. Schon Lipsius hatte beobachtet, daß die Passionsspiele »etwas durchaus Exceptionelles« sind und die Oberammergauer durch ihre Schauspieltätigkeit eine »sittliche Gehobenheit« erreichen. Das Spiel verdankt seine Entstehung einem frommen Gelübde, »und so verschmäht es die Gemeinde einmüthig, daraus auf irgend unbillige Weise Gewinn zu ziehen«.* Den Vertretern echter Volksfrömmigkeit deshalb Starrköpfigkeit oder Weltfremdheit vorzuwerfen, wäre verfehlt. Schließlich opfern sich heute auch karitative Verbände für den Frieden auf der Welt, indem sie sich im internationalen Waffenhandel engagieren. Sie handeln gewissermaßen nach der Devise Schrot für die Welt und im Sinne einer echten Tod-Leben-Gemeinschaft.

---

* La Mara (d.i. Marie Lipsius), *Im Hochgebirge*, Leipzig 1876, S. 92 ff.

Natur und Technik

Das Deutsche Museum in München gewährt mit seinen Exponaten einen phantastischen Einblick in die materielle Kultur der vormodernen Zeit. Da ist der *Hungerrechen*, ein Schlepprechen für liegengebliebene Halme, die den Taglöhnern als Entlohnung für die Erntearbeit zustanden. Oder der Flederwisch zum Verjagen von Fliegen. Er befand sich über dem Tisch und wurde über Rollen mittels Pedal bewegt. Somit hatte auch der geringste Esser, dem diese Aufgabe zukam, die Hände frei zum Essen. Das *Knowhow* auf dem mechanischen Sektor war ganz beachtlich. Ludwig II. wurde nach seiner Absetzung in einer Kutsche nach Schloß Berg gebracht, die sich von innen nicht öffnen ließ. Diese Zentralverriegelung der Marke »Royal« hat sich fürderhin beim Wagenbau bestens bewährt.

Die Dampfmaschine signalisierte den Beginn des technischen Zeitalters. Der bayerische Dichterkönig hatte gegenüber dieser Erfindung zunächst eine skeptische Haltung eingenommen.

Jetzo lösen in Dampf sich auf die Verhältnisse alle,
Und die Sterblichen treibt jetzo des Dampfes Gewalt,
Allgemeiner Gleichheit rastloser Beförd'rer. Vernichtet
Wird die Liebe des Volk's nun zu dem Land der Geburt.
Überall und nirgends daheim, streift über die Erde
Unstät, so wie der Dampf, unstät das Menschengeschlecht.

Nach der Erfindung des Ottomotors haben die Bayern sich rasch motorisiert. Ein junger Mann, gegen den drei Vaterschaftsklagen anhängig waren, antwortete stolz auf die Frage des Richters, wie er das denn geschafft habe: »I hob a Motorradl.« Vielseitig verwendbar ist auch der Dieselmotor. In der Nachkriegszeit hat der Bauer

Eins mit der Natur: Bayerische Bergbauern während einer Arbeitspause.

frühmorgens seinen Bulldogg angeworfen – »ob i 'n brauch oder net« – und vor dem Schlafzimmerfenster der eingemieteten Flüchtlinge ein paar Stunden laufen lassen. In den meisten Fällen hat sich die Kosten-Nutzen-Analyse bestätigt. Manche meinen, der Dieselmotor passe wegen seiner Eigenschaften besonders gut zur bayerischen Gemütsart. Sie vergessen, daß die zur Zeit schnellsten Automobile *(Schnalzen)* bei den als langsam verschrienen Süddeutschen hergestellt werden, in Zuffenhausen und in Dingolfing.

Das Alte mit dem Neuen zu verbinden stellt für die Söhne des Waldes heute keine ernsthafte Schwierigkeit mehr dar. Der Drache beim historischen *Drachenstich* von Furth in der Oberpfalz ist längst computergesteuert. Zu Recht hat Gerhart Polt auf den ästhetischen Reiz der Skyline von Pleinting aufmerksam gemacht. In einem Dorf bei Gangkofen wurde die zeitgenössische Diskothek *Metropol* neben einem dampfenden Misthaufen hochgezogen, ohne den Ensembleschutz überhaupt in Anspruch zu nehmen. Der Gemeinde Schneizlreuth war es vergönnt, den Zuschlag für einen Erprobungsstollen für pyrotechnische Versuche zu erhalten. Hin und wieder sinkt ein Barockkirchlein in sich zusammen, wenn ein Tornado darüberdonnert, dann granteln ein paar Spaziergänger. Aber generell hat der Bayer ein entspanntes Verhältnis zur Technik, und die Obergärigen unter den Denkmalschützern erliegen nicht falscher Sentimentalität.

Zahlreiche technologische »Firsts« sind in Bayern passiert. Bayern hatte das erste Atomkraftwerk und die erste Hochgebirgszahnradbahn (»Eine Fahrt mit der Zahnradbahn auf den Wendelstein ist immer ein Erlebnis.«). Die älteste Pipeline, in der das Wasser bergauf fließt, wurde zwischen Bad Reichenhall und Traunstein verlegt. Der letzte funktionstüchtige Tower aus Holz steht in Neufinsing. Von dort aus werden die Hagelflugzeuge dirigiert, die bei aufziehenden Gewittern Silberjodid versprühen.

High-tech und das technotronische Denken haben praktisch alle
Branchen erreicht, auch die Freizeitkultur. Bei Schnupfmeister-
schaften werden die unverbrauchten Tabakreste mit einer elektro-
nischen Waage gewogen – kurzum, Bayern hat den *cultural
conflict* zwischen Tradition und Fortschritt instinktiv richtig be-
wältigt. Die Stromerzeugungsgesellschaften operieren heute so
autonom wie mittelalterliche Fürstentümer. Technische Errun-
genschaften stiften ein neues Solidaritätsgefühl, das sich bis auf
unbelebte Gegenstände erstreckt. Als nach Tschernobyl München
wieder leuchtete, spielten die alten Stromzähler im Stromzähler-
museum an der Franzstraße für eine Weile verrückt.

Die Landwirte sind der Technik gegenüber hochgradig aufge-
schlossen. »Eine Melkmaschine muß her«, lautet ein sozioökono-
mischer Imperativ, und wenn vorher die letzte Kuh verkauft wird.
Die Ställe sind vollklimatisiert, das Futter wird programmiert zu-
geteilt, der Mist automatisch entfernt, das Vieh schläft bei Kunst-
licht. Ein Rosegger wird in diesem Milieu nicht mehr gedeihen.*

Den Vorstellungen der Umweltschützer begegnet die Landbevölkerung mit einer gewissen Reserve. Der Stamm weiß, daß er
seinen Naturschutz aus eigener Kraft betreiben muß und keiner
von außen herangetragener Konzepte bedarf. Die Oberpfälzer, eigentlich ein typisches Rückzugsvolk, sind doch fortschrittlich genug, ihren Müll nach Frankreich zu exportieren.

Bereits 1858 ist der Bau undurchlässiger Abortgruben ange-
ordnet worden, um das Grundwasser zu schützen. Gewöhnlichen
Leuten war es nicht gestattet, Privatbäder in ihre Häuser einzu-
bauen, »weil viel Holz dadurch unnöthiger Weis verbrennt wird«.
In aller Ohr drangen die Worte des Stammespropheten Mühlhiasl, der geweissagt hatte, der Wald würde bald so licht werden wie
des Bettelmanns Rock. Deshalb versuchte man die allgemeine Be-

* Stutzer, 1988, S. 353ff.

96

völkerung dazu anzuhalten, sich in Gemeinschaftsbädern wie dem Müllerschen Volksbad zu waschen.

Die Stammesführer neigen dazu, sich die Naturschönheiten des Landes als persönliches Verdienst anzurechnen. Sie wissen, daß Fortschritt und Naturschutz einander nicht ausschließen müssen. Die Ortschaft Fall im Berchtesgadener Land mußte zugunsten eines Stausees geräumt werden. Aber sie wurde naturbelassen und als Ganzes unter Wasser gesetzt.

Die Naturverbundenheit zeigt sich schon in der Familiennamensgebung, sei es ein bürgerlicher *Unterblümlhuber* oder eine *Edle von Eggelkraut zu Wildgarten.* Nähe zur Natur beweist der Alltagskonsum. Lange vor der biodynamischen Lebensmittelproduktion brauten die Bayern aus den Wurzeln des Enzian einen Schnaps. Nicht einmal im Krieg will der Bayer auf sein Naturerlebnis verzichten: »Zieht der Held die blut'ge Klinge / dankbar still durch grünes Gras.« Eine der größten Rüstungsfirmen produziert heute mitten im geheimnisvollen Hofoldinger Forst. Zu Beginn jeder Vorstandssitzung wird kurz der hl. Edigna gedacht, die dort dreißig Jahre in einem hohlen Baum gehaust hat.

Die folgenreichste Idee der modernen Agrartechnik war ebenso einfach wie genial. Die Landschaft wurde den Maschinen angepaßt und nicht umgekehrt.* Bayern waren es, die als erste den Begriff *Flurbereinigung* geprägt und vor über hundert Jahren ein einschlägiges Gesetz erlassen haben, das *Königlich-bayerische Flurbereinigungsgesetz von 1886;* Bayern waren es aber auch, die als erste der Begradigung der Landschaft müde geworden sind. Bergbauern haben Prämien zu gewärtigen, wenn sie ihre Buckelwiesen nicht einebnen, sondern von Hand mähen. Manche sehen die Bayern auf dem besten Wege, wieder ein Naturvolk zu werden. Die wichtigsten Bestimmungsmerkmale sind erfüllt. Sie leben

---

* Stutzer, 1988, S. 288ff.

örtlich begrenzt, sind relativ homogen zusammengesetzt, kennen den Individualismus nicht, aber das kollektive Schaudern, und sie kommen ohne systematisiertes Wissen aus.*

---

* Vgl. *Wörterbuch der Ethnologie*, Köln 1982, S. 256.

Tierliebe

Im bayerischen Staatswappen tummeln sich mehr Löwen als im Tierpark Hellabrunn. Die Tierliebe des Bayern ist volkskundlich ans religiöse Empfinden gebunden. Ein bayerischer Hahn *(Gockel)* besteigt seine Henne, sagt man, damit er die Fronleichnamsprozession besser sieht. Der Bayer liebt seine Fabeln. Die Truppen unter dem bayerischen Herzog Arnulf nahmen anno 895 die Stadt Rom ein, weil ein paar Söldner einem Hasen nachgejagt waren, und die Hauptstreitmacht glaubte, es sei zum Angriff ge-

Das Stammeswappen geht auf das Jahr 1623 zurück. Es birgt mehr Löwen als der Tierpark Hellabrunn.

blasen worden. Vorbildlich für das einfache Volk waren in ihrer Tierliebe die Monarchen. König Maximilian ließ eigens einen geknebelten Luchs in die Residenzstadt bringen, um seine Liebe zu Gottes Kreatur augenfällig zu machen. Es war dies das aufregendste Schauspiel, seit Ludwig der Bayer als Säugling von einem Affen aus seinem Kinderbettchen entführt wurde.*

Im gewöhnlichen Sprachgebrauch greift der Bayer wie selbstverständlich auf Vergleiche aus dem Tierleben zurück. Das gilt besonders, wenn es um die Einordnung neuartiger Phänomene geht. Als bayerische Füsiliere sich unversehens mit schwarzen Gefangenen aus Frankreichs Kolonialtruppen auseinanderzusetzen hatten, kam es zu einer Inflation von Tierbildern:

> »Wo bist denn her, schwarzer Affenteifi?«, frug der Pischetsrieder gemütlich … »Rindviech! … Du kimmst in a Menascherie! Hoch auffi auf'n Baum zu die andern Affen … Du stinkete Sau, du – dei Großmuada is no' mit zwoa Reihn Knöpf am Bauch rumg'laffa im Wald und hat Oachln gfressn.«**

Über den Bauch altbayerisch eingestellter Männer spannt sich ein *charivari* genannter Behangschmuck. Daran baumeln als Amulette Fuchszähne, Federn und Marderpfoten. Große Firmen geben ihren Produkten gerne Tiernamen wie »Gepard«, »Leopard«, »Cobra« oder »Kormoran«. Verfängt sich ein Mauersegler in einem Spanndraht oder in einer Antenne, rückt eigens die Feuerwehr aus, um das Tier zu retten und notfalls in eine Klinik zu bringen. Man kann sicher sein, daß ein besorgter Passant den Feuerwehrmännern nachruft: »Deats 'n fei net grilln.« Autofahrer rekurrie-

---

* Fritz Hirsch, *Hellabrunn – der Münchener Tierpark,* Dachau 1984, S. 9.
** Georg Queri, *Ja die Bayern …! Heitere Geschichten aus dem Westen* [scil. von der Westfront], Berlin 1916.

ren in ihrem Grußverhalten wie selbstverständlich auf Tiermetaphern.

Schulkinder bearbeiten das Aufsatzthema »Ein Ferienerlebnis« anschaulich, aber doch mit einer gewissen Unempfindlichkeit unter dem Titel »Frösche prellen«. Ältere Landwirte sind bekannt dafür, die Kuh mit der Gabel zu pieksen, sobald sie auf der frisch aufgeschütteten Streu verrichtet, was keine andere Kuh für sie verrichten kann. Der Bayer weiß in seiner Tierliebe nämlich durchaus zu unterscheiden. Katzen überfährt er nicht, versichert der Häusermakler einer schreckensstarren Kundin, mit der er zwecks Objektbesichtigung über Land fährt. Katzen nicht, wiederholt er mit einem Hauch von Selbstgefälligkeit in der Stimme, Hennen schon.

Warum Chiemseefischer ihre Würmer in den Backen aufheben, konnten wir nicht ergründen. Tierquälerei ist es nicht. Wenn Tiere zu Schaden kommen, dann aus Not, wie die fetten Hunde unbekannter Herkunft, die von Bewohnern der Münchner Au geschlachtet wurden, wenn die Brotpreise allzusehr gestiegen waren. Unter Max Joseph I. mußten Invaliden darauf achten, daß die Hunde der Spaziergänger nicht die vorgegebenen Parkwege verließen. Seither hat sich der Toleranzgedanke zu den Tieren hin verlagert. Ludwig I. schrieb ein Gedicht auf einen »verblichenen Hund«. Der Dackel figuriert heute fast als heiliges Tier und wo nicht als Maß aller Dinge, so doch als unabhängige Variable. »Wenn er ein Gras frißt«, heißt es in einem Schüleraufsatz, »dann sagt der Radio ein sehr schlechtes Wetter voraus.« Der Dackel ist kein reines Schoßtier, er hat sich kriminalistisch bewährt. Wie oft hat er nicht während des Kalten Krieges aus Inspektormund den Ruf »Such's Kommunistl« vernommen und befolgt.

Innozenz III. hatte über die Ordensregeln des Franziskaner geurteilt, sie seien mehr für Schweine als für Menschen gemacht. Während der Gegenreformation wurde das Schwein zur Diffamierung von Protestanten mißbraucht. Auf einem Deckengemälde in der Klosterkirche zu Oberaltaich reitet Luther auf der Sau, unterm Arm trägt er die Bibel, in der einen Hand ein volles Weinglas, eine Bratwurst in der andern – im Hintergrund spritzen Benediktinermönche mit Weihwasserwedeln. Die Kirchenbeschließerin, die uns nach langem Zureden zur Empore hinaufführte, verstand diesen Gang als Sühneritual, sie murmelte ein übers andere Mal: »Des is a Opfer, des is a Opfer.«

In der Neuzeit haben sich die spirituellen Assoziationen ohnehin verloren und einer mehr pragmatischen Haltung Platz gemacht. In den schlimmsten Jahren hielten sich die Bauern ein Vorführschwein, das man den amtlichen Kontrolleuren zeigte, während man in Wirklichkeit eine viel fettere Sau schlachtete. Hippies sind ihres Äußeren wegen oft mit Schweinen verglichen worden, aber gerade die Landwirte konnten diesem sozialen Phänomen mit Gelassenheit begegnen. »Ich stör mich net dran«, sagte ein Bauer, »wenn die Kerle sich net waschen. Meine Sau wascht sich auch net, unds Fleisch ist trotzdem gut zu fressen.« Man muß dabei wissen, daß das Schwein mit dem Menschen viele Krankheiten teilt, ein ähnliches Kreislaufsystem hat und vor allem: Es ißt, was der Mensch ißt – alles.

In Altbayern gibt es mehr Rinder als Schweine, nur in Franken ist es umgekehrt. Volksvertreter aus dem Bauernstand fühlen sich nach eigenem Eingeständnis in Bonn so wohl, weil sie als Viehhändler an jeden Kuhhandel gewöhnt sind. Wer über Land fährt, kommt gar nicht umhin, der Begegnung zwischen Mensch und Rind inne zu werden. So heißt es auf einem Marterl bei Ruhpolding:

Durch einen Ochsenstoß
Kam ich in den Himmelsschoß;
Mußt auch gleich erblassen

Lfd. Nr.	Gebiet	Schweine					
		Zuchtschweine mit 50 kg Lebendgewicht und darüber					
		Eber	Zucht-sauen zusammen	Jungsauen		andere Sauen	
				zum 1. Mal trächtig	nicht trächtig	trächtig	nicht trächtig
		23	24	25	26	27	28
1	Oberbayern	2 379	67 515	7 291	5 117	34 125	20 982
2	Niederbayern	4 237	115 366	11 480	6 961	60 284	36 641
3	Oberpfalz	1 249	34 856	4 010	2 623	17 949	10 274
4	Oberfranken	1 045	31 122	3 825	2 481	15 788	9 028
5	Mittelfranken	1 266	51 824	6 258	3 556	26 703	15 307
6	Unterfranken	1 749	51 549	6 632	4 253	25 066	15 598
7	Schwaben	1 963	57 152	6 533	4 672	28 037	17 910
	Bayern 3. Dezember 1974	13 888	409 384	46 029	29 663	207 952	125 740
	Bayern 3. Dezember 1973	13 280	410 525	48 619	28 773	209 190	123 943

Schweinebestand in den Regierungsbezirken nach Angaben des Bayr. Statistischen Landesamtes C III i – vj 4/74.

Und Weib und Kinder verlassen.
So ging ich doch ein zur ewigen Ruh,
Durch dich, du Rindvieh du.

Selbst in München, der Stadt des *high tech*, kann man noch, wie im Stadtteil Sendling, Schilder mit der Aufschrift FUSSGÄNGER ACHTUNG VIEHTRIEB zu Gesicht bekommen. Die Städter haben ihre Liebe zum Tier wiederentdeckt, seitdem sich herausgestellt hat, daß Tiere föhnvorfühlig sind. Manche sind dazu übergegangen, sich in den Obstgärten hinter ihren Wochenendhäusern Heidschnucken oder Merinoschafe zu halten. Sie erwarten sich davon eine Arbeitserleichterung beim Rasenmähen, realisieren aber meist zu spät, daß Schafe im Nu die Moderhinke bekommen und zweitens der infantilen *incontinentia alvi* nie Herr geworden sind.

Die Baldachine über den Betten der Alten dienten der Abwehr von Wanzen. Der Schuhplattler und andere mimetisch-pantomimische Tänze lassen sich als ritualisierte Abwehr von Stechmücken deuten. Mit Schädlingen geht der Bayer kompromißlos um. In Biergärten zerteilen Gäste anfliegende Zehrwespen kurzerhand mit dem Brotmesser. Die beiden Hälften werden entweder mit dem Handrücken vom Tisch gewischt oder zur Abschreckun für andere Wespen liegengelassen. Fliegen läßt man gewähren, denn wenn man eine erschlägt, kommen drei zur Beerdigung. Mit einer Mischung aus Gewalt und psychologischer Kriegsführung geht das Landvolk gegen Ratten vor. Eine Ratte wird mit Benzin übergossen und angezündet. Ihr jämmerliches Schreien verstört die Artgenossen so sehr, daß sie auf die Nachbargehöfte flüchten. Mäuse werden ebenfalls mit Phantasie bekämpft. Das Mausfallenmuseum in Markt Oberndorf zeigt Exponate, die man als *highly sophisticated* bezeichnen muß, darunter Guillotinen, Geschütze, Galgen und Würgeapparate.

Ein ungelöstes Problem der Schädlingsbekämpfung ist die Stadttaubenkontrolle. Verwilderte Haustauben *(Columba livia forma urbana)* hinterlassen auf städtischen Baudenkmälern zehn Kilo Kot pro Taube und Jahr, und zwar aggressiven Frischkot mit humanpathogenen Keimen. Die Verwaltung hat in der Vergangenheit mit verschiedenen Methoden operiert, um dem Taubenbestand überschaubare Dimensionen zu geben. Dazu gehörte neben Einfangen, Erschießen und Vergiften auch das Auslegen von Gipseiern, das Ausbringen von Vergrämungspaste und die Verdrahtung von Nistplätzen. Diese Methoden haben ebensowenig zum Ziel geführt wie rotierende Lichter oder vom Tonband abgespielte Warnrufe. 1976 wurde mit der Verfütterung von dragierten Maiskolben ein neuer, dramatischer Vorstoß unternommen. Die Dragees enthielten das Zytostatikum Busulfan, ein Derivat des Kampfstoffes LOST. Die 27 770 Münchner Tauben nahmen das Taubenregulans zwar an, zeigten auch brav eine Veränderung der heterophilen Granulozyten und Nekrosen in den Zellen der Langeshansschen Inseln. Statt aber nur steril zu werden, wurden manche kachektisch und starben. Darin lag das Problem. Denn für den gewollten Exitus eines Tieres muß nach § 1 des Tierschutzgesetzes ein »vernünftiger Grund« vorliegen. »Es ist kein vernünftiger Grund, Tiere zu töten, deren Vermehrung durch Fütterung durch den Menschen erst ermöglicht wird.«*

Prunkstück des Münchner Zoos war lange Zeit der 150 Kilogramm schwere südafrikanische Laufvogel *Struthio camelus* mit seinem rotgefärbten, aufblähbaren Hals, der auf zwei Zehen lief und grundsätzlich flugunfähig war, der aber mit seinen kurzen Flügeln blitzschnelle Haken schlagen und Attacken nach allen Seiten einzuleiten vermochte. Die indigene Lust am Paradoxon

---

* Ole Heinzelmann, *Zur Stadttaubenkontrolle in München*, München [Diss. med. vet.] 1989, S. 84.

erklärt möglicherweise, daß der riesige Flughafen vor den Toren der Hauptstadt nach einem solchen flugunfähigen Tier benannt wurde.

Auf dem traditionsreichen Nockherberg, ursprünglich einer Pilgerstätte, ist einer der originellsten zoologischen Gärten auf dem europäischen Kontinent entstanden. Besagter Berg liegt vom Rathaus aus gesehen auf halbem Wege nach Hellabrunn, ohne dem dortigen Tierpark jedoch direkt ins Gehege zu kommen. Wie in Hellabrunn hat man das Konzept des Naturparks verwirklicht, wozu der umliegende Biergarten geradezu einlud. Und wie in Hellabrunn wollte man auf Artenvielfalt um jeden Preis verzichten. Statt immer noch mehr Schweinchen strebte die Direktion stabile soziale Gruppen an. Im Unterschied zu Hellabrunn hat man sich hier auf Kerbtiere, Käfer und einige kleinere, anpassungsfähige Nager spezialisiert. Der Tierbestand wurde von den Wirtseheleuten in mühevoller Kleinarbeit und mit viel Geschmack zusammengetragen. Auf dem Nockherberg wimmelt es von Spezies wie Wachsmotten, Mehlwürmern, Spinnen und Milben. Doch findet man auch seltenere Exemplare wie die Schabe *Upton sinclairensis*.

Atmosphärisch verströmt der Naturpark bayerische Behaglichkeit. Die Idee, einen gastronomischen Betrieb anzuschließen, hat sich bewährt. Die Eiablage beansprucht einen eigenen Trakt. Berühmt sind die Faschingsfeste und andere Umkehrrituale mit originellen Larven. Im Alltag vermischt sich das melodische Schwatzen der Küchenhilfen auf das angenehmste mit dem Summen der Heimchen am Herd. Das Personal ist ausgesucht und trägt samt und sonders elegante spitze Schuhe, die hier zur Berufskleidung gehören.

Artgemäße Haltung ist *de rigueur*. Auf Käfige hat man ganz verzichtet. Kein Tier lebt hinter Gittern, und seien es Fliegengitter. Die Silberfischchen tummeln sich in Aquarien, den übrigen

Tieren dient die gesamte Anlage als ein einziges Vivarium. Eine Voliere für die *Drosophila melanogaster* überspannt den Herdbereich.

Die Serviceleistungen sind beeindruckend. In einer Krabbelecke können Kinder die Sympathien der Tiere erwerben und ihr Immunsystem gegen diejenigen Arten stärken, die sich dem Menschen gerne anschließen. Eine Vortragsserie beschäftigt sich unter Zuhilfenahme von Dias mit Themen wie »Werden Haustiere zu Zootieren?«, »Das Sozialverhalten der *blue-assed fly*« oder »Die Nahrungskette aus veterinärmedizinischer Sicht«. Täglich um halb elf findet eine Schädlingsfütterung statt. Führungen ergänzen das Programm bis zur Polizeistunde. Danach werden die Tierschauen eingestellt, um die scheuen Lebewesen nicht bei ihren Mahlzeiten zu stören.

Nachwuchssorgen kennt die Leitung nicht. Die geringe Lebensdauer der meisten vertretenen Arten wird durch kurze Tragzeiten wettgemacht. Überbestände können in der Zoogaststätte als Versuchstiere angeboten werden. Die Wärmegrade sorgen für eine problemlose Haltung. Es ist feucht in den Wirtschaftsgebäuden, aber nie zugig, da die Fenster ganzjährig geschlossen bleiben. So keimt überall Leben auf. Dem Artenschwund konnte somit durch Domestizierung erfolgreich begegnet werden, und nicht umsonst haben die wackeren Wirtsleute kürzlich die Bürgermedaille für Artenschutz eingeheimst. Ein Förderkreis, bestehend aus Spitzen der Lebewelt, ist rührend besorgt um den Erhalt der Kleintierlebewelt – ein positives Beispiel für die Erfüllung des Generationenvertrags in unserer Zeit.

Wirtschaft

Die moderne bayerische Wirtschaftsgeschichte nimmt ihren Anfang mit Gastarbeitern. Ab 1688 fanden türkische Gefangene vornehmlich als Sesselträger Verwendung; sie durften ihre eigene
Zunft bilden. Gastarbeiter standen auf der sozialen Leiter über
den Bettlern, die um 1780 in der Landeshauptstadt noch etwa elf
Prozent der Bevölkerung ausmachten. Das Bürgertum brachte
wenig Verständnis auf für ihre *petty modes* und hielt sie mehr oder
weniger für gelernte Brotzeitmacher. Über die Bettelleute, die betrunken auf der Brücke zum Neudecker Garten im Münchner
Stadtteil Au herumlagen, stiegen anständige Landeskinder hinweg
»wie auf einem Schlachtfeld über Leichen«.* Die Bettler wiederum probierten eine soziale Täuschung, die zur Selbsttäuschung
geriet. Zum alljährlichen Bettlerball erschienen sie in einem
unterlassenen Umkehrritual als Bettelmänner und gaben sich der
Hoffnung hin, die Allgemeinheit möge an ihrem wahren Stand
irre werden.**

Man kennt die Ursachen der Armut nicht genau, weiß aber,
daß sich die Wirtschaftsführung mit der *allocation of ressources* besonders schwer tat, da dem einfachen Volk das Münzgeldhorten
und die Heimsparbüchse lange Zeit nicht auszureden waren. Graf
Montgelas sah sich aus Geldknappheit genötigt, Kirchensilber zu
beschlagnahmen, um Kriegsschulden begleichen zu können. Dagegen ließ sich die Inflationsbekämpfung besser an, weil die Bevölkerung und die heimische Presse den Preis des Bieres und anderer Erzeugnisse des *farming for the mouth* stets wachsam im

---

* A. von Schaden, *München wie es trinkt und ißt, wie es lacht und küßt*, München 1835,
S. 12.
* *Ebda.*, S. 11.

Auge behielt. Der Grund für die Teuerung auf dem Viktualien-
markt sei die Kauderey oder der Wucher, schrieb die *Bayer'sche
Landbötin*. Die Redaktion meinte mit gebündelter analytischer
Kraft, ein gutes Volk wie die Bayern dürfe »nicht von kaudernden
Weibern, beschnittenen und unbeschnittenen Juden, auf's Gröb-
ste betrügenden Fabrikanten etc. abhängig gemacht werden.«*

Eine durch das Verbot des Negerhandels 1848 aufgetretene
Krise konnte durch eine Erhöhung des Malzaufschlags zunächst
aufgefangen werden. Die Untertanen qua Biertrinker solidarisier-
ten sich mit dem Fiskus und trieben durch *planned obsolescence*
und Vergeudungsduelle die Bierertragsteuer hinauf. Zu einer neu-
en Belastung wuchs sich der Salpeterimport aus der chilenischen
Provinz Antofagasta aus. Zudem versorgte sich Ludwig II. aus
dem Welfenfonds *larga manu* mit *new cash income* zum Bau von
Schloß Linderhof. (Im Gegenzug gab er sich mit einem Scheinkö-
nigtum zufrieden.) Die *scarcity* nahm krasse Formen an, als die
needless needs des Märchenkönigs immer größere Summen ver-
schlangen. Bismarck hatte fünf Millionen abzüglich zehn Prozent
Provision für den Grafen Holnstein bereitgestellt. Es reichte
nicht. Der Ministerrat schrieb an den König und riet dringend zu
economizing: »Wenn die Gant ausbricht, können Euere Majestät
Allerhöchst Sich vor die Frage gestellt sehen, ob Allerhöchstdiesel-
ben noch die Zügel der Regierung in der Hand behalten können«.** Doch müssen sogar republikanisch Gesinnte einräumen,
daß der Hochadel die schweren Zeiten glänzend überstanden hat.
Der bayerische Staat bedachte die königliche Familie nach 1918
mit Ausgleichszahlungen. An *special purpose money* wirft der Wittelsbacher Ausgleichsfonds (WAF) heute an die 40 Millionen

---

* *Die Bayer'sche Landbötin* vom 2. Oktober 1830.
** Zitiert nach Spindler, IV, I, 430.

Mark pro Jahr aus, ein klassisches Beispiel für ritualisierte Verschwendung.

Die Bedeutung der in Bischofsgrün produzierten Glaskugeln für den afrikanischen Sklavenhandel ist lange überschätzt worden. Zu den zentralen und einträglichsten Wirtschaftszweigen des Landes gehören und gehörten die ostbayerische Mundglasbläserei und der Graphitbergbau bei Kropfmühl. Nicht unterschätzt werden darf das Hutkassengeschäft der Straßenmusikanten in den Rempelzonen der Innenstädte. Einen gewichtigen Wirtschaftsfaktor stellt ferner – zur Verwunderung von Nichtbayern – die industrielle Schnupftabakgewinnung dar. Der Bayer schnupft bis zu seinem 70. Lebensjahr etwa 12 Zentner »bayerisches Kokain«. Der Konsum dieses nicht ganz ungefährlichen Genußgiftes liegt seit je über dem Zahnpastaverbrauch.

Im Zuge des Agrarmeliorismus hat seit der Jahrhundertwende der Kunstdünger seinen Siegeszug angetreten und dem *fanatisme agricole* so weit Vorschub geleistet, daß sich der Kaliumumsatz verzehnfachte. Von Bedeutung sind ferner Superphosphat und künstlicher Guano, der zuerst bei Großbauern in Gebrauch kam. Von der landwirtschaftlichen *hardware* sind in erster Linie erwähnenswert die Behältnisse *(Kimpfe)* für Wetzsteine, und aus dem kirchlichen Bereich die Futterale für Versehgeräte. Der Überbesatz an Gaststätten macht den Handel mit Streichholzschachtelschützern zu einem einträglichen Geschäft.

Der an der Donau angebaute *Kruckenberger Wein* hat über die Jahre mangels Masse an wirtschaftlicher Bedeutung verloren, doch könnte sich dies mit der bevorstehenden Klimaänderung wieder ändern. Rentabler sind momentan Braugerste und Hopfen, vor allem der gefragte Hallertauer *prima*. Vom Donauknie bis zum Kamm der Alpen klagen die Bauern über die verminderte Ertragslage, die sie auf die Einbindung in die Europäische Gemeinschaft und die zunehmende Bürokratisierung zurückführen. Es

scheint wie ein Naturgesetz zu sein, daß die Agrarministerien desto größer werden, je weniger Bauern es gibt. Andernteils sehnt sich keiner nach den alten Formen der Ausbeutung, nach Blutzehnt, Neubruchzehnt oder Kleinzehnt. Keiner will die Zeiten wiederhaben, da dem Bauer nicht viel mehr gehörte als ein Paar Holzschuhe und die ewige Verdammnis.*

Am Ende des Ersten Weltkriegs waren die Auspizien für eine Verstaatlichung der Wirtschaft günstig wie nie zuvor – machtpolitisch gesehen. Aber als der Staat die Macht hatte zu verstaatlichen, beim Jahreswechsel 1918 auf 1919, war nichts da zum verstaatlichen. Die Anhänger der freien Marktwirtschaft hatten damit jedoch noch keineswegs ausgesorgt. In der Weimarer Zeit mußten sie sich einer historisch einmaligen Verschwörung erwehren. Ausgerechnet in der altehrwürdigen Asamkirche in der Sendlingerstraße zu München war eine illegale kommunistische Druckerei untergebracht. Der wirtschaftliche Fortschritt ließ sich freilich nicht aufhalten. Im November 1938 konnte der Regierungspräsident von Niederbayern und der Oberpfalz melden: »Die Arisierung der Judengeschäfte macht besonders in den Städten (z.B. Regensburg, Landshut, Schwandorf) gute Fortschritte.«

Entgegen verbreiteter Meinung gab es für die bayerische Wirtschaft nach der Kapitulation von 1945 keine Stunde Null. Wohl war ein Drittel des Wohnraums zerstört, aber nur ein Siebtel der Industrieanlagen – als hätten es die Alliierten darauf angelegt, das freie Spiel der Kräfte möglichst rasch wieder in Gang zu setzen. Die US-Militärregierung (OMGUS) glaubte zwar 1946 feststellen zu müssen, daß der bayerische Verfassungsentwurf »besonders voll von sozialistischer Philosophie«** sei. Gar bald setzte sich jedoch

---

* M. Sahlins, *Stone Age Economics,* Chicago 1972. – F. Terray, *Zur politischen Ökonomie der »primitiven Gesellschaften«,* Frankfurt am Main 1974.
* Zitiert nach Spindler, IV, I, 573.

*Hinter der barocken Fassade der Asamkirche (St. Nepomuk) in der Münchner Send-
lingerstraße wurde in einem versteckten Büro die kommunistische Weltrevolution vor-
angetrieben.*

die Auffassung durch, daß es einen sozialistischen Unternehmer sowenig geben kann wie einen schwarzen Schimmel. Das Land ist mit dieser sozialphilosophischen Grundhaltung gut gefahren: Dank einer vorausschauenden Sozialpolitik gibt es praktisch keine sozialen Probleme. In der Hauptstadt befindet sich das *Deutsche Jugendinstitut* schräg gegenüber dem *Städtischen Unterkunftsheim für Männer* – ein Beispiel für eine Sozialpolitik der kurzen Wege.

Von den Gewerkschaften hat im Einklang mit den Stammeseigentümlichkeiten die Sektion für Nahrung-Genuß-Gaststätten, auch *Knackwurstgellschaft* genannt, den größten Einfluß. Arbeiter- und Angestelltenkultur haben sich weitgehend einander angeglichen. Arbeiter werden nur noch semantisch herabgesetzt und vielfach als »Löffel« angesprochen, ihr Nettoeinkommen liegt meist höher als das der *white-collar*-Berufe.

Vorausblickende Unternehmer vergeben gerne Heimarbeit, weil sie hierdurch den Arbeitgeberanteil an der Sozialversicherung sparen. Bei aller Dynamik des Wirtschaftslebens lassen sich einige wiederkehrende zyklische Bewegungen nicht übersehen. So werden Arbeitnehmer entlassen und wieder neu eingestellt, um der Zuschüsse für Arbeitsbeschaffungsmaßnahmen habhaft zu werden. Einem Geniestreich kam die Errichtung der *Bundesanstalt für Arbeit* in Nürnberg gleich. Diese Behörde brachte der Stadt Nürnberg auf einen Schlag 1650 Arbeitsplätze ein.

Der stärkste Eckpfeiler der bayerischen Wirtschaft ist die Rüstungsindustrie. Sie erlebte ihren ersten Boom im Hochmittelalter mit der Herstellung von Piken, Hellebarden, Sturmhauben, Brustblechen der zweiten Generation, Arm- und Beinschienen, Schilden, Bandeliers und so fort. 1803 wurde die staatliche Gewehrmanufaktur in Amberg gegründet. Die Zusammenarbeit zwischen Stammesführung und Waffenproduzenten ist seitdem eine enge gewesen. Die politische Führung flößte den Untertanen einen wehrhaften Geist ein, die Rüstungsfabrikanten sorgten dafür, daß sich dieser Geist an schwerem Kriegsgerät auch ausleben konnte. Ludwig II. trat Bismarcks Krieg gegen Frankreich bei und verhalf bayerischen und preußischen Landeskindern zu gemeinsamem Schlachtenglück. Der Erste Weltkrieg ist von den jagdgewohnten Gebirglern als frisch-fröhliches Jagen begriffen worden. »Jeder Schuß ein Ruß« wurde redensartlich, und es erklang wieder das alte, süß-herbe Lied:

> Kein schönrer Tod ist auf der Welt,
> als wer vom Feind erschlagen.

Der letzte Archont ging aus dem Zweiten Weltkrieg nicht gerade als Kriegsheld hervor, aber von seinen Erlebnissen im Feld erzählte er gern, und die Schlacht am Don gehörte zu seinen liebsten Gesprächsthemen. Im Frieden engagierte es sich so vehement für die Aufrüstung, daß ihn die stammesinterne Opposition ungestraft den »größten deutschen Waffenschieber« nennen durfte. Und dabei hatte sich die Landeshauptstadt doch nur aufgrund der handwerklichen Tugenden ihrer Einwohner zu Deutschlands größter Waffenschmiede entwickelt, womit die Leistungen der in Ottobrunn und Oberpfaffenhofen florierenden Rüstungselektronik noch nicht einmal eingeschlossen sind. Die Landeshymne jedenfalls könnte keinen zutreffenderen Titel tragen als *Patrona Bavariae.*

Bei aller Hochrüstung hegen die Bayern eine verschämte Friedensliebe. In den amtlichen Statistiken werden nur Handelswaffen und Munition geführt, der militärische Luftfahrzeug- und Schiffsbau wird keusch unter der Rubrik »Straßenfahrzeugbau« versteckt. Ein großer Rüstungskonzern beanspruchte staatliches Forstgelände für eine unterirdische Fabrik zum Bau von »Sonderapparaten«, sprich Raketen.

Die bayerischen Wirtschaftsführer haben so gut wie kein Verständnis dafür, daß der Export von Kriegsmaterial in Spannungsgebiete verboten ist: »Das geht fast schon so weit, daß nach Libyen kein Hustensirup mehr geschickt werden darf, weil damit vielleicht auch ein Soldat kuriert wird.«*

Der Bevölkerung ist die nukleare Bedrohung und das Absurde am Overkill bewußt. Manchen Müttern geht die Wehrhaftigkeit zu weit, Väter kommen ins Grübeln, wenn sich ihre Söhne mit Spielzeugpistolen bewaffnet vor der Weihnachtskrippe aufbauen und schreien: »Jetz daschiaß i 's Christkindl.« Auf der anderen Seite will kein Mensch die Schützenvereine auflösen, und nirgendwo wird ernsthaft bezweifelt, wem man die gute Wirtschaftslage zu verdanken hat. Selbst ein GAU wirkt sich positiv auf die Konjunktur aus. Denn die Pappsärge, die ein Sarghersteller mit Weitblick im Auftrag der NATO für einen großen Katastrophenfall vorbereitet hat, müssen erst einmal gefalzt, gestapelt und bewacht werden.

Zusammenfassend läßt sich festhalten, daß der Stamm in seiner wirtschaftlichen Entwicklung einen Sonderweg eingeschlagen hat. Die bayerische Industrialisierung war nach Meinung der Fachhistoriker eine geminderte, gemäßigte oder auch punktuelle, sofern sie auf der grünen Wiese stattfand.

Im 19. Jahrhundert hat sich die hohe Seelsorgerdichte eindeutig wachstumshemmend auf die Wirtschaft ausgewirkt.** Wirkliche Modernitätsvorteile konnten erst in unserem Jahrhundert wahrgenommen werden. Da erst begann eine spannende Aufholjagd bei Textilien, Glas, Porzellan, Schalbrettern, Halbleitern und Pechkohle. Die mentalitätsgeschichtlichen Folgen dieser Aufholjagd sind schwer zu bestimmen. Es kam zu einer gewissen Entklassung, dann aber auch zu einer begrenzten Proletarisierung der

---

* *Rottaler Anzeiger* vom 22. Juli 1989.
** *Bayerische Sozialgeschichte im Zeitalter der Industrialisierung – ein Sonderweg?*, Vortrag im Filmsaal des *Deutschen Museums* zu München am 25. Juni 1990.

Gesellschaft. Im Ersten Weltkrieg nutzte man die Gunst der Stunde und trieb über die Rüstung den Fortschritt weiter voran. Das fortschrittsfeindliche Syndrom bildete sich zurück. Ein Entwicklungsschub um 1960 brachte verspätetes soziales Glück, so daß Bayern heute stärker industrialisiert ist als Niedersachsen oder Nordrhein-Westfalen.

Recht

Die Rechtswirklichkeit wird einmal von der *Liberalitas B.* bestimmt: »Jeder kann regulariter in dem Seinigen thun und machen was er will«, kommentierte Kreittmayr, »folglich auch bis in die Höll hinunter graben oder bis an den Himmel hinauf bauen.« Zum andern fußt das Gemeinwesen auf der *Lex Baiuvariorum*, dem bayerischen Stammesrecht, das sich über die Jahrhunderte zu einem ausgeklügelten Rechtssystem entwickelt hat. Das landeseigene *Gesetz- und Verordnungsblatt* ist zu einem Werk von 177 Bänden mit mehr als anderthalb Millionen Paragraphen angeschwollen. Trotz einer zunehmenden Verrechtlichung wird die Möglichkeit zur Selbsthilfe nicht ganz ausgeschlossen. Das »Haberfeldtreiben« vergangener Tage stand sogar in der Nähe der Lynchjustiz. Das anglo-amerikanische Prinzip *to take the law into one's own hands* beherzigte in Straubing ein Schwiegervater, als er seine mißliebige Schwiegertochter in der Donau ertränkte. Und ein Graf beseitigte von sich aus den ersten republikanischen Ministerpräsidenten – aus Vaterlandsliebe, weshalb ihm das Gericht auch die bürgerlichen Ehrenrechte nicht aberkannte.

Die Rechtsauslegung wird flexibel gehandhabt. »Das Gesetz ist eine wächserne Nase«, sagt der Volksmund. Bei Prozessen hat die besten Gewinnchancen, wer alte Rechtssprichwörter am treffendsten einzusetzen weiß. Wo dies nicht verfängt, wird an einen übermächtigen Dritten appelliert. *Chiefs, subchiefs* und wichtige Lehensmänner können so gut wie jede Straftat durch ein Bußgeld sühnen, und niemand muß sich sklavisch einem Paragraphen unterwerfen. »Es ist das Lügen in einigen Umständen eben so nöthig, als das stehlen, das umbringen, und das todschlagen.«* Im

---

* R.P. Columban Habisreuttinger OSB, *Irrthum der Unwissenden*, Augsburg 1746, S. 5 (cum permissu superiorum!).

unteren Bereich des Erheblichkeitsrahmens besteht eine große und beruhigende Kontinuität. Die Bereitschaft zum falschen Schwören läßt sich bis zu Tassilo zurückverfolgen, und heute heißt der Restaurationsbetrieb im Justizgebäude in der *Maxburg* unter Anwälten *Café Meineid*. Ein Münchner Polizeipräsident erwarb sich den Namen *Meineidsmichel*, und ein Parteibonze durfte ungestraft *Old Schwurhand* genannt werden. Eine gewisse Zurückhaltung auf diesem Gebiet legte sich lediglich Ludwig II. auf: »Wirklich, es gibt Augenblicke, wo ich nicht schwören möchte, ob ich nicht verrückt bin.«

Nach dem Strafgesetzbuch von 1813 mußten Übeltäter, die sich der Majestätsbeleidigung schuldig gemacht hatten, kniend vor dem Bild des Königs Abbitte leisten. Die Bedeutung politischer Verbrechen ist seit den Demokratenaufständen im Vormärz zurückgegangen. Nach des Archonten *Sonthofener Theorem* besteht zwischen kriminellen und politischen Gangstern kein Unterschied, »sie sind alle miteinander Verbrecher«. Das Demonstrationsrecht wird zwar geachtet, trotzdem nehmen sich vorausschauende Dissidenten ein paar Tage Urlaub, ehe sie auf die Straße gehen.

Für Eigentumsdelikte besteht ein gewisses gesellschaftliches Verständnis. Manch einer wurde zum Dieb oder zum Räuber, weil er kein guter Schütze war und sich nicht durch Wildfrevel fortbringen konnte. Ludwig II. hat eine Lanze für die Beschaffungskriminalität gebrochen, als er eine Räuberbande zur Geldbeschaffung anheuerte. Von größerer volkswirtschaftlicher Bedeutung war der Saccharinschmuggel über die böhmische Grenze, der erst zum Erliegen kam, als 1914 das Verbot für künstliche Süßstoffe aufgehoben wurde. Ins Gewicht fällt ferner der Kirchendiebstahl. Die Täter können meist dingfest gemacht werden; Landärzte und Rechtsanwälte, die als Anstifter oder Hehler auftreten, bleiben in der Regel straffrei.

Bayern folgt einem universellen kriminalstatistischen Trend insofern, als die Delinquenten immer jünger werden. Ein zwölf-jähriger Serieneinbrecher, der bei seiner Festnahme 5000 Mark bei sich trug, benannte bei der gerichtlichen Rekonstruktion seines Lebenslaufs den Besuch von Stripteaselokalen als das schönste Erlebnis seiner Jugendzeit.

Der Weltmeister im Heiratsschwindeln kam aus Bayern. Dieser Bigamist war keineswegs eine Schönheit, sondern – im Polizeijargon – ein »Verreckerl«. Augenzeugen zufolge warfen seine Hosen bedeutend mehr Wellen als sein schütteres Haupthaar. Daß es ihm auf innere Qualitäten ankam und nicht auf den schönen Schein, zeigte seine Einstellung vor Gericht. Oberstes Gebot war Diskretion, weshalb er auch die Fragen von Richter und Staatsanwalt mit dem Satz abwehrte: »Geh, hörts doch auf mit der ewigen Fragerei.«

Der bayerische Rechtsgelehrte Wiguläus Aloysius Freiherr von Kreittmayr hat in seinem Kommentar zum *Codex Maximilianeus Bavaricus Civilis* die Unterschiede zwischen Ehe und »unordentlichem Beyschlaf« fein herausgearbeitet. Der Stamm hatte ein Interesse daran, die Zahl unehelicher Kinder überschaubar zu halten.

Uneheliche Kinder, »Bastarde« oder »Bankharts« genannt, waren von »verdammter Geburt«. Sie entstammten ehebrecherischen oder blutschänderischen Verbindungen, einer Liaison mit Geistlichen oder »aus dem Zusammensein von Christen mit Juden oder Heiden«. Ein Vater, der seine Tochter *in flagranti* ertappte, durfte den Freier nach herrschender Rechtsauffassung auch unter schweren Drohungen zur Ehe anhalten. Wer eine Frau mit einem vorgetäuschten Eheversprechen zum Beischlaf verführte, konnte nach § 375 des Strafgesetzbuches von 1814 mit Gefängnis bis zu sechs Monaten bestraft werden. Einer der betulichsten Stammesführer hatte seine Verlobungsanzeige mit einem Zitat aus dem

Kommentar von Kreittmayr geschmückt: »Denn es siehet gar zu viehisch und unvernünftig aus, wann man ohne vorläufige Abred so wilderdings wie ein toller Hengst in den Ehestand rennt.« Ein weises Wort, das den Rechtsbeflissenen aber nicht hinderte, in die Ehe eines Zahnmediziners einzubrechen und dem Gehörnten als Entschädigung eine Beförderung zum Ordinarius zu versprechen. Die Sache wurde ruchbar, weil der hochgestellte Ehebrecher seine Geliebte mit dem Dienstwagen aufsuchte und weil er im Hause des Zahnmediziners nicht nur sein primitives Triebverlangen stillte, sondern auch beratend in einer Straßenbauangelegenheit tätig wurde. Dies ist ihm untersagt worden. Ab sofort durfte er keine Amtsgeschäfte mehr in Privaträumen vornehmen. Offen blieb, ob das Verrichten von Privatgeschäften in Amtsräumen gestattet blieb.

Das Mittelalter kannte spiegelnde Strafen. Der Brandstifter wurde mit glühenden Eisen gezwickt, dem Gotteslästerer schnitt man die Zunge ab, der Dieb mußte seine frevelnde Hand lassen. Je nach Art und Schwere des Vergehens wurden Übeltäter gestäupt, gerädert, geblendet oder ausgedärmt. Westenrieder berichtete 1782 unter der Überschrift *Vom Ueblichen in München*: »Wenn nun der Körper auf alle mögliche Art gespannt ist, so versetzt man ihm mit einer dicken Gerte oder Rute die zuerkannten Streiche, deren jeder das Fleisch bis auf die Gebeine entzwey schneydet.«* Die bayerische Justiz hat gerade bei Körperstrafen eine hohe Beständigkeit an den Tag gelegt. Straffälligen Frauen ist hier noch von Männern der nackte Hintern versohlt worden, als bei anderen Stämmen diese Tätigkeit längst von Frauen verrichtet wurde und das Gesäß bedeckt blieb.** In jüngster Zeit erst ist die Folter privatisiert worden. Ein aus Altötting stammender Elektro-

---

* L. Westenrieder, *Beschreibung der Haupt- und Residenzstadt München*, München 1782, S. 92f.

** W. Brunbauer, *Bayerische Skandalchronik*, Rosenheim 1984.

monteur richtete sich in Hart an der Alz ein Schreckenskabinett ein, worin er am lebenden Objekt mit Stromstößen arbeiten und seine Beobachtungen aufzeichnen wollte. Im Prozeß erhoben sich Zweifel, ob sein Oberstübchen so perfekt eingerichtet war wie seine Folterkammer.* Das Gericht ordnete jedenfalls Sicherheitsverwahrung an.

Der Ruf nach Foltermaßnahmen wird heute vor allem laut, wenn es um die Bekämpfung des politischen Terrorismus geht. Ein niederbayerischer Landwirt vertraute uns seine persönliche Methode an, wie er inhaftierte Mitglieder der Baader-Meinhof-Bande dazu bringen würde, ihre Komplizen zu verraten. Er würde den Verbrechern Holzsplitter unter die Fingernägel treiben, und zwar so lange und so tief, bis sie geständig wären.**

In München sterben jährlich 6,43 Menschen pro 100 000 Einwohner durch Mord und Totschlag (1988). Die bayerische Landeshauptstadt nimmt damit in der Statistik hinter Frankfurt, Bremen, Hannover, Stuttgart und Berlin, aber vor Dortmund, Essen, Köln und Hamburg einen Mittelplatz ein. Das spezifisch Bayerische auf diesem Kriminalsektor liegt freilich weniger im Zahlenmäßigen begründet als in der euphorischen Stimmung, die mit letaler Aggression einhergeht. »Heut is lustig«, sagen die jungen Burschen von Bayrischzell, »heut muß noch einer hin werden.« Auch die Bedienerin des Grafen Arco hatte ihren Herrn am Vorabend des Mordes an Eisner als ausgesprochen lustig und aufgeräumt in Erinnerung. In ihrer politischen Dimension korreliert die bayerische Mordlust mit der dem Lande zugewiesenen Funktion einer Ordnungszelle. Slogans wie »Brandt an die Wand« sind ordnungspolitischen Vorstellungen entsprungen. Im Bräustüberl

---

* J. Freudenreich, *Bayerische Spitzbuben*, München 1961.
** Ein Münchner Kollege quittierte diesen Vorschlag mit dem Satz »Die Niederbayern – das sind ja Viecher.«

von Au am Inn sagte ein ergrauter Handwerksmeister über den 75jährigen, hager gewordenen sozialdemokratischen Ehrenvorsitzenden: »Den möcht i amoi in d Finger kriagn, den dat i so zammdrucka (Geste), daß eahm as letzte Knochamark aussirinnt.«

Daß Meister Haimprecht seinen Vorgänger im Scharfrichteramt eigenhändig aufgehenkt hat, wissen nur noch die ältesten Stammesmitglieder. Aber einen Nachfolgekonflikt auf diese Weise zu lösen, gehört sicherlich zu den *preferred phantasies*. Zum Tode Verurteilte traten mit Bravado ab. Der Mörder Benno R. spuckte auf dem Weg vom Straubinger Zuchthaus zum Hinrichtungsplatz den Schaulustigen Kirschkerne ins Gesicht.

Der *Codex* enthielt zeitweise 33 todeswürdige Verbrechen. Wilddiebstahl war mit dem Tode bedroht, da er eine Verhinderung der fürstlichen Jagdlust bewirkte.* Die Zahl der Kapitalverbrechen ist seither herabgesetzt worden. Einige Versuche, den Katalog wieder zu erweitern und auf Drogenhändler, Dauerarbeitslose und Befürworter der Abtreibung auszudehnen, sind bislang erfolglos geblieben. Die Argumente der Abtreibungsgegner sind nicht konsistent. (»Was, Sie sind für Abtreibung? Ihnen ghört ja der Kopf runter!«) Glaubhafter ist da schon die Einlassung eines Abtreibungsgegners, der uns sagte, er könne niemanden umbringen. Tatsächlich schlägt er seine Frau jeweils nur halb tot.

Nach Raufhändeln das subjektive Schmerzgefühl der Opfer bei der Strafzumessung zu berücksichtigen, war bislang eine vergebliche Forderung. Im Sinne einer soziologischen Jurisprudenz werden aber Tatumstände und Persönlichkeitsfaktoren der Täter vor der Verurteilung mit ins Kalkül gezogen. Einem gehörnten

---

* Gustav Radbruch, Heinrich Gwinner, *Geschichte des Verbrechens*, Frankfurt am Main 1990, S. 245

Ehemann, der seinen Nebenbuhler erschossen hatte, wurde strafmildernd zugute gehalten, daß er als zwanghafter Typ stets Sagrotan bei sich trug und darauf achtete, daß Frau und Tochter täglich die Wäsche wechselten. Mit der Rehabilitation von Straftätern tun sich die Bayern allerdings schwer. Zu sehr hütet man sich davor, Mitleid zu zeigen. Ein bekannter Satrap bayerischer Abkunft wurde gefragt, warum er sich nicht mit einem resozialisierten Exterroristen an einen Tisch setze. »Dann müßte ich mich ja mit Hunderten von resozialisierten Straftätern an einen Tisch setzen«, lautete die verblüffte und verblüffende Antwort.

Die Kriterien der Strafzumessung sind für Außenstehende nicht immer transparent. Ein analphabetischer Gelegenheitsarbeiter, der einen Autofahrer mit einem Tennisball abgelenkt und dann sein Auto entwendet hatte, handelte sich fünfzehn Monate Gefängnis ohne Bewährung ein. Bei einem milderen Urteil wäre es mit dem Frieden auf unseren Straßen bald vorbei, sagte der Richter in der Urteilsbegründung. Eine Bewährungsstrafe erhielt dagegen der Direktor eines Schlachthofes, der mit einer manipulierten Waage Tausende von Bauern betrogen hatte. Man müsse in Rechnung stellen, meinte das Gericht, »daß das Schlachthofmilieu ein recht eigenartiges Milieu ist«. Eine bayerische Spezialität ist Lebenslänglich auf Bewährung, ein Strafmaß, das aber in der Regel nicht mehr in die Urteile hineingeschrieben wird.

Der Stamm kann sich auf eine gewachsene Rechtstradition beziehen. Früh etablierte sich das Prinzip der Gewaltenteilung. In der *Hofordnung* von Burghausen hieß es: »Wer unbefugt im Burghofe angetroffen wird, dem soll man umwendlich beide Ohren abschneiden, und soll das der Vitzthum, der Hofmeister oder der Marschall schaffen.« Die Bayern sind stolz auf die Wetterbeständigkeit ihrer Rechtsgrundsätze. Das Vermummungsverbot ist so alt wie der Wildfrevel in den bayerischen Bergen. Die Verantwortlichen verstehen es, die Rechtsgeschichte lebendig und auf dem neuesten Stand zu halten. Das *Kriminalmuseum* in Rothenburg ist historizistisch-zeitgeschichtlich angelegt und zeigt zum Beispiel in einer Vitrine die Gaststättenrechnungen der Pharmaindustrie am Rande von Medizinerkongressen.

Die Justiz arbeitet mit einem hohen Effizienzgrad. Mitunter liegen Urteile schon ausgefertigt vor, noch ehe das Verfahren überhaupt stattgefunden hat. Der gesetzestreue Bürger erfreut sich einer hohen Rechtssicherheit, denn Bayern hat weit und breit die höchste Aufklärungsquote bei Kapitalverbrechen. *Organized crime* tritt lediglich in der Form des organisierten Maibaumstehlens auf. Zu den häufigsten Delikten gehören Geschwindigkeitsüberschreitungen in Tateinheit mit Gotteslästerung und Beamtenbeleidigung. Eine Gesetzesvorschrift, die sich durch kollektive Mißachtung selbst erledigt hat, ist der Paragraph 20 der Gaststättenverordnung, der es verbietet, Alkohol an Betrunkene auszuschenken. Zu den ungelösten Problemen der Rechtspflege zählen deshalb auch die »wilden Bisler« auf der Oktoberfestwiese, die sich weigern, die öffentlichen Toiletten zu Füßen der Bavaria zu benutzen und unbeirrbar an ihren *unique irrigation practices* festhalten.

Bildung und Erziehung

Einesteils wird es gerne gesehen, wenn ein Stammesmitglied mehr kann als Birnen essen und Kletzen dörren. Unübersehbar ist jedoch der bereits erwähnte Bildungsvorbehalt. Daß man sich krank und blaß studieren kann, gehört zu den *shared meanings* der bayerischen Kultur. Wie prämoderne Hutterer fürchten Bayern, durch übertriebenes Studieren den Verstand zu verlieren. »Je gelehrter, desto verkehrter« oder »Viel Dokter, viel Narren« sind zu geflügelten Worten herangereift.

Drei Gründe gibt es für den bayerischen Bildungsvorbehalt. Einmal obstruiert in alten Kulturen tradiertes Vorwissen das Ver-

Eindrücke eines zeitgenössischen Künstlers aus einer der frühen Gesamtschulen. Seit ihrem historischen Scheitern bekennt sich der Stamm zu einem gegliederten Schulsystem.

126

langen nach Fortbildung. Sich nach dem Weg zu erkundigen, ein Ziel zu erfragen, kann für den Forscher deshalb zu einem diffizilen Unterfangen werden. Informanten machen nämlich von ihrem Wissensvorsprung auf recht abrupte Weise Gebrauch.

> *Anthropologe:* Wo wohnt hier der Korbflechter G.?
> *Passant:* Da wo die Passage ist. Woaßt die Passage?
> *Anthropologe:* Nein.
> *Passant:* Net? Is ja wurscht. Die siehgst ja eh.

Der zweite Grund liegt in dem herrschenden Interpretationsmonopol verborgen. Sogar die *Kreuzberger Schule* der Kulturanthropologie, die nicht übermäßig bayernfreundlich gesonnen ist, mußte anerkennen, daß nirgendwo sonst im zentraleuropäischen Raum die Platzhirschen ein so klares Deutungsmonopol innehaben: Eine weitere Erörterung dessen, was an höherer Stelle bereits gedeutet worden ist, erübrigt sich.

Der dritte Grund ist am volkstümlichsten. »Heit gibts boi laudda Gstudiadö«, klagte ein 90jähriger Bayerwäldler, »und oawadn wui boi neamd mea.«

Das Bestreben des Stammes richtet sich seit alters auf eine Minimalisierung der Volksbildung. Aus Angst vor einer Verbildung der Jugend wurden patriarchalischer Sinn, Treue zur Obrigkeit, Vaterlandsliebe und Volksglück über reine Verstandesbildung und Stoffhuberei gestellt. Ausdruck fand dieses Bestreben im *Niethammer'schen Normativ* aus dem Jahr 1808. Dieser Normativ verlangte die Separierung der Elementarschulen von den weiterführenden Bildungseinrichtungen. Er konnte – gegen die Breitseiten der hessischen Stammesnachbarn – von Niethammer über Hundhammer, Huber und Maier, Maier und Zehetmaier und einem Dutzend anderer Kultusminister verteidigt werden.

Bildungsvorbehalt ist nicht gleich Bildungsfeindlichkeit.

Wenn es darum geht, aus schwarz schwärzer zu machen, wie bei der Eröffnung des ersten Moorlehrpfades, ist Bayern vorn. Zu erwähnen sind ferner die zahlreichen Hufbeschlagschulen im Rottal; die Kurse für Böllerschützen, die das Arbeits- und Sozialministerium anbietet; die weit vorangetriebene Erforschung des Fluges der Hopfenpollen an der Unfallklinik Eching-Allershausen.

Der wissenschaftliche Brauunterricht wurde in Bayern begründet, nur hier konnte sich das Brauwesen zu einer exakten Wissenschaft entwickeln. Das gleiche gilt für die Kropfchirugie. Die Entdecker der Druckstromhypothese zur Erklärung des absteigenden Saftstromes und der Parthenogenese bei Seeigeln waren Bayern. Bayern waren der Physiker Dr. Atherman und der Ökologe Mayer-Strontium. Forschung konnte gedeihen in einem Land, das lange von aufgeklärten Monarchen beherrscht wurde. Einer dieser Herrscher hat die Wissenschaften nicht nur nach Kräften unterstützt, ihm ist mit dem Theorem »Einsam fühlt der Mensch sich im Gewühl«* ein Vorgriff auf die berühmte soziologische These von der *lonely crowd* geglückt.

*

Das Schulwesen reicht von wenig gegliederten Landschulen bis zur Oberrealschule, die metaphysische Bedürfnisse absättigt. Kinder haben eine doppelte Berufung, »die Berufung zum Himmel und die zur Teilnahme am eucharistischen Mahl«.** Besonderer Wert wird der Reinlichkeitserziehung beigemessen. In einem Erlaß des Kultusministers aus dem Jahr 1937 heißt es: »Die deutsche Jugend darf nur Lehrern und Erziehern deutschen Blutes und ein-

_____

* *Gedichte Ludwigs des Ersten,* München 1847, S. 109.
** *Lehrordnung für den katholischen Religionsunterricht an den Volksschulen in Bayern,* Nr. IV 57773 vom 27. September 1955.

Die Verwendung der Schulkinder zu den Leichenkondukten.

Die in manchen Gegenden bestehende Gewohnheit, wonach — mitunter auf stundenlange Entfernungen — die Leichen im Sterbehause durch den ganzen Leichenkondukt mit Geistlichen, Kantor und Schuljugend abgeholt und von da auf den Kirchhof geleitet werden, ist mit so viel Gefährdungen für die Gesundheit der die Leiche begleitenden Personen sowie mit erheblichen Miß= ständen für die Schule, welche aus solchen Anlässen öfter und länger ausfällt, als absolut nötig wäre, verbunden, daß die unter= fertigte Stelle sich veranlaßt sieht, die Beteiligung der Schul= kinder an dieser Sitte auf ein Maß zurückzuführen, welches den Rücksichten auf ihre zarte Gesundheit und den Interessen der Schule entspricht.

Es ergeht daher an die obengenannten Behörden die Weisung,

1. der schulpflichtigen Jugend keinerlei Zwang zur Be= gleitung derartiger Leichenkondukte aufzuerlegen und
2. derselben die Teilnahme an derartigen Leichenkondukten nur unter der Voraussetzung zu gestatten, daß hieburch kein Ausfall in den vorschriftsmäßigen Unterrichtsstunden entsteht.

Hieburch soll keineswegs die annoch bestehende Sitte auf= gehoben werden, wonach in christlicher Gemeinde ein Verstorbener unter Gesang, den nach Herkommen Glieder der schulpflichtigen Jugend auszuführen haben, auf den Gottesacker gebracht wird, sondern nur verhütet werden, daß andere Kinder als die am Begräbnisort wohnenden zu dem Leichenkondukt gegen ihren oder ihrer Eltern Willen beigezogen werden und daß auch diese Kinder nicht verpflichtet werden sollen, der Leiche über die Grenze der Ortsmarkung entgegenzugehen.

Den aus eigenem Antrieb und mit Bewilligung ihrer Eltern auf eine weitere Entfernung den Leichenkondukt einholenden und zum Kirchhof geleitenden Schulkindern ist dieses nur dann zu gestatten, wenn durch diese Beteiligung an dem Leichenkondukt kein Ausfall an den vorschriftsmäßigen Unterrichtsstunden entsteht.

Permissive Erziehung: Ein Beispiel aus der Oberfränkischen Schul- und Lehrordnung.

wandfreier Staatsgesinnung anvertraut werden.« Deshalb mußten Pädagogen vor ihrer Anstellung die »Reinheit des Blutes« nachweisen.

Die Erziehungsphilosophie ist konservativ angelegt, aber didaktischen Experimenten keineswegs abhold. So hörten wir einen fränkischen Zwergschullehrer das Prinzip des *learning by doing* promulgieren:

> Horcht amal Boubeli, morng kommt wos arg Schöins dro – morng redn mer vom Ei des Kolumbus. Destweng soll a jeder von eich zwa frischi Gackerla für mich mitbringa.

Experimentierfreudigkeit und Innovationsbereitschaft zeigt sich auch bei den Körperstrafen, die außer mit gewöhnlichen Haselnußstecken auch mit Weidenruten, Ochsenziemern und zusammengeflochtenen Baßgeigensaiten administriert werden. Das Holzscheitlknien auf der scharfen Kante eines Stücks Brennholz mit zur Wand gekehrtem Gesicht des Delinquenten kommt – wie bereits erwähnt – hauptsächlich in Privathaushalten zur Anwendung. In den Schulen stellen sich Popotechniker, Steißtrommler und Volksbildhauer der biblischen Alternative: Rute oder Hölle. Wir durften einen Lehrer dabei beobachten, wie er über die Pulte stürmte und nach links und rechts Schläge austeilte. Ein anderer hatte sich mit gespreizten Beinen aufgebaut wie der Koloß von Rhodos und ließ die Buben unter sich durchkriechen, wobei er gleichmäßig auf sie einschlug. Als eine fremde Besatzungsmacht die Körperstrafe für ein Jahr verbot, fluchten Kinder ihren Eltern, daß sie nicht strenger gehalten wurden. Die Restaurierung der Watschenfreiheit kam mit dem Nachweis, daß hygienische Grundvorschriften nie verletzt worden waren. An ein zu ohrfeigendes Kind ergeht nämlich die Aufforderung: »Schneiz di zerscht!«

Audio-taktile Hilfsmittel sollen das Verhalten modifizieren und die Merkfähigkeit trainieren. Bauernsöhne werden noch während der Pubertät von Grenzstein zu Grenzstein geführt und gewatscht, damit sie sich deren Lage einprägen. Der Volksdichter Ludwig Thoma erhielt von seinem Onkel auf der Münchner Ludwigstraße aus heiterem Himmel eine mnemotechnisch gemeinte Ohrfeige: »Damit du für alle Zeiten daran denkst, daß diese wunderbare Straße von Ludwig I. erbaut worden ist.« Die Eltern straffällig gewordener Jugendlicher können kaum begreifen, daß ihre Kinder trotz maximal applizierter Prügel mit dem Gesetz in Konflikt gekommen sind (»Jetz ham mir den Buam so vui ghaut ...«).

*

Noch nie ist ein Altbayer sinnloser Bücherwut erlegen.

»Die Lectüre«, heißt es in einer frühen Quelle, »scheint ihm unpraktisch, eine widernatürliche Nachgiebigkeit gegen das deutsche Ausland, das mit seiner überflüssigen Leserei so viel Wind zu machen wisse.« Der Dichter muß sich immer wieder neu vorstellen. »Mei Familie is net sonderlich gebildet gwen«, erinnert sich einer, der selbst der schreibenden Kaste angehört, »do wennsd Dante gsogt host, homs gfrogt: welche? « Die Ausleihbedingungen der öffentlichen Bibliotheken sind so konstruiert, daß der Lesehunger der Bevölkerung unterstimuliert wird.

Die *Bayerische Staatsbibliothek* ist der größte Blankziegelbau Deutschlands und mit ihren 255 Metern Länge nicht nur länger als jedes andere Gebäude an der Ludwigstraße, sondern auch noch zehn Meter länger als das *Haus der Kunst*. An der Vorderfront erblickt man die Statuen bedeutender Gelehrter in Kopie. (Die Originale stehen auf einem Schulhof in der Provinz herum.) Auf Architekturhistoriker macht der dem *Palazzo Strozzi* nachempfundene Bau einen finsteren Eindruck. Das hat seinen

Grund. Die Medaillonporträts von Newton, Shakespeare, Leibniz und Goethe, die die Fassade schmückten, sind nach dem Krieg gedankenlos, mutwillig oder aus Scham überputzt worden. Ferner sind Statuen von bedeutenden Mäzenen aus dem Fürstenraum ohne Nachweis einfach verschwunden. Seitdem lastet auf dem Hause ein Scham- und Schuldkomplex, der auf die Leser projiziert wird.

Die Leser werden »Benutzer« genannt. Ihnen wird auf vielfältige Weise nahegebracht, daß die Nutzung der Bibliothek ein jederzeit kündbares Privilegium ist. Das Ausleihamt mit seinen Ausleihschaltern ist für den Benutzerverkehr nur wenige Stunden geöffnet. Eine kaum übersehbare Zahl von Bestimmungen erschwert das Entleihen der Bände. Illustrierte Werke dürfen nur im Lesesaal benutzt werden, weil anders der Benutzer in Versuchung geraten könnte, sich an den Bildern in den eigenen vier Wänden zu ergötzen. Schmale Bände sind unentleihbar, sie könnten, so die

Die Vier Heiligen Drei Könige vor der Bayerischen Staatsbibliothek.

unwirsch vorgebrachte Begründung, »leicht hinters Nachtkastl obarutschn«. Nazibücher und Erotica, diese beiden darf der Lesepöbel nur bei Nachweis des wissenschaftlichen Verwendungszweckes einsehen.

Das Schalterpersonal wird nach retentiven Verhaltenskriterien ausgewählt und ist geneigt, jedes Buch grundsätzlich wie das *Wessobrunner Gebet* zu behandeln. Die Bibliotheksleitung geht teilweise verdeckt vor. Der eingestempelte Satz »Xerokopieren aus konservatorischen Gründen nicht erlaubt« müßte *recte* lauten »...aus konservativen Gründen«. Drakonisch fallen die Strafen für überschrittene Leihfristen aus. Die erste Aufforderung zur Rückgabe (Mahnung) kostet fünfzehn Mark, ein Betrag, von dem ärmere Benutzer zwei Tage lang leben müssen. Tätige Reue wird nicht honoriert: »Die Gebühren sind auch dann zu entrichten, wenn die Werke vor der Zustellung der Aufforderung zurückgegeben werden.«

Benutzern von Gefängnisbibliotheken werden etwas größere Freiheiten eingeräumt, weil dort die rituellen oder doch stark formalisierten Konnotationen fehlen. Am Ausleihschalter der Staatsbibliothek vernimmt der Benutzer nach Rückgabe des letzten Buches den Satz: »Ich entlaste Sie.« Das klingt nach Beichtzettel oder Spruchkammerbescheid.

In der Karwoche wird die Bayerische Staatsbibliothek ganz zugesperrt. Warum, konnte nicht erforscht werden, es sei denn, die Angestellten sollen Gelegenheit zur Buße erhalten. Nicht ganz zufällig mußte der erste Direktor dieser Bibliothek nach wenigen Dienstjahren in eine Irrenanstalt gebracht werden. Man munkelte damals, Klassifikationsschwierigkeiten seien die Ursache für den Ausbruch der Krankheit gewesen. Ein Autor hatte aus Rache für die erlittene Behandlung ein Werk geschrieben, dem nicht definitiv entnommen werden konnte, ob es *straight* oder satirisch gemeint war.

Am meisten gelesen werden Pilzbestimmungsbücher und populärwissenschaftliche Werke zur Blasenkapazitätsberechnung. Aus Zeitmangel oder Bequemlichkeit greift man gerne auf bereits gelesene Bücher *(pre-read books)* zurück. Das Buch ist ein Hol-Medium und damit nicht ohne weiteres verfügbar. Der Bayer begnügt sich dann mit der Lektüre zuhandener Wildverbißgutachten oder mit einem Bierfilz, dessen Inschrift er durch eine besondere Kulturtechnik des Drehens zu lesen versteht.

*

Trotz der Tätigkeit des 1901 gegründeten und gar nicht doppelsinnig gemeinten *Katholischen Preßvereins für Bayern* besteht an Periodika nur gedämpftes Interesse. Die Zeitung *Bayernkurier*, volkstümlich *Bayernprawda*, bleibt weithin ungelesen. Ungelesen bleibt auch das Produkt einiger – indigen so bezeichneter – *Preßbengel* aus Hamburg, weil diese den Archonten »bedingt abwehrbereit« gescholten und Bayern in seine tiefste Erniedrigung gestürzt hatten. Die auflagenstärkste Zeitschrift heißt *Inkontinent*. Sie ist vor allem bei Senioren beliebt. Mitunter hört man die Befürchtung, daß die Leser ganz aussterben, eine Entwicklung, die der Verein *Bayern liest e.V.* aufzuhalten versucht. Virtuellen Legasthenikern begegnet man selbst unter den gebildeten Ständen. Der als Journalist tätige Professor Kaiser erwies sich als unfähig, die Worte »lästiges Flickansinnen« korrekt abzuschreiben.

Bereits unter den Kelten wurde im niederbayerischen Kropfmühl Graphit abgebaut. Trotzdem ist Bayern lange eine schriftlose Kultur geblieben. Noch Ludwig I. mußte ermahnt werden, »nicht so schauerlich zu schmieren und besser Orthographie zu lernen«. Das Schreiben überließ man höflich ausländischen Spezialisten. Ein gelangweilter Lenin verfaßte während seiner Münchner Jahre die Schrift *Was tun?*

*

Die Stärken der heimischen Intelligenz liegen im Bereich der modernen Paläontologie, der Epistemologie, der Systemanalyse und – gewissermaßen als Leitwissenschaft – des *counter insurgency research*. Die Kenntnis von anderen Ländern ist mitunter erstaunlich, wobei die Konzentration aufs Aktuelle ins Auge sticht. In einer Passauer Publikation wurde jüngsthin von Amerikanern berichtet, die langsam versteinern, verknöchern und sich in Kalzium verwandeln. Zu einem Standardwerk ist *Hoernles Tabukritik anhand toter Neuseeländer* herangereift. Beachtlich die rassenkundlichen Erkenntnisse zwischen Fallmerayer und Schemm. Professor Fallmerayer identifizierte die heutigen Bewohner Griechenlands als Slawen, Kultusminister Schemm entdeckte das Wesen des Rassegedankens im Eiweißmolekül und zog aus dieser Erkenntnis die toxikologische Konsequenz: »Artfremdes Eiweiß ist Gift.«* Von den modernen Epistemologen ist vor allem ein Professor der unentdeckten Wissenschaften zu nennen, der Stammgast im Hofbräuhaus war, aber letztlich anonym blieb.

In der Mathematik brillierte Emmy Noether aus Erlangen, die Erfinderin des *Noetherschen Ringes*.** Noether hatte *summa cum laude* »Über die Bildung des Formensystems der ternären biquadratischen Form« promoviert und in Erlangen rasch Karriere gemacht, weil dort Frauen keine Steine in den Weg gelegt wurden. Man sei eine Universität und keine Badeanstalt, sagte ihr entscheidender Förderer. Eine Diskriminierung erfuhr die Kunstrechnerin erst nach ihrer Berufung nach Göttingen. Dort wurde sie *der* Noether genannt.

---

* *Hans Schemm spricht*, Bayeuth 1942, S. 29.

** »Ein Ring heißt Noether-Ring, wenn jede nichtleere Menge von Idealen ein maximales Element besitzt.« Meidinger-Geise, *Frauengestalten in Franken*, Würzburg 1985, S. 208.

Ein Naturforscher von stupender Gelehrsamkeit war Franz Tausend. Dr. Tausend entdeckte Lücken im Periodischen System der Elemente und folgerte: »Ein System mit Lücken ist kein System!«* Er machte sich daran, die Lücken mit den fehlenden Atomgewichten aufzufüllen und nach Regelmäßigkeiten in den scheinbar unregelmäßigen Sprüngen des Systems zu fahnden. In seinen Obermenzinger Labors fand er zunächst heraus, daß das Atomgewicht eines Elements desto höher ausfällt, je tiefer es im Erdreich gelagert ist. Die Grundannahme – das *Obermenzinger Axiom* – bestand darin, daß in jedem Element acht chemische Kräfte wirken oder ein Vielfaches von acht. Das »*harmonisch-periodische System*«, das Tausend daraufhin aufstellte, entsprach den Schwingungswellen der Töne. Der Kammerton *A* fand seine Entsprechung im Lithium, *Fis* war wie Natrium. Der Fundamentalsatz jeder künftigen Chemie mußte lauten: Schwingungswellen und Atomgewichte sind identisch, der Chemiker arbeitet wie der Tonsetzer. So wie man von C-Dur über die verminderte Sept nach F-Dur kommt, gelangt man von Kalzium und Sauerstoff über Magnesium zum Argon. Die Akkordprogression für Aurum hat Tausend leider mit ins Grab genommen, obwohl ein Ludendorff alles daran gesetzt hatte, ihm diese Harmonien zu entreißen, um damit einen verlorenen Krieg zu finanzieren. Tausend figuriert heute in der Geschichte der Naturwissenschaften als ein bayerischer Mendeleev, weil er wie der russische Chemiker die Existenz von weiteren Elementen vorausgesagt hat. Wissenschaftsgeschichtlich gesehen ist er sicherlich ein extremes Beispiel für bayerischen Partikularismus.

Der bedeutendste Geisteswissenschaftler des Landes ist Romano Guardini gewesen. Sein Gesamtwerk füllt eine ganze Biblio-

---

* Franz Tausend, *180 Elemente*, Obermenzing 1922, S. 5.

Das 1988 erbaute Institut für weit Fortgeschrittene *in München-Harlaching: Ein Beispiel für die Strategie der klar voneinander geschiedenen Bildungswege.*

thek. Das Aufregende an diesem Werk besteht darin, daß niemand, absolut niemand anzugeben weiß, worin die Lehre Guardinis eigentlich besteht.

Eine Zeitlang mußte die medizinische Fakultät von Ingolstadt ihre Leichen vom Münchner Richtplatz beziehen. Später ist die Universität gleich in die Hauptstadt verlegt worden. Heute existieren pathologische Institute nicht nur an den medizinischen Fakultäten. Die Hohen Schulen sind eine ideale Gemeinschaft von Lehrenden und Lernenden. Dazu ein Beispiel: Dr. phil., Dr. phil. h.c., Dr. rer. nat. h.c., Dr. phil. h.c., Dr. phil. h.c., Dr. h.c Karl Ritter von Frisch, Professor für Zoologie und vergleichende Anatomie, suchte unter seinen Hörern einen Studenten der Naturwissenschaften, der gut zeichnen konnte. Der Forschungsauftrag war

137

entsprechend anspruchsvoll. Er mußte auf einer Lichtung Platz nehmen und Farbkleckser auf anfliegende Immen setzen.

In der Juristenausbildung wird Wert gelegt auf Praxisnähe und Umsetzbarkeit des Wissens. Einer der Stammesräte hatte zum Beispiel als junger Mensch über »Die elterliche Gewalt von Mann und Frau« promoviert und sich darin auch mit dem Komplex Scheidung auseinandergesetzt. Die Scheidung »zerreißt nun einmal die elterliche Lebensgemeinschaft, die auch die Kinder mit umschließt«, hatte der Doktorand geschrieben und dafür plädiert, »die Trennung zu einer klaren und reinlichen zu machen«. Für den Wohnsitz der Kinder sollte seiner Auffassung nach der Wohnsitz desjenigen Elternteils maßgeblich sein, »dem die elterliche Gewalt zusteht«. Nach seiner eigenen Scheidung konnte der von Kollegen respektvoll »Manschetten-Fritze« Genannte brauchen, was er gelernt hatte. Um die Gefahr zu bannen, daß seine Exfrau in einem Strafverfahren gegen ihn aussagte, drohte er ihr damit, ihr das Besuchsrecht für die gemeinsame Tochter beschneiden zu lassen.

Das akademische Leben profitiert von der Durchlässigkeit der Disziplinen. Schon der Historiker Aventinus hat sich um die Erforschung des Suchtverhaltens bemüht, indem er Beobachtungen während eines »gehabten Rausches« gewissenhaft in seinen Hauskalender eintrug. Die Kultusminister hatten bei Berufungen eine glückliche Hand, sie ignorierten enge Fachgrenzen, machten Kunsthistoriker zu Soziologen, Bildungshistoriker zu Landeskundlern. Wessen Gelehrtenfleiß so intensiv war, daß er ein demokratisches Prinzip hinter der chilenischen Diktatur erkannte, der konnte mit einem Lehrstuhl belohnt werden. Politisch unzuverlässige Wissenschaftler sind erfolgreich quiesziert worden. Das Kultusministerium stellt die Fähigkeit zur Selbstkritik unter Beweis. Die Ergebnisse einer sozialwissenschaftlichen Analyse des Selbstmords bei Schülern wurden unterdrückt, obwohl der Minister diese Studie persönlich in Auftrag gegeben hatte.

Ehrenpromotion an der TU München: Auf dem Weg zur Laudatio.

Für schwächere Studenten sind Sonderhochschulen mit günstigen Doktortiteln (Dr. würz.) eingerichtet worden. Die Bahnstrecke nach Innsbruck hat seitdem eine deutliche Entlastung erfahren. Verdiente *chiefs* erhalten Ehrendoktortitel zum Selbstkostenpreis. Ein Problem stellt der Studentenberg an der größten Universität des Landes dar. Die Ursachen werden erst jetzt näher bekannt. Im Vorfeld von Raufhändeln in einem Münchner Biergarten hörten wir den Satz: »Ich reiß dich entzwei, aus dir mach ich zwei Studenten.«

Der Forschungsdrang kann sich nur dort nicht ausleben, wo Dinge unter Verschluß bleiben müssen, etwa der Brief, in dem Ludwig II. sich gegen Geld mit der wilhelminischen Kaiserproklamation einverstanden erklärte, oder das Tagebuch, das Auskunft darüber gibt, wie Majestät mit Ihro Detumeszenztrieb umging. Einzelne Fächer haben die Undankbarkeit ihrer Vertreter verkraften müssen. Ein Volkskundler hatte kurz vor der Hinrichtung noch öffentliche Mittel für seine Forschung zum deutschen Volkslied erhalten. Die Rechts- und Gesellschaftswissenschaften leiden ein wenig darunter, daß bestimmte Begriffe wie »milieugeschädigt« oder »Unschuldsvermutung« nicht vermittelbar sind. Das größte forscherische Handicap dürfte darin liegen, daß der Stamm solche Probleme als erledigt betrachtet, die lange genug unerledigt blieben. (»Und so kann man ruhig annehmen, daß das Problem zur Erforschung, ob Optimismus die Schlußfolgerung zur Klugheit bindet, als gelöst, und zwar als ungelöst erscheint.«)

Drei Generationen vor der amerikanischen und der französischen Revolution erhob sich in Bayern ein Zehntel der Bevölkerung gegen eine tyrannische, ausbeuterische und blutrünstige Obrigkeit. Die Väter dieses Volksaufstandes lehrten an der Universität Ingolstadt; sie beriefen sich auf das Naturrecht. Vor zweihundert Jahren entschloß sich in Unterfranken ein Konvent adeliger Ordensdamen zum Boykott einer Volkszählung oder – im damaligen Sprachgebrauch – Seelenkonskription. Etwa um dieselbe Zeit protestierte eine Professorengruppe an der Universität Landshut gegen Rückständigkeit, Jesuitentum und geistige Finsternis in ihrer Heimat: der Philosoph Jakob Salat, der Botaniker Franz Paula Schrank, der Theologe Ludwig Feßmaier und einige andere fortschrittlich denkende Kantianer und gebürtige Bayern.

Es fällt jedoch auf, daß die intellektuelle Elite vielfach zugewandert ist. Abraham a Santa Clara, der im oberbayerischen Wallfahrtsörtchen Taxa wirkte, stammte aus dem badischen Kreenheinstetten. Der Herausgeber der *Bayer'schen Landbötin*, Dr. Karl Friedrich August Müller, war aus Hannover gekommen. Justus von Liebig oder der Graf von Schack oder Rupert Mayer – lauter Zugereiste.

Theodor Fontane meinte: »Der eigentliche Grundstock der Bevölkerung ist zwar so geistig tot und« – ich zitiere nur meine Quelle! – »verbiert wie nur möglich, aber der Kunstzuzug aus aller Herren Länder ist so groß, daß eine Nebenbevölkerung entsteht.«

Otto Falckenberg, Klenze, Artur Kutscher – die Eingeborenen konnten nur dasitzen und staunen, wie das Kettenkarussell großer Namen an ihnen vorüberflog, und derweil ihre feste Verwurzelung im Heimatboden rühmen. Kurt Eisner erwarb zwar die bayerische Staatsangehörigkeit, stammte aber aus Berlin; Graf Arco, sein Mörder, der später bei der Lufthansa unterschlüpfte, aus Oberösterreich.*

Einen Nachruf hat die bayerische Presse einem der klügsten Köpfe, dem naturalisierten Bayern Felix Noeggerath, nicht gewidmet. Bei der Eröffnung der Staatsoper hielt man vergeblich Ausschau nach dem Nobelpreisträger Werner Heisenberg; er war nicht eingeladen worden. Der Papst sah bei seinem Besuch in München wieder nur die betreßten Spitzen der Verwaltung und politische Kautschukmänner. Die geistige Auseinandersetzung mit dem Oberhaupt der Kirche überließ man einer jungen, unbekannten Katholikin mit dem belangreichen Namen Barbara Engl.

Ein bayerischer Intellektueller gleicht einem Hund, der auf den Hinterbeinen stehen kann. Frustriert wanderte der Welt führender Schimpfwortforscher von Plattling nach Amerika aus. Die von der Isar bespülte Hauptstadt hat an Bedeutung verloren, die Elite kommt aus der Provinz; Achternbusch aus Deggendorf, Zimmerschied aus Passau, Buchner aus Haindling, Gerhard Polt, dessen Baaz-Verlag sich mit der »Erforschung von Angelegenheiten« befaßt, ist aus Altötting gebürtig. Die Aktivsten der heimischen Elite beziehen ihre Kraft aus der Heimatliebe. Im Taxöldener Forst verschwor sich die Intelligentsia mit Oberpfälzer Bauern und rammte Baumstämme so lange gegen einen Stahlzaun, bis die Führung in die Knie gezwungen war.

---

* Ludwig Hümmert, *Bedeutende Zugereiste*, Pfaffenhofen 1982, 5. Aufl.

Sport und Spiel

Körperliche Betätigung fürs Volk war traditionell in den kirchlichen Kontext eingebunden. In Freising schlüpften Bittflehende unter dem mit einem Tuffstein abgestützten Sarkophag des Hl. Nonnosus hindurch, eine Art religiöser Trimmdichpfad.* Die Vergnügungen des Hochadels sind eher bescheidener Natur gewesen. Auf dem Wiener Kongreß spielten die Herrschaften bei der Fürstin von Thurn & Taxis *Blindekuh*. Kronprinz Ludwig soll sich seinerzeit eine Prinzessin gegriffen haben. Auf demselben Kongreß bewarfen sich die Exzellenzen mit Brotkügelchen. »*Kügerlmachen* ist bestimmt eine Familiengewohnheit, die sich vererbt«, schrieb ein Hofsekretär der Wittelsbacher, gewiß ein Insider.** In der Wahl seiner Sportarten zeigt der Bayer die Beharrlichkeit, die wir schon aus anderen Bereichen kennen. Als ein Postbeamter, Vater von zehn Kindern, beim *Rodeln* verunglückte, schrieb der *Münchner Stadtanzeiger*: »Bei allem Mitgefühl für den Verunglückten muß man sich doch fragen, ob der kleine Beamte, der sich bereits eines sehr fortgeschrittenen Alters erfreute, nichts besseres zu tun wußte, wie den Rodelunsinn mitzumachen.«***

Eine der ältesten Leibesübungen für die Allgemeinheit war das *Worfeln*. Getreide wurde bei geöffneten Scheunentoren gegen den Wind geworfen. Die schweren Körner flogen am weitesten, der Unkrautsamen blieb liegen, die Spreu trug der Wind davon. Beliebtester Sport war lange Zeit das *Raufen*, das nach einem festen Ritual ablief. Zuerst kam die verbale Provokation und das »Herausgeben« durch den Provozierten.

---

* *15. Bericht des Bayerischen Landesamtes für Denkmalpflege*, München 1957, S. 40.
** Luigi von Buerkel, *Vom Rindermarkt zur Leopoldstraße*, München 1966, S. 32.
*** *Münchner Stadtanzeiger* vom 11. Februar 1911, S. 1.

Sepp: Wos mechstn mit dera Zenz. De hot ja no an Ring am Hintern vom Haferlsitzen.

Max: Dua di fei net teischn, du, i hob scho Weiber ghabt, da bist do no mitm Marmaladbrot in de Händ barfuß hinter der Blechmusi herglaffa.

Sepp: Dua di ja zammanehma, du vollgfressne Sau, sonst fahr i dir oane hi auf dei Radiogerät.

Max: Probiers, nacha reiß i dir d Haxn aus, nacha kannst auf der Wampn daherwackln.

Auf das Wortgefecht folgte die erweiterte Diskussion. Das waren die Realinjurien. Man schlug sich ein, packte den Gegner »bei der Sängerhalle«, »kehrte ihm das Gesims ab«. Das Ziel des Kampfes bestand darin, den Gegner zu »werfen«. Gelang dies nicht mit bloßen Händen, durften Hilfsmittel eingesetzt werden.

Beim Mooswirt ham s an Humpn ghabt,
An irdana, an blaua.
Den nehmas, bals zum Raffa geht,
Gern her zum Köpf naufhaua.

In Lion Feuchtwangers Sittengemälde *Erfolg* kommt ein alter Boxer vor, der bei Wirtshausstreitigkeiten manchmal noch melancholisch mitrauft. Melancholisch – das ist der treffende Ausdruck. Denn seit die jungen Leute massenhaft den Sportvereinen beigetreten sind, wird kaum noch gerauft. Das Raufen als *social interaction* wurde von Karate abgelöst oder von Kung Fu, der Kampftechnik der fünf Tiere des Shaolin. Gelegentlich nur kommt es zu einer atavistischen Wiederbelebung. Für den Heimatfilm *Sachrang* sollten Laiendarsteller eine Wirtshausrauferei mimen. Sie steigerten sich so hinein, daß am Ende Blut floß.

Gleichfalls im Wirtshaus oder im Bierzelt wird das *Fingerha-*

143

Der Nonnosus-Pfad in Freising – man kriecht unter dem etwa einen Meter hohen Durchschlupf hindurch und feit sich damit gleichzeitig gegen zeitliches und ewiges Unheil.

keln ausgetragen. Die Paarungen kommen spontan zustande oder unter der Ägide des *Landesverbands bayerischer Fingerhakler*. Die Sportler suchen sich »mit hakig gebogenem Mittelfinger wechselseitig vom Platz zu ziehen«. Dem Teilnehmer mit den besttrainierten Mittelfingersehnen winkt der Sieg. Die Hitzeentwicklung beim Wettkampf ist beträchtlich und oft so groß, daß sich die Haut von den Fingern löst.

Auch beim *Steinlupfen* kommt es auf die Stärke der Finger an. 1879 hob der sagenumwobene Hans Steyrer einen Stein von 516 Pfund Gewicht in die Höhe – mit einem Finger. Beim *Maßkrugstemmen* muß ein gefüllter Bierkrug am ausgestreckten Arm gehalten werden. Den Rekord hält ein Holzfäller aus Rottach mit zehn Minuten. Der Rekord im *Schnelltrinken* wird ironischerweise von einem Schweden gehalten. Er stürzte einen Liter Bier in 4,4 Sekunden hinunter. Abgesehen von solchen Höchstleistungen läßt sich das Trinken durchaus als Breitensport definieren. Viele gehen beim *Einarmig-Reißen* immer wieder an ihre persönliche Leistungsgrenze heran. Sogar Ludwig II. scheint den privaten Konsum fast wettbewerbsmäßig betrieben zu haben. Zu seinem letzten Mahl trank er einen Becher Bier, zwei Glas Maiwein, drei Glas Rheinwein und zwei Stamperl Arrak.

Das *Aperschnalzen* wird mit einer Peitsche *(Goaßl)* ausgeführt. Hier sind wegen der Verletzungsgefahr die Abstände zwischen den Sportlern wichtig. Ein *Maibaumsteigen* mit Handicap findet alljährlich im ostbayrischen Herbertsfeld statt. Dort sind auch einige der geschicktesten Schuhplattler und Dirndldraher zu Hause, die schon so manches Gauwertungsdirndldrahn für sich entschieden haben.

Der Kurzweil des *Schießens* fiel historisch eine militärische Bedeutung für den Stamm zu, doch kommen die Mitglieder der zahlreichen Schützenvereine auch ganz persönlichen Bedürfnissen nach: »Die Freude an den Waffen und ihrer Führung, ein stetes

Bereitsein zum Streite und selbst eine Art von Streitlust liegt gerade in den Grundzügen des bayerischen Charakters.«*

Der Wintersport ist ebenfalls zu einem Breitensport geworden. Beeindruckend sind die Erfolge im Riesendamenslalom, wir haben aber auch skibobfahrende Nonnen beobachtet, die auf ihren Schlittenkufen das Christogramm eingestanzt hatten. Wegen ihrer alpinen Lebenserfahrung und der nüchternen Kalkulation der Siegchancen stehen die Bayern im internationalen Skirennsport, abgesehen von Läufern aus anderen alpinen Nationen, konkurrenzlos da. Ein medaillengeschmückter Skirennfahrer aus Schliersee erklärte sich seine Erfolge so: »I woaß, daß i ois fahrn ko. I woaß, daß i auf der Streck net denka muaß. I laß hoit meine Ski obaschiaßn, und wann i spür, daß laffa, dann druck i no a wengerl, daß no schnella wern.«

Als Kunst der Anspielung wird geschätzt das *Fußballspiel*. Die von Julius Streicher herausgegebene Kickerzeitschrift *Der Stürmer* wäre hier als einschlägiges Fachblatt heranzuziehen.

In Daglfing, Mühldorf, Straubing und Pfaffenhofen befinden sich gutbesuchte Trabrennbahnen für Deichselhirsche und andere Warmblüter. Wie beliebt der *Trabrennsport* in Bayern ist, zeigt die Tatsache, daß Graf Sebottendorf den antisemitischen *Münchner Beobachter* als Sportblatt für die Rennen in Daglfing aufzog. Das Ansehen des Trabersports hat sich noch gesteigert, seit die Rennen auf Film aufgezeichnet werden. Vordem hatte ein Fahrer schlechte Sichtverhältnisse bei Nebel mißbrauchen können, war nach der ersten Kurve eine Runde lang stehengeblieben und hatte sich – zur Verärgerung der Wetter – erst dann wieder ins Feld eingereiht beziehungsweise an dessen Spitze gesetzt und fabelhafte Kilometerzeiten erzielt.

---

* Joseph Friedrich Lentner, *Bavaria*, Bd. I, S. 29.

Eine Szene aus Regensburg: Durch die Urbanisierung ist die Einübung alpiner Fertigkeiten in die Innenstädte verlegt worden.

Der *Galoppersport* ist zum Teil noch eine adelige Domäne, wie überhaupt das *Aufreiten* als pure Rangdemonstration zu verstehen ist. Prinz Ludwig unterhält in Leutstetten bei Starnberg eine Pferdezucht: »Jeder freie Hintern im Schloß muß mitreiten.«[*]

Trotz einiger gleichmacherischer Tendenzen ist der *Golfsport* nach wie vor von einer aristokratischen Aura umgeben, und dies nicht von ungefähr. Im Vorstand eines der renommiertesten Vereine, des *Golfclubs im Chiemgau*, sitzt Herzog Max in Bayern persönlich. Die herrliche Anlage des Clubs bei Knesing spricht man scherzhaft als 20-Loch-Platz an, seit dort ein vermögendes Mitglied aus Eifersucht einen Golflehrer mit zwei Schüssen in Kopf und Bauch niedergestreckt hat.

Das Fliegen ist beim Hochadel so beliebt, daß ein *Verein gegen die Gefährdung des Luftraums durch adelige Hobbyflieger e.V.* auf verlorenem Posten steht. Der begeistertste Flieger unter den Bürgerlichen war der Archont selbst. Die wenigsten konnten sich der Faszination des Schauspiels entziehen, wenn er den Steuerknüppel in die Fäuste nahm und drohend auf Bonn zusteuerte.

*

Der Sport hat wie anderswo eine politische Dimension. Den Parteitag der Christsozialen charakterisierte die Opposition als »Schaulaufen der Scharfmacher«, und die harten Auseinandersetzungen zwischen Parteimitgliedern, Rundfunkräten und Gewerkschaftsfunktionären sind auch schon als Bauernschach angesprochen worden. Mehr und mehr Menschen entziehen sich jedoch dem Leistungsdruck und wenden sich sanften *Alternativsportarten* zu. Einige ziehen das passive *Sonnenbaden* vor und lassen sich an den Stränden des Ammersees braun rösten, wobei bei Frauen über

---

[*] M. Dünser, S. 184.

50 nach Badeschluß oft nur eine pergamentene Hülle auf dem Bootssteg liegenbleibt. Das *Schwammerlsuchen* in den Wäldern muß seit neuestem wieder als Risikosport betrachtet werden. Als geruhsam gilt weiterhin das *Sammeln von Schwarzen Einsern*, der ersten bayerischen Briefmarke. Eines noch: Die beliebteste Freizeitunterhaltung besteht darin, Touristen den falschen Weg zum *Hofbräuhaus* zu zeigen.

Liebe und Ehe

Die gesellschaftlichen Rollen von Mann und Frau richten sich nach dem Sexualdimorphismus und sind fest verteilt. In Kirchenschiffen herrscht sexueller Separatismus, doch können sich die Aktionsradien von Mann und Frau bei unerwarteten Gelegenheiten auch überschneiden. Die Freiwillige Feuerwehr eines abgelegenen Dorfes lud mit einem selbstverfaßten Inserattext zum Schulungsabend mit anschließender Geselligkeit ein: »Die Firma Weinberger wird die Handhabung des neuen Feuerlöschers vorführen. Dazu sollen alle Wehrmänner mit Frauen erscheinen. «

Identitätskrisen auf geschlechtlicher Basis treten selten auf und konnten von uns nur einmal beobachtet werden, als nämlich Männer vor einer großen Festlichkeit dazu angehalten wurden, den Hefeteig zu schlagen. Etwaige Selbstzweifel der Männer werden durch den nicht bloß im Bayerwald grassierenden Hypergenitalismus unterbunden. Strukturalistisch gesehen ergeben sich bei der Mann-Frau-Beziehung Parallelen zum Hinduismus: Die Frau muß sich unterwerfen. Das Kurbayerische Landrecht, das sich auf göttliches Recht stützt, bestimmt in Paragraph 12, daß die Frau dem Mann »in Domesticis subordinirt und unterlegen« ist und daß der Mann eine ungehorsame Frau »mit Mäßigkeit« züchtigen darf. Im Alltag werden Schläge auch präventiv ausgeteilt, etwa auf dem Heimweg von der Hochzeitsfeier, um ihr »die Schneid« abzukaufen. Die Unterwerfung der Frau und die Bekämpfung der Herdflucht mit physischer Gewalt (*pflastern*) rechtfertigt sich ausschließlich biologisch: »Das weibliche Geschlecht mit Vernunftgründen bekämpfen, ist so undankbar, als das Lichtputzen, man muß es alle Augenblicke wiederholen und löscht es am Ende ganz aus.«[*]

---

[*] *Der Bazar für München und Bayern* vom 7. Januar 1830, S. 24.

Die Bayerin gilt als weniger intelligent, aber beredter als der Mann.

Wenn Frauen sich einander sehn,
Dann bleiben sie oft lange stehn.

Manche Frauen sind so mitteilsam, daß sie im Umkreis von zwanzig Häusern eine Zeitung zu ersetzen vermögen. Daß der auferstandene Heiland zuerst den Frauen erschienen ist, läßt sich nach Ansicht der Eingesessenen leicht mit der Erwartung einer schnelleren Nachrichtendiffusion erklären. Nach verbreiteter Meinung haben weibliche Wesen keinen Bart, weil sie für die Dauer einer Rasur nicht schweigen könnten.

Vom Äußeren her wird besonderer Wert auf eine wohlgeformte Brust gelegt. Wenn eine Frau »gut gestellt« ist, bezieht sich dies nicht auf Vermögenswerte, sondern auf sekundäre Geschlechtsmerkmale. Die frömmste Erziehung kann dann nicht verbergen, was der Oberkörper beweist: Der Mensch ist ein Säugetier. Dymokritos berichtet:

Noch 1778 soffen sich bairische Bauernjungen am Charfreitag mit den Engeln, Teufeln und Aposteln dick hagelvoll, und der dümmste von ihnen ließ sich in der Regel kreuzigen; nackend, mit einer papierenen Schürze um die Lenden, rief ein solcher Gekreuzigter, statt der sieben letzten Worte, vom Kreuz herab: »Thut mer Madlene weg!« Er sah ihr vom Kreuz herab in den vollen Busen und besorgte Aergerniß wegen der Schürze von bloßem Papier.*

_____
* *Dymokritos*, VIII, S. 221.

Gerade Nichtbayern haben der Schönheit der bayerischen Frau Bewunderung gezollt. Der Berliner Nicolai schrieb über eine Passauer Betschwester: »Sie schlug ihre schwarzen Augen auf eine Art in die Höhe, wie nur katholische Augen aufgeschlagen werden können.«* Riesbeck meinte, Bayerinnen fielen zwar gelegentlich »etwas dick ins Fleisch«, sie gehörten aber »im Durchschnitt« zu den schönsten der Welt: »Ich sah Bauernmädchen so zart von Farbe und Fleisch, als wenn die Sonne durchschiene.« Man darf dies nicht für übertrieben halten. Trank Agnes Bernauer Rotwein, sah man ihn von außen durch die Kehle rinnen.

Angesichts der Zartheit will uns der Umgangston eher burschikos vorkommen. Als Begrüßung hörten wir »Laß di griaßn, alte Schiaßn« oder »Schlecht schaugst aus, host gschpiehm?« Gerade die Ehefrau wird gerne als »Schleppsäbel« apostrophiert, und einem männlichen Kalkül zufolge ergeben 99 Hühner plus 1 Weib genau 100 Mistviecher. Anflüge von Galantheit, sogar Frauenverehrung fehlen jedoch nicht ganz. Ein bekannter Koleopterologe oder Käfersammler benannte eine Reihe von Käferarten nach dem Vornamen seiner Frau *barbarae*.

Vorreiter der Frauenemanzipation traten spätestens um *1830* auf, als *Die Bayer'sche Landbötin* herauskam. Eine voll emanzipierte Frau war Adele Spitzeder von der *Dachauer Bank*. Gottfried Keller beobachtete während seines Münchner Aufenthalts emanzipiertes Verhalten: »Hier saufen die Weiber Bier und sitzen in Kneipen.« Die Spuren des Feminismus bayerischer Prägung lassen sich sogar bis zu den Volksdramen des ausgehenden Mittelalters zurückverfolgen.

** Friedrich Nicolai, *Beschreibung einer Reise durch Deutschland und die Schweiz*, Berlin, 1783, Neudruck Leipzig 1921, S. 34.

Suse: Du bist ein Mann? – Du bist ein Dreck! Ein Fettwanst! Schmerbauch! Stubensitzer! Ein Faulpelz! Fartzer! Weinausschwitzer!

Suse gibt dem Beschimpften einen Tritt, daß er in hohem Bogen vor die Türe fliegt. Die Schlußworte lauten:

Ich glaub', Hans Sachs bewies zu Recht,
Es gibt kein »schwächeres Geschlecht«.

Im Zuge der Gleichberechtigung hatten fortschrittliche Kreise nichts gegen einen Militärdienst für die »modernen Megären« einzuwenden, denn »erstens wäre an ihnen nichts verloren, und zweitens wäre ein Schuß Pulver nicht zu viel Auslage für sie«.* Die Kurve der Emanzipation beginnt also sehr steil, erfährt aber in der Postmoderne eine gewisse Verflachung. Dies hat wohl mit einem Phänomen zu tun, das in der Gesellschaftsphilosophie als die *Neue Unübersichtlichkeit* bezeichnet worden ist: »In dem trüben Gewimmel von Amazonen, Genossinnen, Revolutionsschwestern, Emanzipierten, Feministinnen, Zeuginnen Jehova – Marx und anderen sektierischen weiblichen Kadern, wo es mitunter schwer ist, zwischen Mutter und Tochter, Hausfrau und Callgirl, auch zwischen Adam und Eva zu unterscheiden, ist die Dame zu einer eremistischen Existenz verurteilt.«**

Während der »gspassigen Jahre« (*scil.* Pubertät), wenn sich das »Kraut häupelt«, (*cum aliis* »die Brüste knospen«), setzt die Sexualerziehung zur Abtötung des Fleisches ein. Westermayer empfiehlt im Anschluß an biblische Vorgaben: »Insbesondere sollen

---

* *Die Ratschkathl* vom 29. Januar 1910.
** Hans Max von Aufsess, *Etwas im Wesen, das ich gern Dame nennen möchte.* Heroldsberg o.J., S. 31.

die Eltern jenen Töchtern, die zu Hause schon Leichtfertigkeit und Frechheit zu erkennen geben, ein scharfes Gebiß einlegen.« Kinder, die das elterliche Haus verlassen, haben vor, »sich im Schlamme der sinnlichen Lüste (zu) wälzen«. Statt des guten Hausbrotes wollen sie »Treber fressen draußen«.*

Kleider trägt der Bayer nicht nur zum Schutze gegen die Kälte oder als Zierde, sondern »zur Bedeckung der Blöße«. Die *Lehrordnung für den katholischen Religionsunterricht an Volksschulen* schreibt vor: »Die Schamteile sollen immer bedeckt sein ... Ein Gotteskind bewahrt sich vor den frechen Blicken der anderen.«** Etwas größere Nachgiebigkeit erfährt die männliche Jugend, aber weniger aus Verständnis denn aus Resignation. Ein »geiler Mann« wird wie »grünes Gras« als Pleonasmus hingenommen.

Bei der Werbung ums andere Geschlecht benutzen Frauen »a schmeckats Wasser« (Parfüm). Männer können sich als Aphrodisiakum der Drüsen des Kiebitzweibchens bedienen. Wegen der leichteren Verfügbarkeit beliebter ist das Ohrenschmalz, das man dem Partner aufs Brot zu streichen sucht, oder, vor allem in der Unterschicht, Achselschweiß. In der Hochliteratur stößt man bei Liebesdingen auf Versteckspiel und Heimlichtuerei.

Der Geliebte darf nicht kennen
Meiner Liebe Glutgefühl,
Sein nicht darf er mich je nennen,
Halten soll er mich für kühl.***

Hier wird allerdings mehr mit der Satzstellung experimentiert als mit der eigenen Sexualität. Anders in der Volksdichtung, wo Gefühle offener angesprochen werden.

---

* Anton Westermayer, *Bauernpredigten*, Regensburg 1847, 1912, S. 56 ff.
** Erlaß vom 27. September 1955, Nr. IV/57773, S. 6.
*** *Gedichte Ludwigs des Ersten*, S. 203.

Geh weg von meim Fenster,
Geh weg von meim Bett!
I bin a jungs Diandl,
Bin bald überredt.*

Eine gewichtige Rolle bei der Partnersuche spielt nach wie vor der Heiratsvermittler oder *Schmuser*, wenngleich vielfach der Satz fällt: »Dö Gschmusdn san nix.« Weil man, wie anderswo, die Schönen nicht halten kann und die »Schierlign« (Häßlichen) nicht los wird, raten Nachbarn und Freunde dem Heiratslustigen zur Vorsicht: »Dö is nix, a Söichene kriagst no, wenn der Saumarkt aus is.« Aus ebendieser Vorsicht heraus zog ein nicht mehr ganz junger Junggeselle in Betracht, vier bis fünf Asylbewerberinnen aufzunehmen und zu gegebener Zeit seine Wahl zu treffen.

Die Eroberung des Partners beginnt mit dem Kuß als sozialer Interaktionsform im Geschmacksbereich. Beim Übergang zur Genitalität wird Tarnen und Täuschen sozial gebilligt. Beim Tanz darf der männliche Partner seinen Schlüsselbund in der rechten Hosentasche unterbringen, worauf sich die Partnerin auf die andere Seite lehnt – und dort lauert dann der Penis vulgo *Spürtazla* (Spürtätzchen), *Bail* oder *Saureama*.

Auf den bäuerlichen Tanzböden wird zu fortgeschrittener Stunde das Licht gelöscht, und die Gäste verwandeln sich in eine promiskuöse Horde. Da kommt es dann, wie Lohmeier erfuhr, zum *Fotzdudeln*, also zum gegenseitigen Abtasten der Generationsorgane.** Für die Vagina existieren liebevolle Bezeichnungen wie *Brunzkachl, Soachkachl, Wurstkuchl, Kuahbritschn, Groadl* oder *Reamscheibn*. Der Ausdruck *einzipfeln* bedeutet soviel wie »kopulieren«, aus der Perspektive der Frau auch »die Falle aufma-

---

* Vgl. aus unserem Kulturkreis: »Go away from my window/go away from my door/go away from my bedside/ and bother me no more.«
** Georg Lohmeier, in *Geo Spezial*, Juni 1990.

chen« oder »eine saubere Gabel werfen«. Ludwig I. schrieb über
das alte Reinrausspiel:

Was ich als Kronprinz gepflegt und getan
Nicht will ich als König entbehren.

Volksmedizinisch kommt es bei längerer Abstinenz zu einer Ver-
dickung der Säfte, weshalb eine hohe Beischlaffrequenz im Interesse des Stammes liegt. Hinter dem Ausdruck »er vögelt wie ein
roter Hund« steht offene Anerkennung. Jungfrauen zehren einesteils noch von ihrer traditionell herausgehobenen Stellung. Andernteils weiß der echte Bayer, daß es Sexualpartnerinnen gibt,
deren Jungfrauschaft praktisch nicht »aufzuarbeiten«, d.h. zu zer-
stören ist. Westermayer kannte Frauen, »die ihre Unschuld in den
Kot werfen, wenn ein Schmeichler ihnen eine Maß Bier bezahlt«.
Lust kann die Frau in der Phantasie des Mannes nur beim Verkehr
mit Einheimischen empfinden. Sexuelle Handlungen an Besat-
zungssoldaten nahmen sie aus Hunger vor, nicht um den eigenen
Trieb zu befriedigen. Das weibliche Appetenzverhalten richtete
sich nach der Verfügbarkeit von Schokoladeriegeln.

Signifikant ist das Ineinander von religiösen und sexuellen
Motiven. Riesbeck beobachtete eine Maid, »die in der einen
Hand den Rosenkranz und in der andern den Priap« hielt. Länger
verheiratete Frauen quittieren Näherungsversuche ihres Gatten
mit den Worten »der Herr ist auferstanden«, und ein anderer Informant, ein amouröser Sauhändler, behauptete, »Christus sei
nahe« und ein Koitus in Aussicht, sobald eine Bäuerin über ihren
abwesenden Ehemann zu schimpfen beginne. Der Konnex zwischen spirituellen Werten und körperlichem Wohlbefinden bringt
Kleriker dazu, den Zölibat als Herausforderung zu begreifen. Lautensack zufolge sind es gerade die Pfarrköchinnen, die an die ewige Seligkeit glauben, denn

Pfarrer san große Herrn,
Pfarrer teans selber gern.

Unweit des Inns versicherte sich ein Dorfpfarrer nach gelungener
Nikolausfeier der Gunst einer Gemeinderätin. Sie begaben sich in
die freie Natur hinaus und hatten ihre herzliche Freude aneinan-

der. Öffentlich wurde diese an sich private Episode, weil sich das Paar aus dem Auto ausgeschlossen und der Geistliche Herr im Wageninnern den vergoldeten Krummstab aus der Nikolausfeier hatte liegenlassen. Hilfe mußte herbeigerufen werden, die Sache wurde ruchbar. »Und überall in der Natur ist Minnen«, hatte der Dichterfürst geschrieben.

Stammtischgespräche drehen sich im Frühsommer um die Frage, ob es die Außentemperaturen schon gestatten, den Koitus im Freien zu exerzieren. Auf einer Liegewiese an einem der zahlreichen Badeseen im Voralpenland ließ sich ein Paar von der herrschenden Oben-ohne-Mode so inspirieren, daß es den praxeologischen Aspekt des Liebeslebens unmittelbar und in aller Öffentlichkeit verwirklichte. Die Schriftstellerin Marie Lipsius alias La Mara hatte es ihrerzeit schon richtig gesehen: »Der theilnehmende Beobachter, der Herz und Auge sich nicht verschließen mag ..., dürfte (in Bayern) manchen anregenden Stoff sammeln können.«*

Der Stamm betrieb zeitweise eine aktive Heiratspolitik. Eine Tochter aus dem bayerischen Königshaus bekam vor ihrer Ehe mit dem Stiefsohn Bonapartes von ihrem Vater zu hören: »Gedenke, mein liebes Kind, daß Du das Glück nicht nur Deines Vaters, sondern jenes Deiner Brüder und Bayerns begründen würdest, das diese Verbindung heiß ersehnt!« Währenddessen durften Arme nicht heiraten, weil sie eine Familie nicht ernähren könnten, kriminell würden und der öffentlichen Hand zur Last fielen.

Das Heiratsgut im Bayerischen Wald bestand aus 400 bis 1500 Gulden, ein bis zwei Kühen, Kästen, Betten und Leinwand. Aus überlieferten Spruchweisheiten geht eine hohe Akzeptanz von Geldheiraten hervor.

---

* La Mara, S. 8 f.

Dös, wos da daheiratst, dös brauchts da net darackern.

Liebe vergeht, Hektar besteht.

Heirat oane mit Geld, zwida werd da a jede.

Mannbare Frauen stehen unter einem kulturellen Heiratsdruck. Über die Fränkin Charlotte von Kalb, die letzten Endes von Schiller und von Jean Paul verschmäht wurde, schreibt eine Chronistin: »Beschämt und mit leeren Händen steht sie vor der Nachwelt da.«*

Manche Männer heiraten spät und nur dann, wenn sie die Schnürsenkel nicht mehr selbst verknoten können, Frauen, wenn sie Schraubgläser nicht mehr aus eigener Kraft aufbringen. Vor bestimmten Berufsangehörigen wird gewarnt.

Ja Deandl, wannsd heiratst,

na heirat koan Schmied,

des bembert die ganze Nacht

und laßt di koan Fried.

Der Hochzeitslader oder *Pogroder* (von *Procurator*) besorgt das Aufwecken der Brautleute am Vorabend der Hochzeit. Das Aufwecken findet spät abends statt, weil man davon ausgeht, daß die Verlobten bereits die Zeugungsfähigkeit des Mannes und die Fruchtbarkeit der Frau testen. Nach altem Brauch wird per Vorhängeschloß eine Kuhglocke unter der Matratze des Brautbetts befestigt.

Das Brautstehlen ist so verbreitet und wurde schon so oft wiederholt, daß ein Bräutigam die Geduld verlor und den Hochzeitsgästen mitteilen ließ, sie könnten die Braut gleich behalten, er ginge nach Hause. Schon während des Hochzeitsmahles bereitet der Pogroder den Bräutigam auf den Ehealltag vor:

---

* Meidinger-Geise, S. 118.

O mei, liaba Hochzeita,
Jetz hast hoid a Wei,
Jetz hauts dir an Hadern,
Bald umi ums Mei.

Schöpfberger fiel auf, daß der Bayer in der Ehe zu »stummer Pflichterfüllung« neigt. Erst aus der postkoitalen Stimmung heraus stellt er dann die Frage »Mariwiawari?« Aus Interesse an der eigenen Performanz ist im Schlafzimmer, vulgo Werkstatt, die Videokamera zu einem beinahe selbstverständlichen Requisit geworden. Am Stammtisch ist rasch Einigkeit darüber erzielt, daß die Dokumentation der eigenen *mating habits* bei sieben Lux heute kein Problem mehr darstellt.

*

Kinderkriegen wird als kulturelles Gut hohen Ranges von einer ausgewählten Metaphorik begleitet. Wenn man sagt, die Haselnüsse seien heuer gut geraten, so meint man, daß es viele schwangere Mädchen gibt. Vor Beerdigungen haben Pfarrer bei Hausbesuchen Hinterbliebene angetroffen, die bereits mit der Nivellierung des *replacement level* befaßt waren. In unbekinderten Ehen gilt jeweils der Gatte als bevölkerungspolitischer Blindgänger, muß Fragen beantworten, die aufs Anatomische zielen, und setzt sich dem Vorwurf aus, wider die Tradition zu handeln beziehungsweise nicht zu handeln und die Gebärkraft seiner Frau zu vergeuden. Empfängnisverhütende Maßnahmen werden eher amateurhaft verfolgt.

Hebamme: Dös is aber a kloans Kind.
Mutter: Ja mei, eigentlich hätts gar koans wern solln.

Anhand von Beispielen wurde uns erklärt, daß aus frischen Samen Mädchen, aus alten Samen Buben entstünden, weshalb nach Kriegen mehr Söhne als Töchter zur Welt kämen. Beim Schwangerschaftstest wird eine Malve mit Harn besprengt, verdorrt die Blüte, ist das Testergebnis negativ. Übermäßige Fruchtbarkeit wird am liebsten Ausländerinnen unterstellt, Unfruchtbarkeit einer Stammesfremden höchstens aus Böswilligkeit nachgesagt: »Vergeblich drang der König in Lola Montez«, schrieb Spindler höhnisch.* Väter, die nur Töchter zeugen, werden als »Büchsenmacher« verspottet. (»Büchse« ist ein weiterer Hypokorismus für »Vulva«.) Am Haus dieser Unglücklichen bringen Nachbarn das Schild »Zum Büchsenmacher« an, die Zufahrtsstraße wird mit leeren Konservendosen gesäumt.

In Bayern gab es seit je überdurchschnittlich viele uneheliche Kinder. Manche sehen hierfür einen religiösen Hintergrund, wenn nämlich das *Gloria* vor dem *Zusammenläuten* gesungen wird. Die Bausparmentalität könnte einen unerwünschten Nebeneffekt zeitigen: »Das Wohnen lediger Personen in eigenen Häuschen hat in sittlicher Beziehung bedeutende Nachteile.«** Nicolai erkannte auf eine ernährungsphysiologische Ursache. Die kräftige Nahrung führe zu Ausschweifungen und diese wiederum zu ledigen Kindern. Von Zeit zu Zeit werden die genauen körperlichen Abläufe ins Gedächtnis zurückgeholt. »Muaßt denn allaweil mit deim Reama arbatn«, hatte der Bauer zum Sohn gesagt, der eine Magd geschwängert hatte, und zur Antwort erhalten: »Vater, mitm Ingräusch (Eingeweide) gehts net.« Mitunter überlagert der Widerwille gegen die *Hosentürlsteuer* (Alimente) den moralischen Ekel.

---

* Spindler, IV, I, 125.
** Max Lidl, *Landwirtschaftliche Reise durch den Bayerischen Wald,* Grafenau 1986, S. 128.

Der Ehebruch ist vom Gesetzgeber her ein »ehewidriges Verhalten im Sinne des Gesetzes in Form von Zärtlichkeitsaustauschhandlungen mit einer Frauensperson«. Die außereheliche Form des Beischlafs dient mehr der Wollust als der Fortpflanzung. Zum Ehebruch kommt es landläufig, wenn einer »seine Alte nicht derstopft«, d. h. sexuell nicht befriedigt, oder wenn die Leidenschaft durch Gewöhnung erkaltet ist. »Was Ruhe konnte rauben«, reimte der Dichterfürst, »ist dann oft nicht zu glauben.« Der Mann der Jadwiga (Hedwig) aus der Landshuter Fürstenhochzeit ging bald fremd und verbannte die vormals strahlende Braut nach Burghausen. Moderne Bayerinnen geben mehr und mehr ihrem natürlichen Variationsbedürfnis nach. In einem *Schnadahüpfl* heißt es:

Oiwei über oa Stiagn steign?
Oiwei bei oan Buam bleibn?
Oiwei überöcks, überöcks
Oiwei fünf, söchs!!!

Die Frau ist es letztlich, die über das Zustandekommen einer außerehelichen Beziehung entscheidet. Der Satz »Ich bums doch keinen Neanderthaler« impliziert, daß ein Freier seine Trevirahosen gleich anbehalten kann.

In gehobenen Kreisen muß das Dekorum gewahrt bleiben. Die letzte Geliebte des Archonten ließ ihre erste Ehe beim Erzbischöflichen Diözesangericht annullieren und konnte fortan wieder als Fräulein auftreten. Traditionell wird die zweite Frau besser behandelt als die erste (»die Zwoat hat an goldna Arsch«), trotzdem sehen die Partner zunehmend von einer Wiederverheiratung ab. Geschiedene gehen ein Arrangement oftmals nur noch auf Leasing-Basis ein.

In der Denkschrift eines Arztes *Ueber Freudenmädchen-Häuser in München* (1802) wurden regulierte Lusthäuser mit Hygienevorschriften verlangt. »Mit unverhältnismäßigem Glied versehene« Freier sollten draußen vor der Tür bleiben. Bordelle befanden sich im Hofgarten, im Färbergraben, in der Falkenturmgasse und in der Stern-Öttingenstraße. Seitdem hat der Sextourismus um sich gegriffen, Bayern befriedigen ihre Fleischeslust inzwischen gerne im Ausland und sind auch bereit, in überseeische Puffs Geld zu investieren. Der Archont, der sich zu Hause um den Mann auf der Straße kümmerte, ließ sich vor seinem Hotel in Manhattan die Frau auf der Straße angelegen sein und büßte dabei sogar seine Brieftasche ein.

Insgesamt verfügt der Stamm über wesentlich mehr Banal- als Analerotiker. Die Homosexualität ist nicht direkt tabuisiert, wird aber sehr diskret behandelt. Homophile Allusionen finden sich gelegentlich in der Toponomastik (Hinterzarten). Durch eine klare Alternative zeichnete sich einmal mehr nur der Archont persönlich aus: »Lieber ein kalter Krieger als ein warmer Bruder.«

Der Sexualtrieb hält ungewöhnlich lange vor. Lang Impotente klagen: »Ausm Kopf bring is net naus!« Die enge Verbindung zwischen Eros und Thanatos scheint auch für den bayerischen Kulturkreis zu gelten. Der letzte Wunsch des zum Tode verurteilten Räubers Matzöder lautete: ein strammes Weib! Außerdem belegt die Beibehaltung des *Fensterlns* als altes Balzritual im urbanen Kontext vom zweiten Stockwerk an recht deutlich, wie sehr Liebe und Tod miteinander verknüpft sind.

Eßkultur

Der englische Autor John Strang hatte über den bayerischen Alltag geschrieben: »Eating and drinking constitute the chief business of life.« Der Stamm mußte sich, um das Stereotyp zu erfüllen, diese Ansicht zu eigen machen. Ein zeitgenössischer Künstler
aus der Ortschaft Haindling beantwortete denn auch die Frage,
warum er sich in Bayern so wohl fühle, mit den Worten: »Mir
schmeckt gut eine Tellersülze.« Nur Neulinge empfinden diese
Antwort als nicht exhaustiv, und nur Uneingeweihten will die
Nahrungsbeschaffung der Einheimischen planlos oder zufällig
vorkommen.

Der Besucher eines Festes, das vormals der Vertreibung böser
Geister diente, schilderte sein Erleben so:

»Oiso meine Pläne schtena scho lang fest. Jetz eß i zerscht
amoi a Tatar als Unterlag. Und um hoibe zwoife vier Weiß-
würscht, damit i no welche kriag. Dann laß i langsam drei
Hoibe Bier nochlaffa, und umera zwoa gibts an Matjes-He-
ring mit vui Zwifeln. Dann woaß i bei uns in Haidhausen no
a kloans Beißerl, do gibts ab fünfe a Gulasch-Süpperl mit
Knoblauch. Da wer i aa no oan Tella davo schlugga. Und na
nimmi zwoa Alkaselza und iß dahoam no a poor übrigbliebe
Platzl vo Weihnachten. Dann schlaaf i vierzehn Schtundn in
oana Lage. Narr-halla. «

Diese gastromorphe Sicht auf die Welt hebt sich vorteilhaft ab
von der neuzeitlichen Schnellmast an Lunchcountern. Wir verdanken obigen Bericht einem vagierenden Märchenerzähler, der
als Turnschuhgreis vom Westend in die Stammesgeschichte einge-
gangen ist.

Die landeseigene Küche gilt als ausgesprochen sättigend, um nicht zu sagen: schwer. Als der Oberhirte aus Rom in die Hauptstadt kam, wurde er, wie es hieß, mit »leichter bayerischer Kost« versorgt. Doch blieben die Flügeltüren des Erzbischöflichen Palais geschlossen, und so konnte kein Chronist dieses wunderliche Paradoxon in Augenschein nehmen, geschweige selbst verkosten.

Frömmigkeit geht durch den Magen. Anders wäre es nicht zu erklären, daß ein Stempelbild mit der Gnadenmutter in Umlauf kam, das Tiefgläubige sich als *Schluckbildl* buchstäblich einverleiben. Zwischen Gastronomie und Ecclesia besteht eine durchaus symbiotische Beziehung. Bereits Carl Julius Weber ist aufgefallen, daß ohne die von Wallfahrern aufgesuchte Madonna der Absatz von Würstln und Bier längst nicht so rasant wäre. Über das Sanctum wird nur das Schweinerne gestellt. Die Sau steht hier, wie Polt es formulierte, im Zenith ihrer Erfüllung. Trotzdem bleibt die Kost überraschend vielseitig:

»Mia stechan a Sau ab, und dann gibts a Zeitl a Schweinas mit Knödl und a Kraut. Ham mia koa Kraut, dann halt bloß den Bratn mit Knödl. Is danns Fleisch in der Sur, gibts an Surbratn mit Kraut und Knödl, und wenn mir koa Kraut nöt ham … na, du woaßt scho! Is danns Fleisch guat gsurt, dann wirds gselcht, und wenns firti is, gibts halt jeden Tag a Gselchts mit Knödl und Kraut.«[*]

Fraglos wird mehr Fleisch konsumiert als bei anderen Stämmen, aber auch mehr Mehlspeisen. Nürnberg schwört auf seine *lebkoung* (Lebkuchen). Schmalzküchlein werden in Abundanz verzehrt und Eier so viele, daß der Berliner Nicolai auf einen Drukkfehler in den Verbraucherlisten tippte. Der Bayer nimmt seine

---

[*] Einem Bericht des Landarztes Dr. Herbert Schiefer entnommen.

Speisen am liebsten in geballter Form zu sich. Der monolithische Knödel ist wesensverschieden von den diffusen Spätzle der benachbarten Schwaben. Größe rangiert vor Geschmack. Kartoffeln werden analog den Rosenkranzkugeln in Vaterunserkartoffeln und Gegrüßetseistdumariakartoffeln unterschieden, welch letztere weniger begehrt sind. Ein wiederkehrender Streit dreht sich um das Volumen von Roggen- und anderen Semmeln. Während der Kunde glaubt, die Semmeln gerieten ständig kleiner, behaupten die Bäcker, die Mäuler der Kunden würden dauernd größer.

Beim Salat übt der Bayer Zurückhaltung, auch beim Gemüse mit der Ausnahme von Kraut und Roten Rüben. Kraut ist verdauungsfördernd, Rote Bete mindern die Wirkung des Alkohols. In Bierzelten und auf Volksfesten sind Vegetarier stark unterrepräsentiert, ohne daß sich jemand daran stoßen würde. Das Wissen um verschiedene Gemüsesorten ist nur vage, Kinder bezeichnen manchmal den Zwetschgendatschi als ihr Lieblingsgemüse. Zu den verbreitetsten Speisen zählen Waffelbruch, kälberne Milzwurst und Leberkäs an Senf. Der Leberkäs ist ein Mysterium. Er enthält weder Leber noch Käse. Gerne konsumiert wird auch das sogenannte *Fliagats* oder fliegendes Fleisch, vornehmlich Tauben und Hühner. Die besseren Stände ziehen das rechte Hühnerbein als das zartere vor, weil Hühner auf dem linken Bein nächtigen.

Im Mittelalter aß der Bayer bis zu fünfmal am Tag saure Milch, Erdäpfel, Krapfen und Semmelschnitten. Ein traditionelles Hochzeitsessen wurde in drei »Richten« serviert. Jede Richte umfaßte drei bis vier Gänge. Wer diese Mengen nicht bewältigte, ließ einen Familienangehörigen als »Nachigeher« für sich einspringen; der setzte das Mahl fort. Etwaige Überbleibsel wickelte die Kellnerin als *Bschoadessen* in ein Stück Pergament. Man trug es im *Bschoadtüchl* am Haselnußstecken heim. Es ist dies die bayerische Version des *doggie bag*, wie wir es aus dem amerikanischen Kulturkreis kennen.

Im 18. Jahrhundert verneunfachte sich der Kornpreis, jedes vierte Jahr war ein Hungerjahr. 1628 erschien eine Anleitung, wie man Brot aus Kartoffeln bäckt. Zu diesem Zeitpunkt hatte der Graf Rumford bereits Bettler und Stromer in ein Armenhaus gesteckt und die nach ihm benannte Suppe erfunden. Ob *bifflamott* mit schmalzgebackenen *Schuchsen* oder braun eingemachtes Hirschfleisch mit Schinkenknödeln – die Identifikation mit dem Stamm ging über den Magen. Nach den Revolutionswirren von 1848 sagte man wieder: »Unser Bayernlandl is do no a Landl, wo s wos zfressn gibt.«* Am Tag der Schlacht von Königgrätz tafelte Exkönig Ludwig bei Forellen à la Hollandaise, einer Suprême von Wildbret mit Trüffeln, Schnepfenbraten mit Häuptelsalat, Kabinettspudding mit Sauce und Granite von Erdbeeren. Bloß der Not keinen Schwung lassen, lautete die Devise.

Das Essen als Idee ist allgegenwärtig und durchwirkt den Sprachgebrauch wie in der Wendung »Das ist nur die Spitze der Weißwurst«. Der Bayer wußte, daß der Erste Weltkrieg vorbei war, als es wieder hellrote Gummiringe in Friedensqualität zum Einmachen von Bohnen und Beeren zu kaufen gab. Ein politisches System wurde nicht zuletzt daran gemessen, ob die Nahrungsversorgung stimmte. »Der Gedanke der Eintopfsonntage ist so groß«, schwärmte ein Regensburger Bürger, »daß man allein seinetwegen den Nationalsozialismus lieben könnte.«** Im Kasino des Maximilianeums sind gebackene Hirnschnitten *(Pavesen)* der Renner, ohne daß sich langfristig eine Wirkung hätte beobachten lassen.

Eine Reihe von Speisen sind mit strengen Tabus belegt, deren Verletzung geahndet wird. Im Bürgerbräukeller wurde eine Frau aus Übersee dabei beobachtet, wie sie eine Forelle blau mit Ketch-

---

* *Der Finessen-Sepperl* vom 6. März 1849, S. 2.
** *Donauzeitung* vom 8. Januar 1937.

up würzte, während ihr Mann einen Rettich mit dem Camping-messer zerlegte und die entstandenen Würfel mit Senf bestrich. Wenig später machte man die traditionsreiche Gaststätte dem Erdboden gleich.

Eine Frittenbude in Bielefeld mag ihr Ambiente haben, aber der Bayer hält seine eigene Gastronomie für überlegen. Der Widerstand gegen *Fast-food*-Ketten und andere Neuerungen ist stark, aber nicht ganz erfolgreich. 1959 wurde erstmals Schaschlik auf dem Oktoberfest zugelassen, 1989 erstmals alkoholfreies Bier. Es stimmt übrigens nicht, daß der Bayer alles ißt, was man ihm vorsetzt. In einer der größeren Provinzstädte schmeißen die Bäckermeister so viel Brot und Backwaren weg, daß an guten Ta-gen das Wehr an einem Nebenfluß der Donau verstopft ist. In ei-nem Spezialitätenlokal weckte die Bezeichnung »Türkisches Gu-lasch« sofort Argwohn, nachdem Gäste von der Toilette aus den Kopf des Hofhunds Sultan ohne dazugehörigen Körper erblickt hatten. Auf einen abrupten, wenngleich künstlich herbeigeführ-ten Konsumverzicht verständigte man sich in der Traditionsgast-stätte Donisl am Münchner Marienplatz. Gäste erhielten als eine Art gastronomische Euthanasie sogenannte K.O.-Tropfen, um nach dem Genuß desto besser gerupft werden zu können. Die Be-treiber des Donisl wurden aufgefordert, sich ein Beispiel an den blitzsauberen Wirtschaftsräumen der Brauereigaststätte auf dem Nockherberg zu nehmen. Bayern ist voll historischer Gasthäuser. Sie heißen mit Ausnahme der *Osteria Bavaria* in der Münchner Schellingstraße alle »Zur Post«.

Der Bayer nimmt seine Ernährung ernst und protestiert gegen bestimmte Formen der Verschwendung. Als bekannt wurde, daß hormonbehandelte Kälber auf Geheiß des Bundes notgeschlach-tet und in Tierkörperbeseitigungsanstalten verbracht wurden, ha-gelte es Beschwerden. Diese Tiere, empörte sich ein bayerischer *sub-chief,* hätten sehr wohl nach Tunesien oder in die Türkei ver-

kauft werden können, wenn die deutschen Botschafter in diesen
Ländern den Mund gehalten hätten, statt in den freien Viehhan-
del einzugreifen. Ein Versagen der Diplomatie stand auch vor
dem Schwäbisch-Bayerischen Häppchenkrieg zwischen einem
Münchner Partykönig und einem Textilfürsten aus Baden-Würt-
temberg. Es ging hier um die Frage, ob Hochzeitsgäste im Schnitt
1,88 oder 4,15 Canapees pro Person verspeist hatten. Die kriegerischen Auseinandersetzungen dauerten bei Abschluß unseres
Aufenthaltes an.

*

In einer Festrede des obersten Kultuswächters zum Thema »Das
heitere Bayern« anläßlich des bayerischen Verfassungstages heißt
es: »Zur bayerischen Heiterkeit gehört die Gelassenheit gegenüber
natürlichen Vorgängen.« Das schließt die Stoffwechselvorgänge
mit ein. Wohl gibt es eine Therese von Konnersseuth, die jahr-
zehntelang überhaupt keine Ausscheidungen mehr hatte, aber im
allgemeinen ist der Bayer stolz auf seine Verdauung und läßt andere daran teilhaben. Nach dem Genuß von Bier, speziell des stark
kohlensäurehaltigen Weizenbieres, verschafft sich der Bayer mit
Rülpsern oder *Kopperern* Luft. Auf besonders gelungene Exemplare macht er seine Umwelt mit erhobenem Zeigefinger aufmerksam. Beschwerden gibt es allerdings seitens der Geistlichkeit auf
dem Lande, die sich im Beichtstuhl der Bauern »stinkatn Magn-
schmacha ins Gsicht neikoppn« lassen muß. Die Landbevölkerung wiederum hält sich im Grunde für hygienischer als die Städter, weil sie Stoffwechselprodukte eher eliminativ als retentiv behandelt und zum Beispiel den Rotz wegschmeißt, den sich das
Stadtvolk in die Tasche schiebt.

Als unziemlich empfundene Verdauungsgeräusche gibt es
praktisch nicht, denn nach verbreiteter Meinung ist ein Schoaß

besser als ein Hagelwetter, und was man nicht mit Händen greifen kann, läßt sich auch nicht festhalten. Die Ableitung »gut riecht, was nicht riecht« stammt von einem Menschen, der sich entweder nie oder zu lange in Bayern aufgehalten hat. Die Einnahme stark blähender Speisen wie Rettich wird gerne in Biergärten außerhalb der eigentlichen Gaststätten vorgenommen, wo es an heißen Tagen zu einer regelrechten *Bavarian Open* kommen kann.

Beim Wasserlassen ergibt sich ein anderes Kulturmuster. Hier besteht eine eigentümliche Spannung zwischen eliminativem und retentivem Verhalten. Auf einer Grabinschrift steht geschrieben:

Hier liegt der Hackl Hias,
es litt an Sand und Griaß,
er was a schlechter Brunzer,
bet's eahm a Vaterunser.*

Als nach Kriegsende eine fränkische Bäuerin nachts ihr *outhouse* aufsuchen wollte, brachte ein nervöser amerikanischer GI sein MG in Anschlag, worauf die Frau murrte: »Net amal brunzen kann mer doa.«**

Unter Männern wird häufiges Urinieren als weibisch ausgelegt. Am Biertisch genießt derjenige Platzvorteile, der drei, vier oder mehr Halbe auszusitzen vermag. Wer dem Druck am längsten widersteht, erfährt einen Distinktionsgewinn; seinen Argumenten wird stärkeres Gewicht beigemessen. Das Urinieren entlang dem Spazierstock auf den Fußboden ist eine anthropologische Konstante, die sich einmal aus der eingezwängten Sitzposition auf langen Bänken erklärt, dann aber auch mit der Furcht vor dem Gespött der Mittrinker zu tun hat. Wird der Gang zum Pis-

---

* Georg Häring, *Dö Woazan und eahna Gai,* Platting o.J., S. 104.
** Ulsamer, S. 76.

soir unvermeidlich, kaschieren Scherzworte die Scham, sofern sich der Unmut nicht auf andere Weise äußert. Einen sich unbeobachtet glaubenden Mann hörten wir in die Schüssel hineinschimpfen: »So teuer muaß ma 's Bier neisaufa und so billig muaß ma s wieder hergebn. «

Über die in der Literatur erwähnte Encopresis betrunkener Wallfahrer in Privatbetten war nichts Näheres in Erfahrung zu bringen. Über den okkulten Stuhl nach dem Genuß von schwarzem Pressack sahen wir bewußt hinweg. Wohl aber konnten wir feststellen, daß der Stuhlgang die soziale Stratifizierung ausdrückt. Über eine arme Familie wird gesagt: »Do wern kloane Dreckerl gschissn.« Ein direktes Analogon zu dem Ruf »Wir scheißen auf die Freiheit«, den Berliner Studenten im III. Reich bei der Bücherverbrennung ausstießen, sucht man vergeblich. Quasi politische Implikationen versteckten sich jedoch hinter der Praxis im Reichsarbeitsdienst, wo ein Delinquent sich erst erleichtern durfte, »wenn er die Personalien seines Reichsarbeitsführers fehlerfrei hergesagt hatte«,* diesfalls des am 24. Februar 1875 geborenen H. aus Parsberg in der Oberpfalz.

Man kann davon ausgehen, daß das Scheißen heute weitgehend entpolitisiert und ganz auf die kulturelle Ebene verlagert worden ist. Zu einem *cultural clash* kommt es regelmäßig bei der beliebten Freizeiteinrichtung »Ferien auf dem Bauernhof«, wenn der Bauer im Stuhl seiner norddeutschen Gäste Körnermais entdeckt, den er grundsätzlich für ungenießbar hält. An diesem Punkt stellt sich dem Völkerkundler die hermeneutische Aufgabe, den Fremden das Eigene und den eigenen Leuten das Fremde zu erklären.

---

* Reinhard Hellmuth, *Beim Reichsarbeitsdienst in Dottenheim – »Schule der Nation«*, Neustadt 1987, S. 23.

Trinksitten

Das in steinernen Ciborien kredenzte Starkbier auf der Oktober-festwiese ist so zähflüssig wie der Verkehr um sie herum. Die Atmosphäre in einem Bierzelt kann überhaupt erst durch *thick description* eingefangen werden. Wie die ägyptische Kultur nur eine Hieroglyphe für Brot und Bier kannte, so sind auch im Bay-ernland beide Begriffe so gut wie identisch. Dies erhellt nicht zu-letzt die Ereignisgeschichte. Nach dem Zweiten Weltkrieg wurde Dünnbier auf Brotmarken abgegeben. Im allgemeinen Sprachge-brauch heißt »naß fuaddern« so viel wie trinken. Einer der Mei-nungsführer mahnte seine Stammesgenossen: »Leut, versaufts net euer ganzes Geld! Kaufts lieber Bier dafür.«

Der Hopfen ist als Kulturpflanze aus der bayerischen Sakral-landschaft nicht mehr wegzudenken. Seinen Anfang nahm der Hopfenanbau im 8. Jahrhundert n. Chr. am hl. Berg Tetmos bei Freising. Nicht viel später erwarb das Kloster Weihenstephan die Braugerechtigkeit. In den klösterlichen Sudstätten hatten Mönche ein Anrecht auf fünf Maß Bier pro Tag. Das von Mönchen ge-gründete München lag an der Salzstraße, was einmal den großen Durst erklärt und einem Scherzwort zufolge auch die gesalzenen Preise.* Die Biermenge war so bemessen, daß sie allemal für ein »fein christlich Räuschgen« reichte. Bald erhielten auch Nonnen das Braurecht, so die Klarissinnen zu Nürnberg. »Drob gab es viel Jubel und Feiern«, schrieb der Chronist. Der Gesetzgeber betrach-tet Bier heute noch als das fünfte Element. Die Bevölkerung sieht in ihm ihr Nationalheiligtun. Bisweilen zerschlagen die Trinker ihre Tempelgefäße in religiöser Ekstase auf den Häuptern der Mit-gläubigen.

---

* A. Kraut und K. Würstl, *Rund um die Frauentürme,* München 1922, S. 5.

Auf dem Wiener Kongreß hieß es über den russischen Zaren: Er liebt für uns alle; über den Preußenkönig: Er denkt für uns alle; über den König von Württemberg: Er frißt für uns alle. Vom bayerischen König Max Joseph sagte man das Erwartete. Nirgendwo ist der Konnex zwischen Alkohol und Politik so eng wie hier. Der regierende Adel wandte sich im vorigen Jahrhundert mit einem zeitlosen Argument gegen ein Verbot des Salvator-Ausschanks. Der ärgste Pöbel sei der lenkbarste und ruhigste von der Welt, solange man ihm seine vertrauten Genüsse lasse. Als die Braugerechtigkeit mehr und mehr vom Klerus auf den Adel überging, brachten die Aristokraten extra dickwandige Krüge in Umlauf, damit die Mäuler weiter gesperrt, das Bier desto schneller durch die Kehlen rinnen konnte.

Das Lied »Ein Prosit der Gemütlichkeit«, das fast mehr einem *shout* als einem *chant* ähnelt, ist in der Residenzstadt entstanden und um 1900 aufs Land gekommen. Es sollte die sorgenbrechende Funktion des Bieres verstärken. Der Fachausdruck hierfür lautet »seinen Grant obischwoabn«, was so viel heißt wie seinen Kummer ertränken. Die von der Stammesführung verfolgte Strategie des Quietismus *cum* Bier ist in aller Regel erfolgreich. Nach dem Erreichen eines bestimmten Quantums erfolgt die akinetische Versenkung ins Innere und die Weltvergessenheit auf dem Heimweg. Ein schwerer politischer Fehler unterlief der Obrigkeit im Jahre 1910, als sie den Bierpreis nicht so behutsam wie gewohnt, sondern abrupt um zwei Pfennig hinaufsetzte. Der Stamm reagierte mit Randale, in Gars, Rott am Inn, Steinhöring, Deggendorf und Osterhofen wurden Brauereien zerstört. In Dorfen brach ein Bierkrieg aus, dort brannten mehrere Wirtshäuser nieder, der halbe Ort sank in Schutt und Asche.

Die Revolution von 1818/19 kam wegen der allgemeinen Unzufriedenheit über Konsistenz und Geschmack des Dünnbiers in Gang. Das revolutionär gestimmte Volk setzte sich vom Nordhang der Oktoberfestwiese aus in Marsch, nach geglücktem Putsch schlug der Revolutionsführer sein Hauptquartier folgerichtig im Mathäserbräu auf. Das Scheitern der Revolution tat weh vor allem aus einem Grunde. Bayern trat per Gesetz vom 24. Juni 1919 zwangsweise der Biersteuergemeinschaft des Reiches bei. Die Einnahmen gingen drastisch zurück und mußten durch erhöhten Bierausstoß wettgemacht werden. Dies gelang. Die im allgemeinen gut unterrichtete *Hofbräuhauszeitung* konnte 1931 melden, daß es in der Hauptstadt nur noch achthundert Temperenzler gebe.* Bereits einige Jahre zuvor hatte ein bekannter Volkstribun dem Münchner Nachrichtenmagazin *Der Maßkrug* gestanden: »Mein unerschütterlicher Grundsatz ist: Ich kenne keine Parteien mehr, ich kenne nur noch Maßkrüge.«**

Auf dem Nockherberg, einem der hl. Bierberge rund um die Residenz, wurde die Sentenz geprägt: »Ein Wirtshaus läuft in Bayern immer besser als der Sozialismus.« Denn Bier ist ein Egalisator an sich. Die Krupskaja schrieb über sich und ihren Begleiter: »München war die schönste und leichteste Zeit unserer Emigration. Besonders gern erinnern wir uns an das Hofbräuhaus, wo das gute Bier alle Klassenunterschiede verwischt.« Nirgendwo rücken Misanthropen enger zusammen als in einem Stehausschank. In den Ausnüchterungszellen am Rande der großen Volksfeste werden die Bierleichen ohne Ansehen von Person und Stand nebeneinander aufgereiht. »Bsoffn is bsoffn«, lautet der eherne Grundsatz.

Die zentrale Bedeutung des Bieres fürs politische Überleben trat beim Zusammenbruch des III. Reiches im niederbayerischen Birnbach zutage: »Die meisten Akten der Gemeindeverwaltung wurden in diesen Tagen im Kessel der Brauerei verbrannt.« Die

---

* *Hofbräuhauszeitung*, 1931, Nr. 7.
** *Der Maßkrug*, August 1924, Nr. 1, S. 1.

bitterste Stunde im Leben eines schwergeprüften Politikers kam im Juni 1947. Da mußte er als Landwirtschaftsminister das Sudverbot der amerikanischen Besatzungsmacht (OMGUS) verkünden, wohl wissend, daß seine Stammesbrüder ein Sudverbot schlimmer traf als ein Berufsverbot. Hier im Schnittfeld von Neokolonialismus und Prohibition liegen die Ursprünge des bayerischen Antiamerikanismus, hier lagen ferner die Grenzen der *reeducation*. Die Amerikaner hatten ein wichtiges Element des Stammescharakters übersehen. Der Bayer bleibt nur durch Biergenuß regierbar. Eine »Trockenlegung Bayerns«, schwante einem prominenten Traditionalisten, »wäre in seiner Geschichte eine einmalige Angelegenheit und würde in unserem Volk eine psychologische Stimmung erzeugen, die für uns absolut nicht mehr zu ertragen wäre.«

In den Festzelten der Oktoberfestwiese sitzen die Stammesführung und ihre Entourage in eigenen Logen, als wären die alten Trinkstubenordnungen noch in Kraft. Seit dem 17. Jahrhundert war den Wirten aufgetragen, bei der Akkomodierung der Gäste niemals unaufmerksam zu sein, »damit denen höhern der beste Orth und Platz ohngehindert verbleiben, mithin dero *respect* erhalten, auch alle besorgliche *confusion* und Unwillen vermieden werden möge«. Landauf, landab haben die Namen der Trinkstätten einen stark onomatopoetischen Zug. Von der Wirkung des Alkohols künden der *Lallinger Hof*, die *Torggelstuben* oder der *Krabblergarten*. Vielfach gilt der Wirt als der Vater der Gemeinde. Er überwacht die stammestypischen Trinkrituale. Zu den vom Aussterben bedrohten Trinksitten gehört die »Fernfahrermaß«. Hierbei schüttet man dem Zechgenossen aus zwei bis drei Metern Entfernung einen Kubikdezimeter Bier ins Gesicht.

Der Bayer spricht nicht viel beim Trinken und schrammt *inter pocula* oft hart am Mutismus vorbei. Am liebsten redet er darüber, daß er großen Durst hatte, hat oder noch entwickeln wird. Die

Auf dem Nockherberg – *ausgelassene Stimmung trifft man auf den sogenannten Bierhochburgen sehr wohl an, doch auch stilles Sinnen oder dumpfes Brüten wie bei dieser Gruppe, die offenbar aus Großvater, Sohn und Enkelin besteht.*

Qualität der ihm vorgesetzten Getränke erfaßt er instinktiv und ohne darüber zu reflektieren. Die Frage Außenstehender nach dem Unterschied zwischen ober- und untergäriger Brauweise beantwortet er mit geheimnisvollem Schweigen oder einem gepreßt hervorgestoßenen »Ja mei!« Die Grundeigenschaften einer Biersorte haben nicht mit dem Alkoholgehalt, sondern mit der Stammwürze zu tun. Die meisten Trinker wissen nicht, wie sich diese bemißt. Haben sie es je gewußt, vergessen sie's überm Trinken.

Das bayerische Bier hat rein zu sein. Der Gesetzgeber drückt sich da sehr klar aus: »Wir wöllen auch sonnderlichen / das füran allenthalbn in unsern Stettn / Märckten / unnd auf dem Lannde / zu keinem Pier / merer stuckh / dann allain Gersten / hopffen / und wasser / genommen und gepraucht sölle werden.« Dieses Gesetz ist die bayerische *Magna Charta*. Es stammt aus dem Jahre 1516 und ist das älteste in Kraft befindliche Lebensmittelgesetz. Es richtet sich gegen Bierverhunzer, die dem Sud Wurzeln und Kräuter, Blätter und Ruß und sogar Schweinedreck beigemischt hatten.

In Kriegs- und Nachkriegszeiten ist das Reinheitsgebot vorübergehend aufgehoben worden. Zu normalen Zeiten nimmt man mit Abscheu zur Kenntnis, daß in einem Land wie Kanada zur Stabilisierung der Schaumkrone Kobalt beigefügt wurde und daß in Sibirien oder bei den Bantus in Südafrika Bierpulver angerührt wird. Die *Bayerische Bier-Illustrierte* formuliert scheinbar großmütig: »Ob diese angerührten Getränke allerdings noch den Namen Bier verdienen, sei dahingestellt«, ließ aber durch ebendiese Formulierung erkennen, daß nicht.*

Unter Mobilisierung seiner Toleranzreserven nimmt der Bayer hin, daß die Berliner Weiße mit einem Spritzer Himbeersaft serviert wird. Gastroenterische Verstimmungen werden in Kauf genommen, solange das Bier eine Blume hat. Mit diesem Begriff wird die kleine sahnige Wölbung auf der Oberfläche des Inhalts angesprochen. Spülmittel verhindern dauerhaften Schaum, weil sie die Oberflächenspannung herabsetzen. Dieser physikalische Zusammenhang hat Eingang in die Volksdichtung gefunden.

Käthe, Grete, Mimi
Waschen ihre Kehlen nicht mit Imi.

Trinken wird auch als Arbeit verstanden. Das Bier muß in einem ewigen Kreislauf herangeschafft und wieder beseitigt werden, und alle Stammesmitglieder sollen ihr Teil dazu beitragen. Getrunken wird nicht zuletzt deshalb, weil die Brauereien unausgesetzt leere

---

* *Bayerische Bier-Illustrierte* Nr. 4/1969.

Flaschen benötigen. Deshalb brechen Arm und Reich oft ganz unvermittelt in den Ruf aus: »Jetz muaß a Rausch her!« Noch im fortgeschrittenen Alter opferte sich der aus dem bezaubernden Landshut stammende Ehrenpräsident eines großen Automobilclubs und krachte mit wehender Fahne und 1,47 Promille in ein entgegenkommendes Fahrzeug.

Eine einheitliche Promillegrenze festzulegen, ohne den Kulturrelativismus in Betracht zu ziehen, wird hier allgemein für absurd, wenn nicht unverschämt gehalten. Ein pflichtbewußter Trinker schüttet schon mal – wenn ihn »d' Hund beißen« – vierzig Halbe Weißbier hinunter und meint bescheiden, es rentiere sich nicht, »zwega dene paar Gemäße« viel Aufhebens zu machen, nähert sich mit diesem Quantum aber doch der Abususgrenze. Dagegen stellte der gesellige Verein *Bloody Angels* für eine Feier nur 25 Kästen Bier und 30 Flaschen Schnaps bereit, denn man feierte bloß im engsten Kreis. Der Sohn eines Kommunalpolitikers, der in einem zeitgeschichtlichen Film als sinnlos betrunkener Nazi vorkam, klagte gegen den Regisseur. Das Andenken seines Vaters sei verunglimpft worden. Ihn hatte nicht so sehr der Vorwurf einer braunen Vergangenheit getroffen als die Unterstellung, sein Vater hätte kein Bier vertragen.

In der *Jobsiade* des Karl Arnold Kortum heißt es:

Die erste Pflicht der Musensöhne
Ist, daß man sich ans Bier gewöhne.

Nirgendwo wird dieser Satz so streng befolgt wie in Bayern. Von allen Angliederungsriten ist das Trinken der wichtigste. Behutsam führt man bei der *Dinkelsbühler Kinderzeche* den Nachwuchs an überkommene Trinksitten heran. Auf einem Kinderfest im Freien sorgt die Musikcombo »The Promilles« für Unterhaltung, und nach verbreiteter Meinung ist ein anständiger Schluck Bier besser und billiger als ein perverser Babysitter. In einem der vielbesuchten Biergärten entspann sich zwischen einem Fremden und einem Einheimischen zur Frage der sukzessiven Traditionsvermittlung folgender Dialog:

> *Fremder:* Das Kind kann doch nicht den ganzen Krug alleine austrinken.
> *Einheimischer:* Warum nacha ned? Was woaß denn so a kloans Kind, wiavui a Maß is.

Als wir selbst an einem heißen Nachmittag in einer Gaststätte ein Glas Milch bestellten, mußten wir uns die hämische Frage der Kellnerin gefallen lassen: »Und vielleicht a Spuizeig dazua?«

Ohne Sinn und Verstand zu trinken ist nicht nach des Bayern Geschmack. An Karfreitag, an Allerseelen und bei persönlichen Trauerfällen gibt er dunklem Bier den Vorzug. Das Motiv: Pietät.

> *Wirt (den Telefonhörer hochhaltend):* Sepp, dei Vater is gschtorm.
> *Sepp:* Dann gibst mer a Dunkls.

*

Die Stammesführung hat sich die Vergabe von Brauereikonzessionen selbst vorbehalten. Es ist nicht übertrieben, auf diesem Sektor von einem ausgeprägten Stammeskapitalismus, kurz Stamokap, zu sprechen. Der Stamm hat sich früh auf flüssige Investitionen konzentriert, um dadurch seine Liquidität zu sichern. Außer einer Großmolkerei, der Binneseenschiffahrt und diverser Bäder befinden sich in Stammesbesitz das *Hofbräuhaus* und die *Brauerei Weihenstephan*. Schloß *Herrenchiemsee* wurde mit dem sogenannten Malzaufschlag finanziert. Seither ist die Biersteuer zu einem bedeutenden Wirtschaftsfaktor geworden. Biersteuer und Einkommensteuer hatten vor dem Ersten Weltkrieg so gut wie identischen Anteil am Gesamtsteueraufkommen, nämlich 35,8 Prozent und 35,9 Prozent. Die *Bayerische Hypotheken- und Wechselbank* oder die *Bayerische Vereinsbank* halten hohe Beteiligungen innerhalb der reich gegliederten Brauereistruktur und beeinflussen das Geschehen in diesem Industriezweig nicht unwesentlich. Des hochprozentigen Gewinns halber heißt Bier in Bankerkreisen auch Dividendenjauche.

Bestrebungen, die monopolartige Braustruktur zu ändern, sind schwach, aber wahrnehmbar. Den *Verband zur Bekämpfung des schlechten Einschenkens* gibt es seit 1898. Den Ausschank von Tropfbier bekämpft der 1970 gegründete *Verein gegen betrügerisches Einschenken*, der allerdings an Glaubwürdigkeit verlor, als sich der Vereinsvorsitzende entschloß, aus Protest überhaupt kein Bier mehr zu trinken. Hie und da hörten wir von Aktionen gegen Gastwirte, die sich durch knappes Einschenken Vermögensvorteile verschaffen wollen. Ihr Tun wird durch undurchsichtige Krüge und fast ebenso obskure, komplizenhaft agierende Schankkellner erleichtert. Eine wachsende Zahl vor allem wohlhabender Konsumenten ist aus Verärgerung über den Stamokap zum Heimbrauen übergegangen, das heißt, sie haben sich Eigenbrauausrüstungen beschafft und brauen ihr Bier selbst – oft in anstrengender Nachtarbeit.

*

Über eine der ersten höheren Bildungsanstalten des Landes schrieb der Chronist: »Das zerstörende Laster der Trunksucht wurde in Landshut auf die häßlichste Weise geübt und zur Schau getragen.« Es ist keine Frage, daß sich zur damaligen Zeit zahlreiche Studierende schwungvoll zu Tode soffen. Der Mißbrauch von

Alkohol hat den Reiz des Verbotenen verloren, seitdem man die Braukunst zu einem eigenen Studiengang erhob. Wissenschaftliche Einrichtungen wie das *Institut für Gärungsphysiologie* und gelehrte Gesellschaften wie die *Gesellschaft für Hopfenforschung* garantieren die Seriosität der Bierherstellung und des Bierkonsums. Der Wissenschaft verdanken wir die Erkenntnis, daß der Bayer als Spezies genetisch mit einer ausnehmend trockenen Leber ausgerüstet ist, die regelmäßig befeuchtet werden muß und sich in der Regel für Organspenden nicht eignet.

Die Stammesführung hat den Alkoholmißbrauch verschiedentlich in die Schranken gewiesen. Das Zutrinken ist in der Hauptstadt seit 1497 verboten. Man muß bei alldem berücksichtigen, daß der bayerische Bierverbrauch stets inklusive Fremdenverkehr gemessen wird. Die statistische Verzerrung liegt auf der Hand, denn

> Der Fremde kaum in München weilt
> zuerst ins Hofbräuhaus er eilt.

Ein Berliner Periodikum dichtete den Bayern einen chronischen Saufkatarrh an, eine böswillige Unterstellung. Bier ist gesund. Nach Angaben des *Bayerischen Landesamtes für Statistik* sterben mehr Einwohner bei Verkehrsunfällen (2,4 pro 100) als an Leberzirrhose (2,3 pro 100), wobei man fairerweise einräumen muß, daß eine unbekannte Zahl von Trinkern durch einen frühen Unfall vor einer Lebererkrankung bewahrt blieb. Im Selbstverständnis hat der Bayer nie zuviel, er hat immer nur genug getrunken.

Bier ist Kortison für die Seele. Es schützt das Nervensystem, wenn auch nicht den Leib, vor Gleichgewichtsschwankungen. Mit Bier läßt sich die gefürchtete Unterzuckerung des Blutes und die damit verbundene Minderung der Leistungsfähigkeit bekämpfen. Die Bitterstoffe des Hopfens beruhigen den Magen und

beschleunigen die Entkaterung (nach dem Genuß von Bier). Von
seiten der Brauindustrie ist zu vernehmen, daß Bier nicht dick
macht. Ein Liter Bier hat nämlich nur 450 Kalorien. Von diesen
entfallen 200 auf den Alkohol, der vom Körper sofort verbrannt
wird. Bier darf also zu den kalorienärmsten Getränken gerechnet
werden. Umgekehrt kann man geltend machen, daß eine Flasche
Bier nicht weniger als ein Sechstel des täglichen Kalorienbedarfs
deckt. Wie man's nimmt: Es paßt. Der Bayer ist sehr darauf bedacht, daß die Dinge passen. Und wenn sie nicht passen, dann
macht er sie passend. Eine interessante *line of reasoning* führt zu
der Erkenntnis, daß Bier nicht müde macht. Wie anders ließen
sich die lebhaften Gespräche an den Stammtischen erklären und
die Rauflust nach gesteigertem Konsum.

Bier muß kalt serviert werden, und kaltes Bier ist gesund. Die
kolloidal gebundene Kohlensäure schützt die Magenwände vor
Unterkühlung. Die Bäume in den Biergärten sind übrigens nicht
wegen der Gäste gepflanzt worden, sondern damit die Sonne
nicht in die Bierkeller scheint. Eine der schwersten Beleidigungen
im Umgangssprachlichen ist: »Du bist schlimmer wia a warms
Bier.«

Eine Einschränkung ist zu machen, wenn es um die gesund-
heitsfördernde Wirkung des Stammesgetränkes geht. Bier führt zu
temporärer Taubheit, und so verhallt die Aufforderung an die
Biertrinker, ihre Blasen nicht vor den Wirtshäusern zu entleeren,
meist ungehört.

*

»Festivitäten werden hierzulande nicht nur gern mit Bier, sondern
oft auch wegen des Bieres begangen.«* Bei der *Fränkischen Tages-*

---

* Leo Sillner, *Das Buch vom Bier*, München 1962.

post feierte man 1889 die einhundertste Hausdurchsuchung mit Bier. Die Krupskaja wunderte sich, daß die bayerischen Sozialdemokraten den 1. Mai mit Kind und Kegel in den Biergärten feierten. Die neu im Festkalender auftauchenden Führerscheinwiedererlangungspartys wären ohne Alkohol gar nicht zu denken.

Bis vor wenigen Jahren hat es in Bayern mehr als achtzig kirchliche Feiertage pro Jahr gegeben. Das Kirchweihfest zog sich über mehrere Tage hin.

A guata Kirta
Dauert Sunnta, Monta und Irta
Und ko si a no schicka
Bis in Micka.

Der Trinker mußte an diesen Tagen ein erhebliches Standvermögen zeigen, zumal auch noch weltliche Feiern zu bewältigen waren wie die »Festfeier« zu Hitlers Geburtstag, die man in der alten Bischofsstadt Freising abhielt.

Die klassische Stätte für den Einklang von Feiern und Trinken ist die Theresienwiese. Daran änderte sich auch nichts, als Hitler Ehrenbürger von München (1933) und das Oktoberfest zum Großdeutschen Volksfest wurde (1938). Eine volkskundlich betreute Ausstellung zum Thema »So feiern die Bayern« zeigte folgerichtig eine Figur in Miesbacher Tracht, die statt der Nase einen Zapfhahn aus Messing im Gesicht trug.*

Ein Fest gilt als eröffnet, wenn »angezapft« ist. Das Anzapfen besorgt der Gemeindevorsteher. Er ist der *principal feast-giver*, weil er die Verfügungsgewalt über den Holzhammer besitzt, mit dem angezapft wird. Alle Volksfeste sind seit 1977 gesetzlich geschützt, sie können nicht mehr verboten werden. Das gilt für die

---

* *Heimat- und Trachtenbote* vom 1. April 1980.

beiden »Plärrer« in Nürnberg und Augsburg ebenso wie für das gigantische Bierfest im niederbayerischen Karpfham, zu dem Fremde keinen Zutritt haben. Bei allen Volksfesten wird ein möglichst hoher Bierkonsum angestrebt. Dazu ist es nötig, die Raum-

blase in den Zelten zu minimieren, um den Effekt des Alkohols zu optimieren. Ein Fest wird dann als erfolgreich angesehen, wenn es viele Räusche gegeben hat, und als besonders lustig eingestuft, »wenn sich was rührte«. Konventionell betrachtet man das Einstechen des Messers bis zum Heft als Spaß, danach wird es ernst. Unausgesprochen sind die Bayern überzeugt davon, daß ihnen der Tod nichts anhaben kann, solange sie ihr Bier bekommen.

Heilkunst

»Was ist dein und mein Leib anders«, fragte Abraham a Santa Clara, »als eine schwachgestimmte Lauten, worauf alle Krankheiten schlagen, und sich kein andrer Klang als das Auweh hören läßt.« Seit alters wallen Kranke und gebrechliche Bayern zur Gnadenkapelle nach Altötting oder bei spezielleren Leiden wie Harnstottern zur Wallfahrtskirche Maria Brünnlein in Wemding. Eine theophorische Dankprozession bewegte sich seit 1837 alljährlich unter Absingen der vier Evangelien durch Haidhausen, um dem Ende der Cholera-Epidemie zu gedenken. Das Interesse erlahmte jedoch, vor allem bei Regen. »1971 fand die Prozession bloß mehr in der Kirche statt.«*

Bayerns gewaltigster Wunderheiler war Fürst Alexander von Hohenlohe, der Erfinder des Fließbandheilens. Zu Bamberg ließ er bei der alten Schloßwache die Kranken von einer Seite zu sich kommen, betete über ihnen und schickte sie nach der anderen Seite wieder weg. Lahme konnten wieder gehen, Blinde wurden sehend. In Würzburg nahm er sich den schwerhörigen Kronprinzen Ludwig vor, der nach der Behandlung wesentlich besser zu hören glaubte und begeistert schrieb: »Wir leben in mehrfacher Hinsicht in einer großen Zeit.« Skeptiker führten die Linderung allerdings auf das warme Wetter jener Tage zurück.**

Unter den orthodoxen Medizinern gebührt die Palme dem Wundarzt Dr. Eisenbarth (»zwilliwilliwick, bum, bum«). Von Viechtach oder Oberviechtach aus ging er seiner segensreichen Tätigkeit nach, entdeckte einen Universalspiritus und einen eige-

---

* F. Heerde, *Haidhausen*, S. 175.
** Ludwig Sebastian, *Fürst A. von Hohenlohe-Schillingsfürst und seine Gebets-Heilungen*, Kempten 1918.

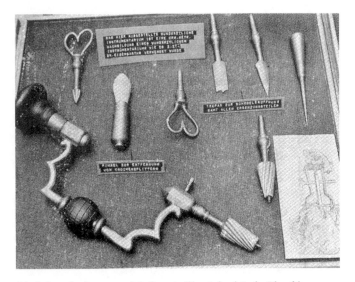

Die Anfänge der Apparatemedizin liegen in Oberviechtach in der Oberpfalz.

nen Haken zur Entfernung von Polypen. Eisenbarth zog mit einer
mobilen Sanitätseinheit von Ort zu Ort und bewies Einfühlungs-
vermögen und Empathie mit den Patienten insofern, als er deren
Schmerzensschreie mit Musik oder Trommelwirbeln übertönen
ließ. Großen Zulauf fand auch die Bauerndoktorin Amalie
Hohenester, die aus der alten Zigeunerfamilie Haberl stammte.
Sie hatte sich auf die Analyse des Urins spezialisiert, aus dessen
Beschaffenheit sie seelische und körperliche Leiden diagnostizier-
te. In Neu-Aubing ist eine Straße nach ihr benannt.

Auf die Zahnmedizin warten große Aufgaben: 99 Prozent der
Gebisse sind kariös. Die lange währende ärztliche Unterversor-
gung hat die Ethnomedizin zum Blühen gebracht. In reinen Män-
nerrunden ist es kein Geheimnis, daß von 25 Weißbier der Nie-
renstein »weggeht«. Die Bewohner des Bayerischen Waldes
schwören auf den Schnupftabak und dessen Augenleiden vorbeu-
gende Wirkung. Je weniger in einer Gegend geschnupft wird, de-

sto mehr Brillenträger wird man dort vorfinden. Den Afrikanerinnen hat man ein Mittel gegen Kopfschmerzen abgeschaut: Zitronenscheiben werden fest gegen die Schläfen gedrückt, notfalls festgebunden.* Verkohltes Krötenfleisch kommt bei Gebärmutterkrebs zum Einsatz, in der Memminger Gegend werden mit Eisenspänen oder anderen Schleifabfällen Abtreibungen herbeigeführt. In den meisten Haushalten ist für alle Eventualitäten »Mankerlschmalz« vorrätig, das ist das Nierenfett vom Murmeltier.

Die Bayern halten zäh an ihrem ethnomedizinischen Wissen fest. Eine ältere Informantin sagte uns: »Wenn ein Studierter Schafgarbe und Johanniskraut sammelt, dann ist das ein modernes Hobby. Wenn ich das sammle, ist es ein altmodischer Krampf.« Gegenüber der Schulmedizin herrscht gerade in den ländlichen Gebieten eine gewisse Reserviertheit, die so weit gehen kann, daß das Stanniol von den Suppositorien nicht entfernt wird. Die Zäpfchen lösen sich nicht auf, der Afterknoten bleibt. Manche entschließen sich erst dann, zum Arzt zu gehen, wenn ihre Hämorrhoiden praktisch die Größe von Kartoffelknödeln erreicht haben. Nur die Beamten zeigen hier mehr Einsicht.**

Das Mißtrauen gegen Ärzte hat einmal mit der undurchsichtigen Rolle des Dr. Gudden beim Tod des Märchenkönigs zu tun. Zum andern sind einige unerfreuliche Einzelheiten über die medizinische Ausbildung an den hohen Schulen des Landes durchgesickert. Ein Prüfling an der Universität Erlangen soll auf ein fahrbares Skelett mit dem Schreckensruf »Ui, der Tood! « reagiert haben.

---

* *Münchner Fremdenblatt* vom 1. u. 2. April 1888.

** »Der Arzt besteht darauf, daß dem Unterleibe ein alljährlicher Landaufenthalt ersprießlich, ja nothwendig sei. Der Staatshämorrhoidarius entschließt sich daher mit einem kleinen Erbschaftscapitale ein Oeconomiegütchen anzukaufen.« – Franz von Pocci, *Staatshämorrhoidarius*, München 1857, S. 17.

Der Bayer lebt einigermaßen ernährungsbewußt. Mit Mehl-speisen bewahrt er sich seinen zyklothymen Charakter, der von Norddeutschen meist als bloßes Phlegma mißverstanden wird. Viele halten Rauchen für ein gutes Mittel gegen die Erkrankung der oberen Luftwege, weil sie dann von innen »ausgepicht« sind, und die heilkräftige Wirkung des Alkohols ist wohlbekannt. Nach allgemeiner Auffassung ist ein Rausch besser als ein Fieber.

Hygienische Grundvorschriften werden inzwischen auch auf dem flachen Land beachtet. Zum Kartoffelklauben treten Bäue-rinnen ohne Unterwäsche an, da auf diese einfache Weise die Flie-gen mit ihren pathogenen Keimen vom Gesicht ferngehalten wer-den. Das Wissen um psychosomatische Zusammenhänge hat zu-genommen. Eine Reihe von Erkrankungen tritt vorwiegend schichtenspezifisch auf. Von einer Überfunktion der Schilddrüse mit nachfolgender Unterzuckerung des Blutes werden anschei-nend besonders Politiker befallen.

Fleischeslust ist früh als Ursache der Kropfbildung erkannt worden.* Die modernen Geschlechtskrankheiten konzentrieren sich in den Hauptstädten. Die Landbevölkerung wird in dem Glauben gelassen, daß man sich die Gießkanne erst ab einer be-stimmten Besiedlungsdichte verbiegen kann (»Z' Münka gwen und an Trippi aufklaubt«). Gegen Aidskranke wurde vereinzelt der alte Brauch des *Haberfeldtreibens* wieder hervorgekramt.

Phobien stellen sich variantenreich dar. Alexandra, die Tochter Ludwigs I., hatte zum Beispiel Angst vor Farben und grünen Ti-schen. Berücksichtigt man seine hohe staatliche Stellung, so darf Ludwig II. als der primär Verrückte gelten. Man weiß heute, daß die Irrenwärter der Kreisirrenanstalt Gabersee Chloroform mit sich führten, als sie Durchlaucht nach Berg am Starnberger See

---

* Anton von Bucher, *Die Jesuiten in Bayern*, 1819.

verbrachten.* Heute leiden etwa 18 Prozent der Bevölkerung unter psychischen Problemen, jeder dritte Münchner bedarf einmal im Leben eines Psychiaters. Doch sieht die Stammesführung keinen Grund zur Besorgnis, da es sich bei einem Großteil der Erkrankungen nicht um den psychotischen Formenkreis, sondern nur um Angstneurosen handelt. Die Selbstmordrate wird amtlicherseits niedrig gehalten, die Suizidprävention ist als vorbildlich zu bezeichnen. Als sich in der JVA Straubing ein Häftling von einer Birke des Gefängnishofes in den Tod stürzte, ließ die Anstaltsleitung den Baum sofort fällen. Die Straubinger Schule ist im übrigen führend bei der Erzeugung extrapyramidaler Symptome.

Der »Föhn«, nur dem Namen nach ein ursprünglich aus Phönizien stammender Südwind, ist in Wirklichkeit ein Fallwind, der durch adiabatische Erwärmung (1° pro 100 m) der Luft entsteht. Diese thermodynamische Erklärung ist allerdings ins Wanken geraten, seit in jüngster Zeit eine erhöhte Konzentration von Stickoxydul (N_2O) in der Föhnluft entdeckt wurde, sofern es sich nicht überhaupt um eine Zusammenballung luftähnlicher Fibrollen und Mibromen handelt. Wie auch immer, der Föhn zeitigt erhebliche Konsequenzen für das seelische und leibliche Wohlbefinden. Manche Richter sind aus Selbsterfahrung sogar geneigt, Föhneinwirkung als strafmildernden Grund anzuerkennen. Jedenfalls wird, wie Professor Ficker feststellte, das Behaglichkeitsoptimum weit unterschritten. Mit anderen orographischen Winden teilt der Föhn den phantomartigen Charakter. »Selbst dort, wo es ihn nachweislich nicht gibt, muß er das Kausalitätsbedürfnis für eine Unzahl von Befindungsschwankungen und Beschwerden befriedigen.«** Eine volksgesundheitliche Komplizierung wird durch die

---

* Einem wohlweisen königlichen Erlaß vom 22. Januar 1848 zufolge durfte Chloroform nur von promovierten Ärzten administriert werden.

** V. Faust, *Biometeorologie*, Stuttgart 1978, 2. Aufl., S. 29.

Siedlungsgewohnheiten verursacht. Gerade in Regionen mit starkem Föhneinfluß, in Garmisch-Partenkirchen und anderen Orten am Fuße der Alpen, haben viele Rentner und Pensionisten ihr Altersquartier aufgeschlagen, die nach dem anfänglichen Föhnrausch an Nebennierenerschöpfung jämmerlich zugrunde gehen.*

*

Die klassische Psychoanalyse hat sich nicht einmal bei der psychologisch aufgeklärten Mittelschicht durchsetzen können, die freudianische Traumdeutung stößt hie und da sogar noch auf Spott.

Patientin: Ich träume lebhaft, ich ginge nackt im Zimmer auf und ab.

Arzt: Da kaffa S' Eahna a Tütn Schuahnägl, die strein S' aus, da wern S' schaugn, wia schnell S' wieder ins Bett einihupfen.

Der Entwicklung der Vorsorgemedizin ist es zu verdanken, daß aufgrund ärztlicher Warnungen Personen mit dünnen Schädeldecken heute kaum noch aufs Oktoberfest gehen und daß für den Ernst- oder Katastrophenfall 23 unterirdische Krankenhäuser bereitstehen. Den momentanen Bettenüberschuß sinnvoll zu nutzen ist der Ehrgeiz fast aller Krankenhausärzte. Die Möglichkeiten der Apparatemedizin zur künstlichen Lebensverlängerung sind beinahe unbegrenzt, und so trachten die Ärzte gerade den älteren Mitbürgern nicht nach dem Leben, sondern nach dem Tod, wie ihre von Tabakbeutelnähten bedeckten Körper beweisen. Kritikern kann entgegengehalten werden, daß es schon im Neuen Testament nicht viel bedeutet hat, klinisch tot zu sein.

---

* F. Meixner, *Föhn und Kriminalität*, Hamburg 1955. – H. Ficker, *Föhn und Föhnwirkungen*, Leipzig 1948, 2. Aufl., S. 95. – M. Bossolasco, *Il Foehn delle Alpe Italiane*, 1950. – M. Bouet, *Le foehn du 9. décembre 1954*, 1961. – A.R. Brinkmann, *What ist a foehn?*, 1971.

Zu den noch weitgehend unerforschten Krankheitssyndromen gehörten die Blaugelbblindheit und das Sodbrennen beim Betrachten bestimmter Fernsehsendungen sowie eine neue Bierallergie, deren Auslöser Hefe oder Hopfen oder auch Schwefelsulfide sein könnten. Eine nicht genau bekannte Zahl von Personen stirbt an einer geheimnisvollen Pilzkrankheit, die sie sich in ihren Wäldern zuziehen.

Die Bevölkerung versucht die Krankheitskosten niedrig zu halten, indem sie etwa Erkältungskrankheiten mit handgeschlagenen Malzbonbons bekämpft. Einer alten Volksweisheit zufolge kann man sich sogar ein schönes Alter »dahuastn«, und einer der reichsten Männer des Stammes hat Husten als den Wintersport des kleinen Mannes apostrophiert. Als ungesund taxieren die Gesundheitspolitiker der einen großen Volkspartei eine Anhebung der sozialen Leistungen. Dies würde zu einer Schwerbeschädigtenmentalität führen. Als ausgesprochen gesund gilt in denselben Kreisen die Beibehaltung der Vierzigstundenwoche, sie schütze vor Müßiggang und Drogenmißbrauch.

Haltung zum Tod

Ein junger Förster vom Bayerischen Wald hatte sich angewöhnt, pro Tag zehn Maß Bier zu trinken, bis er sich eingestehen mußte, daß er Alkoholiker war. Er regelte seine Angelegenheiten, betete mit der Mutter noch drei Vaterunser, ging hin und erschoß sich. Einem alemannischen Sprichwort zufolge sterben die einen leicht, die andern gehen fast dabei drauf. Der Bayer fackelt nicht. Wenn es Zeit ist, nimmt er sich »zamm« und stirbt. Der über achtzigjährige Richard Strauss, von betont lebensbejahenden Amerikanern nach seinen Plänen befragt, erwiderte verblüfft: »Pläne? Na, sterben halt.«

»Sobald Bohnen- und Hopfenkraut weiß werden, gibts einen Toten«, sagt der Volksmund, und wenn die Nachbarn reihum sterben, versucht keiner, sich am nächsten Baum einzuhalten. Ducken hilft auch nicht, denn der Tod mäht tief und gründlich. Es müßte schon so sein wie bei dem unerschrockenen Pater, den der Herzschlag traf und der sich mit seiner Beinprothese verhängte, so daß er noch im Tod aufrecht stehen blieb. Die Landbevölkerung sieht dem Tod als anthropologischer Universalie gefaßt ins Auge. Man berichtet von einer todgeweihten Landfrau, die die Rosinen für den Kuchen beim Leichenschmaus noch eigenhändig auszählte, weil das Gesinde draußen bei der Ernte war.

Die Stammesfürsten legen angesichts des Todes eine fast an Gefühlstaubheit gemahnende Disziplin an den Tag. Zum Begräbnis seiner Mutter erschien der Archont erst gar nicht, und einer seiner Familie setzte seine Aschermittwochsrede ungerührt fort, nachdem man ihm die Nachricht vom Tod seiner Mutter hinterbracht hatte. Einer der urigsten Potentaten schlug sich krachend auf die Schenkel, als ein alter Weggefährte aus dem Spielbankenmilieu für immer verstummt war.

»Einer hat sein Brot bis auf den letzten Knust aufgegessen«, heißt es umgangssprachlich von einem, dessen Elektrokardiogramm Nullinie zeigt. Der Tote erhält ein *Häusl*, das so eng ist, daß die Nase am First ansteht. Das *Häusl* besteht aus vier Brettern, als Zugabe gibt es ein Häuflein Hobelspäne, in jüngster Zeit wird dem selig Vollendeten auch die Fernbedienung vom Wohnzimmertisch mit in den Sarg gelegt.

Das entspannte Verhältnis zum Tod gestattet es – wie in der Oberpfalz –, sich bei der Totenwache mit Brot, Bier, Schnaps und Schafkopfspielen die Zeit zu vertreiben. Zu Beginn des vorigen Jahrhunderts mußte ein Erlaß gegen den Brauch herausgegeben werden, den Teig für die Küchlein beim Leichenschmaus auf dem Bauch des Toten gehen zu lassen.* Sind alle Vorbereitungen getroffen, tragen vier oder sechs Mann den Sarg zur Aussegnung. Das Feuer im Ofen läßt man ausgehen.

Städter wählen vielfach die Verbrennung, Landbewohner schrecken vor dem Krematorium zurück. Zu tief sitzt die Angst, daß Leichen sich durch die große Hitze aufbäumen, sozusagen noch einmal frisch werden. In den Städten finden Beerdigungen oft nur im engsten Kreis und ohne viel Aufhebens statt (» … haben wir uns in aller Stille mit einem Posaunensolo von ihm verabschiedet«). Auf dem Land dagegen sind Bestattungen ein Großereignis. Je mehr Trauergäste, desto schöner und erfolgreicher die »Leich«. Eine der schwersten Beleidigungen lautet: »Wenn du stirbst, geh i net zu deiner Leich.« Begräbnisse sind eine Quelle der Freude, auf die man sich innerlich und äußerlich vorbereitet. »Wenn i zum Vatern seiner Leich net des rote Schileh oziagn derf«, sagte die Bauerntochter, »nacha gfreut mi de ganze Leich net.«**

---

* Hans-Jochen Vogel, *Daß den Postkutschen ausgewichen werden soll*, München 1957, S. 32.

** Joseph Maria Lutz, *Bayrisch, das nicht im Wörterbuch seht*, Frankfurt am Main 1969, S. 152.

Einen jähen Tod braucht der Gläubige nicht zu fürchten, behauptet die Geistlichkeit, nur einen unvorbereiteten. So konnte der Gefängnisgeistliche vor der Hinrichtung eines armen Sünders auch sagen: »Noch wenige Stunden der Bitterkeit, und du bist angelangt im Meer unendlicher Freude ... Der heutige Tag ist mehr ein Fest- als ein Trauertag.«*

Am Grab wird den Emotionen freier Lauf gelassen. Nur von einem unbeliebten Nachbarn sagt man, er habe eine »trockene Leich« gehabt, weil keine Tränen flossen. Insgesamt wird das Begräbnis so gelöst gehandhabt wie der ganze Sterbefall. Ob das Grillfleisch jetzt für Freitag oder Samstag bestellt sei, fragte der Dorfmetzger einen anderen Trauergast, der gerade den Weihwasserwedel aus der Hand legte. Eines der ältesten ungeschriebenen Gesetze lautet »hinunter klagen und herauf fragen«, will sagen, auf dem Weg zum Friedhof wird getrauert, heimwärts wendet man sich dem Leben wieder zu. Es ist nicht unziemlich für die Witwe, sich vom Friedhof weg nach einem neuen Partner umzuschauen. Nur so läßt sich der Dialog zwischen Tochter und schluchzender Mutter verstehen:

»Sei stad, Muada, kriagn ma ja wieda an andern Vodan!«
»Hör auf, mach mi nöt lachat.«**

Wer über Land fährt und wohlgenährte Gestalten mit geröteten Gesichtern und glänzenden Augen unter Wirtshaustüren stehen sieht, vermöchte nicht gleich zu sagen, ob es sich um eine Taufe, eine Hochzeit oder einen Leichenschmaus handelt. Ein Unterschied zu anderen Festlichkeiten besteht im Lichteranzünden. So-

---

* Matthias Heimbach S J, *Schaubühne des Todes. Leichenreden für alle Fälle, Stände und Altersklassen*, Augsburg 1881, S. 68.
** Bring mich nicht zum Lachen. – Schlicht, 1973.

bald die Kerzen brennen, verzehren die Trauergäste auf eigene Rechnung. Deshalb wird beim Leichenschmaus immer ein wenig zu hastig gegessen und zu schnell getrunken.

Der Tod macht sie nicht alle gleich. Tote aus der Unterschicht wurden in der Vergangenheit frühmorgens begraben, bürgerliche Leichen nach der Vesperzeit, adelige Überreste noch etwas später. Die leibeigenen Bauern haben die soziale Zurücksetzung über den Todestag hinaus gespürt und in ihren *Schnadahüpfln* mit Bitterkeit kommentiert.

Da hintn im Eck
Liegt a Bauer und verreckt:
Bauer verreck zue
Solche Lueder gibts gnue.

Geistliche genossen das Privileg, hart an der Kirchhofmauer beerdigt zu werden, was sich als postmortales Anlehnungsbedürfnis interpretieren läßt; eine metaphysische Bedeutung kommt der Lage nicht zu. Pure Einbildung war außerdem die Ansicht, eine Grabstätte im Innern der Kirche würde vor des Teufels Zugriff schützen.

Das Differenzierungsvermögen erstreckt sich auf die Art des Todes. Ein nicht sonderlich beliebter Volksschauspieler war erschlagen und erstochen worden. »So einen Tod hat er nicht verdient«, schrieb einer seiner Mitarbeiter.

Eine Verwandtschaft zum arabischen Kulturkreis* ergibt sich bei der Einschätzung von Frauenleben.

Weiber sterbn bringt koa Verderbn
Aber's Roßverrecka tuat an Bauern schrecka.

---

* Vgl. Walter Momper, *Das Totenbuch der Ägypter*, Berlin 1990.

Oft läßt sich die *social distance* zu den Toten nur an semantischen Feinheiten erkennen. Auf Klassentreffen wird regelmäßig der verstorbenen Mitschüler und der verewigten Lehrkräfte gedacht.

Die Stammesführung zeigt mehr Respekt vor den Toten als vor den Lebenden. Notfalls wird um einer Großbaustelle willen ein ganzes Dorf evakuiert oder plattgewalzt, aber vor Exhumierungen schreckt man zurück. Gegen eine befürchtete Rückkehr des Archonten wurden Vorkehrungen getroffen. Die letzte wirklich ernsthafte Störung der Totenruhe durch die Behörden liegt weit zurück. 1810 wurde in Vilshofen die Grabplatte des Ritters Tuschl von Saldenburg als Widerlager des Brückenkopfes einer neuen Brücke über die Vils verwendet.

Aufs Ganze gesehen ist die Haltung zum Tod nicht ganz konsistent. Auf der einen Seite herrscht ein Maß an *indirection*, die es verbietet, mit der Tür ins Haus zu fallen. »Wer vermißt wohl einen etwa 20jährigen Jüngling?« fragte schonend eine bayerische Zeitung, um dann erst fortzufahren: »Der Leichnam eines solchen ...« Dasselbe Blatt berichtete freilich in derselben Ausgabe von einem tödlichen Unfall mit großer Direktheit: »Am 22. September stürzte sich der Kaufmann Heinrich Duque in Aschaffenburg 3 Stiegen hoch aus einem Fenster seines Hauses rücklings aufs Pflaster. Kaputt, auf der Stelle.«* Von Arbeitsunfällen wird nicht viel hergemacht. Hinter Baindlkirch war ein landwirtschaftlicher Arbeiter in die Walzen eines Ladewagens geraten, der normalerweise Gras, Heu oder Stroh aufnimmt. Ob der Ladewagen noch ganz sei, wurde am Stammtisch gefragt. Mitleid paßt nicht, die Erfordernisse der Pietät werden durch das Aufstellen einer Gedenktafel *(Marterl)* als erfüllt betrachtet.

---

* *Die Bayer'sche Landbötin* vom 2. Oktober 1830.

Hier fiel der Maurer Jakob Veit
Vom Gerüst in die Ewigkeit.

Frühgeburten, die im Brutkasten per Notarztwagen ins Zentral-
krankenhaus geschafft werden – jede zweite sollte man über die
Isarbrücke werfen, aus Barmherzigkeit, meinte der alte Bauer zu
seinem Sohn, dem Doktor.

Die implizierte Todessehnsucht hat sich früher vor allem zu
Kriegszeiten gemeldet (»Wo ist der Feind, wann dürfen wir an ihn
heran?«). Wer vormals in Knobelbechern auf dem Feld der Ehre
starb, verblutet heute mit Freizeitschuhen an den Füßen im Stra-
ßengraben. Schwere Unfälle sind zur Routine geworden. So viele
finden bei lebhaftem Verkehr den Tod, daß man an eine bevorste-
hende Dezimierung des Stammes denken könnte. Der Chef einer
großen Zeitung, die sich aktiv um die Senkung der Unfallziffern
bemüht, fuhr selbst ein paar Menschen tot. Nur außergewöhnli-
che Karambolagen können noch andiskutiert werden. Wenn ein
Motorradfahrer über einen Traktor fliegt und die Finger dabei
spreizt – »wie ein Frosch«, sagt der Augenzeuge und macht es vor,
sooft ein neuer Gast die Schankstube betritt. Verkehrsunfälle werden wie Kriegsschicksale als unabwendbares Faktum hingenommen. Nichts läßt sich dagegen ausrichten, bei autonarrischen
Minderjährigen zweimal nicht. Die stammesspezifische Logik
spielt herein. Der Vorschlag, an einer unfallträchtigen, weil
schwer einsehbaren Kreuzung eine Ampel aufzustellen, wurde im
Stammesrat mit dem Argument abgetan, es gebe zwei Orte weiter
eine übersichtliche Kreuzung, auf der sehr viel passiere.

Bei Flugunfällen gilt das Gesagte analog. Eine Sportmaschine
mit vier Insassen – zwei Männer, zwei Buben – hatte zusehends an
Höhe verloren, Baumwipfel gestreift, war auf einer Lichtung aufgeschlagen und ausgebrannt. Ein *Marterl* neben der Aufschlagstel-
le erinnert an das tragische Geschehen:

Wir flogen hoch
übers weite Land
und stürzten tief
in Gottes Hand.

Der Pilot hatte vergessen, die Maschine aufzutanken.

Ein junger Mann ist tödlich verunglückt. Es hat ihn durch die
Front- und durch die Heckscheibe eines Autos hindurchgetrie-
ben, und er hat furchtbar ausgeschaut. In geselliger Runde wendet
man mögliche Unfallursachen ein paarmal hin und her und wech-
selt nach drei Minuten den Gegenstand. Eine halbe Stunde Gesprächsstoff liefert der Unfalltod eines Schäferhunds. Das Tier
mußte erschossen werden, nachdem es überfahren worden war,
direkt übers Kreuz, von einem Autolenker, der nichts dafür konnte. Der Hundebesitzer bekommt überm Erzählen feuchte Augen,
ringt sich dann aber den Satz ab: »Trotzdem dad man froh sein,
daß es kein Mensch war«, worauf die andern pflichtschuldig in
ihre Gläser nicken.

Letztlich bleibt der Tod auch für den Bayern ein Mysterium.
Das *thaumazein* vor der Endlichkeit des Daseins demonstrierte
ein junger, stiernackiger Häuptling auf eindrucksvolle Weise. An
einer Unfallstelle auf der Autobahn fragte er zu später Stunde:
»Was macht denn der Tote da?« und hatte ihn doch selbst totge-
fahren.

Dichtkunst

Der *furor poeticus* war ursprünglich ein Privilegium des Adelstandes. Unter dem Pseudonym *Phantasus* schrieb Herzog Max in Bayern spannungsvolle Romanzen (»Nicht todt ist Euer Freund, nein, er lebt«). Durchlaucht, der nebenbei die Zither schlug, verfaßte außerdem Gstangln und Knittelverse oder zumindest solche Reime, die andere für Knittelverse hielten.

> Das liebste auf der weiten Welt
> Ist mir der trauten Zither Spiel,
> Ich schätz es mehr als alles Geld
> Und kostet's auch der Mühe viel.

Das Wessobrunner Gebet ist das älteste Stabreimgedicht im Althochdeutschen, doch die Krone der Dichtkunst gebührt Ludwig I. Der König hat ein Leben lang gedichtet, »ohne daß es ihm je beigefallen wäre, seinen Formsinn zu schulen«.* Dem Dichterfürsten war bewußt, daß sich seine Kunst nicht »zwingen« ließ, wie er sagte. Er hat diese Erkenntnis gleichwohl rasch und erfolgreich verdrängt.

> Der Theuern laß' uns auch gedenken,
> Die in das Grab sich mußten senken;
> Wir beyde nur sind fast allein
> Noch überig von dem Verein.

---

* Spindler, IV, 1.

Aus der letzten Zeile spricht dichterische Freiheit, aber auch so etwas wie ein Vokalismus der Not.

Wie seine adeligen Vettern war Ludwig ein Meister darin, Spannungen aufzubauen und souverän aufzulösen. »Leise spülen sie gegen das Ufer«, heißt es in seiner Elegie auf Salerno. Dann kommt die Enthüllung: »die Wellen des Meeres«. Ludwig war der Dichter innerer Rastlosigkeit und des namenlosen Sehnens:

> Niemals ruhen kann mein Geist,
> Immerfort derselbe kreist;
> Daß er ist geschäftig,
> Das erhält ihn kräftig.

Zwischen Liebe und Pflicht, Ratio und Emotio gestellt, glaubte er seine Entscheidung schon getroffen zu haben.

> Ich wanke nicht
> Im stürmenden Gewühle
> Verlangender Gefühle,
> Mich hält die Pflicht.

Aber an anderer Stelle wird offenbar, daß das Zwiespältige in seiner Natur ihn zeitlebens begleiten würde.

> Zu der Tugend will sich Seele schwingen,
> Zu der Sünd' hinab der Körper zieht,
> Beide miteinander rastlos ringen.

Einmal glaubte er, bei den Hellenen auf die ideale Verwirklichung seines Sehnens gestoßen zu sein.

Ja! es war ein wonnig schönes Weben,
Alles geistig sinnlicher Genuß,
Und der alten Griechen ganzes Leben
War nur ein entzückungsvoller Kuß.

Ludwig der Rationalist hat jedoch in einer Fußnote den Überschwang sofort wieder korrigiert: »Es soll hiermit keineswegs gesagt sein, daß der Alten Leben vorzuziehen wäre, nein! Das ist es nicht, es war nur ein irdisches. Und die Millionen, die vielen Millionen Sklaven, die bloß als Sache betrachtet wurden, sind nicht zu vergessen; sie allein schon bilden die Schattenseite.« Ludwig war zu klug, um sich in der Vergangenheit zu verlieren. Seine besten Werke weisen eine frappierende politische Aktualität auf, so sein einhundertviertes *Sonnett in Beziehung auf Oggersheim:*

Fortwähr'nde Dauer ward noch keinem Throne,
Was die Geschichte jeder Zeit verkündet;
Es wechseln die Besitzer jeder Krone.

Schon der Kronprinz hatte gedichtet, wo ihn die Muse gerade überwältigte, und sei es auf einer Bank im Englischen Garten.* Die dichterische Reife konnte nicht ausbleiben. Der Maler Peter von Cornelius gestand: »Ihre Elegien, Majestät, können sich kühn neben jene Goethes stellen.« Es war nicht ganz klar, wie das »kühn« gemeint war, doch ist es in Weimar tatsächlich zu einer Begegnung zwischen dem Dichterfürsten und dem Fürstendichter gekommen. Beide haben Stillschweigen über das literaturhi

---

* Bayerische Finanzämter sind heute noch der Ansicht, daß eines Schriftstellers Aufwand an Arbeitsmitteln minimal ist und sich im wesentlichen auf einen Bleistift und auf eine Bank im Englischen Garten beschränkt.

storische Treffen bewahrt. Überliefert ist nur eine Bemerkung, die Goethe zu seinem im Nebenzimmer weilenden Sohn machte: »Auguscht, der Kenig von Bayern will ä Glas Wassä hawwe.«

In seiner Naivität wollte der Dichter Heinrich Heine an die Universität München berufen werden. Die Sache stand nicht einmal schlecht, aber Döllinger und Görres hintertrieben seine Berufung, weil sie einen größeren Namen nicht neben sich dulden wollten. Bis zu dieser Brüskierung hatte Heine über die Bayern und ihren König nur gut gesprochen. Das hörte jetzt auf. Über die Dichtkunst Ludwigs I. goß er Kübel von Spott aus:

> Herr Ludwig ist ein großer Poet,
> Und singt er, so stürzt Apollo
> Vor ihm auf die Knie und bittet und fleht:
> »Halt ein! Ich werde sonst toll, o!«

Bayern brauchte keine Dichter von draußen. Es hatte schon Paul

Die Dichtkunst bezieht Kraft und Einfallsreichtum aus dem einfachen Volk.

Heyse, der zwar nicht einer Epoche seinen Namen geliehen hat, aber doch einer Unterführung in München zwischen Arnulfstraße und Holzkirchner Bahnhof. Bayern hatte Heinrich Lautensack – nach ihm ist sogar eine Straßenbahnhaltestelle benannt –, der mit seinen *Documenten der Liebesraserey* der Anakreontik zu einer neuen Blüte verhalf und erstmals die sexuelle Intensität der Passauer Bürger einem breiteren Leserkreis vorstellte:

> Nun aber stehen dir die Zitzen
> geil ab vom Leibe, spitz wie Nadelspitzen!

In der Frauendichtung hatte Bayern in Martha Grosse (»Nun rinnt durch meine Tage…«) eine große Pionierin.* Und Bayern hatte seine Volksdichtung, einen tiefen Fundus an ursprünglich empfundenen Emotionen und schierer Lebenslust:

> Von der Zenzi ihri Fudlappen
> Kriagt da Sepp a Pudlkappen.
> Da schreit da Hans: juhe!
> mir leidts noh a Schileh.

In der Naturlyrik seither unerreicht ist Hans Forsten, dessen dichterisches Talent sich auf der höchsten Erhebung des Landes voll entfaltete:

> Auf der Zugspitz droben in luftiger Höh
> schaufelt einer bei Seite den frischen Schnee,
> Und denkt dabei, wie gut ers doch hat
> da droben in den Bergen, weit weg von der Stadt.

---

* Martha Grosse, *Wir Frauen*, München 1921.

Die Anakreontik hat den Blick auf die Moderne keineswegs verstellt, sondern die Auseinandersetzung mit ihr sogar provoziert:

> *Naher* Mond, schon eine Sonde
> Schoß der Russ' zu dir hinauf
> Und als erster auf dem Monde
> Tritt ein »Ami« jetzt dort auf.*

Das reiche ethnopoetische Erbe verhinderte, daß die Dichtung in Bayern nach dem Abdanken des Dichterfürsten verkümmerte. Da sind einmal die balladesken Trinklieder, wie man sie im *Erhartinger Keller* auf dem Dornberg sang.

> O armer Herzog Friedrich,
> Du warst gefangen hier.
> Wir schaun frei in die Lande
> bei einem Krug voll Bier.
> Und sehn Altbayerns Felder
> im schönen Abendgold,
> die Wolken und die Wälder,
> Heimat, wie bist du hold …

Oder die naturalistische, nasal vorgetragene Gebrauchslyrik, wie sie auf manchen Schnupftabakgläsern festgehalten ist.

> Der eine schnupft zum Zeitvertreib
> Der and're aus Verdruß
> Der dritte, weil er Kreuz und Leid
> Beim Weib ertragen muß.

---

* *Altbayerische Heimatpost* vom 17. August 1969, S. 10.

Wo Beileidsbezeugungen in gereimter Form abgegeben wurden, mußte auch der Dank darauf in gebundener Sprache erfolgen.

> Holde Jungfrau! Deine goldne Leyer
> klimpert schon so sanft bei fremdem Schmerz,
> Wie harmonisch mag erst eig'ne Feyer
> Fromm und rein sie stimmen himmelwärts.

Das niedere Volk orientierte sich hier einmal mehr an seinem König, der seinen *Nachruf auf Feldmarschall Fürst Wrede* ebenfalls in Verse gegossen hatte.

> Deine Tapferkeit bracht' nichts zum Weichen,
> Kalten Muth's in drohendster Gefahr;
> Ob sich thürmten Leichen gleich auf Leichen,
> Doch das Feldherrn-Auge ruhig und klar.

Ein wichtiges Charakteristikum der bayerischen Dichter ist seit den *Pegnitzschäfern* ihre ausgeprägte regionale Bindung. »Goethe ist Kosmopolit, Schiller ist Deutscher, Jean Paul ist Nordoberfranke.«[*] Franken sind überzeugt davon, daß nur Franken das innerste Wesen eines Franken wie Jean Paul Richter zu begreifen vermögen. Ähnliches ließe sich über Emerenz Meier und den Bayerischen Wald sagen. Hans Carossa hat ihr Werk eine »selige Verdichtung der Heimat« genannt. Die Wirtstochter aus Waldkirchen nahm sich selbst die Freiheit, ihr Schaffen in Perspektive zu setzen zu den Großen der Klassik und der Romantik.

---

[*] E. Herold, »Jean Paul als Oberfranke«, in: *Das Bayerland*, Nr. 23, August 1919, S. 380.

Hätte Goethe Suppen schmalzen,
Klöße salzen,
Schiller Pflaumen waschen müssen,
Heine nähn, was er verrissen,
Stuben scheuern, Wanzen morden —
Ach, die Herren
Alle wären
Keine großen Dichter worden!

Eine bestimmte Art von Literatur wird aktiv gefördert. Bartel F. Zinnober und andere Dialektdichter sind gesuchte Gäste in den Nachtstudios der Fernsehanstalten bei Streitgesprächen zwischen alpinen und maritimen Schriftstellern. Geldpreise stimulieren die dichterische Produktion so stark, daß manche schon eine Überproduktion von Mundartlyrik besorgen.* Freilich schaffen diese Preise auch einen Ausgleich für manchmal recht magere Tantiemen. 1989 ging der Hinterskirchner Poetenpreis an Josef Mühlbauer aus Kötzting. Doch selbst ganz namenlose Dichter werden gedruckt. Sie finden sich plötzlich zwischen Buchdeckeln aus rein pflanzlich gegerbtem ostindischen Ziegenleder wieder. Bayerische Poeten genießen den Vorzug, daß ihre Sprache einen modernistischen Touch aufweist, der sie sofort in die Avantgarde katapultiert und unmittelbar konkurrenzfähig macht.

A b'haapt se amal
Und is jeds Gaouah daou
Un fina ko'st
Grod awl gnou'.**

---

* W. Scheingraber, *ABC alpenländischer Volkskultur*, Dachau 1988, S. 57.
** Maria Schwagerl, *dalust und daspächd*, Nabburg 1958.

Was an die Spiegelgasse erinnert, an Tristan Tzara und Kurt Schwitters, was wie ein modernes Lautgedicht klingt, ist doch nichts anderes als gewöhnliches Oberpfälzisch.

Der Massentourismus hat regionale Dichterschulen nicht unbeeinflußt gelassen. Das Krumbacherische, das schon im Umgangssprachlichen an negroid afrikanische Laute erinnert, klingt in gereimter Form vollends wie die Sprechgesänge einer Miriam Makeba:

Wemma ka', nau ma' ma
Wemma ma', nau ka' ma
Ka' ma it, nau ma' ma it
Ma' ma it, nau ka' ma it.

Gegen Ende der 1980er Jahre bildete sich eine kreative Koalition aus Politikern, Beamten, einer Bauträgergesellschaft und einem Ingenieurbureau, um im ostbayerischen Rottal einen kunstbetonten Freizeitpark anzulegen. Ein Wiener Allroundkünstler wollte dort auf einer beachtlichen Fläche vor allem »ertrinkende Gedichte« vorstellen. Angrenzend an eine uralte Klosterbrauerei sah sein Konzept ein Labyrinth aus Phantasie und Utopie vor, eine Fülle zaubrischer Gärten und figural angelegter Heckenwege, von Blumenskulpturen und Meditiationsbildern, von brennenden Wasserfällen und unterschiedlichen Duftebenen. Der angrenzenden Gemeinde war es gleich, die Kläranlage des Ortes mußte sowieso erweitert werden. Hinter das Konzept stellten sich die beliebte Landrätin und der maßgebliche Verwaltungsbeamte. Die Dichter witterten höhern Ruhm, Brauer, Fischbrater und Würstlverkäufer ein Geschäft. Alles schien zu stimmen, jeder Einheimische war dafür, da erhoben sich die umliegenden Einödpreußen zum Widerstand. Unter Führung eines Psychiaters meldeten sie ökologische, historische, künstlerische, gesundheitliche, volkskundliche und verkehrstechnische Bedenken an. Sie sammelten Unterschriften, verteilten Flugblätter und mobilisierten die Pfarrer. Ihre Kampagne stellten sie unter den Slogan »Heller Wahnsinn«. Die Bevölkerung sah ein, was man ihr antun wollte, und murrte. Nicht die Gedichte, das Projekt soff ab, zuckte noch einmal auf, als der Psychiater sich eines anderen besann und nun selbst Gedichte ertränken und dazu mit dem Allroundkünstler aus Wien gemeinsame Sache machen wollte. Der aber hatte sich schon französisch verabschiedet und das von ihm erdachte Projekt sogar noch fast in Frage gestellt. »Der Einfall touristischer Horden«, lachte er sich ins Fäustchen, »führt zur Ausrottung des Schönen.« Das Rottal blieb, was es immer gewesen.

*

Ein Gang durch die Literaturgeschichte läßt keinen Zweifel aufkommen, daß die bayerische Literatur in ihren Anfängen und nicht erst seit Carola von Crailsheims Roman *Unser wartet die Freude* (1920) Frauenliteratur war. Die Nonne Hugebure ist hier an erster Stelle zu nennen. Sie machte im achten Jahrhundert von der Bescheidenheitstopik üppigen Gebrauch. Es folgte das Zeitalter der Hagiographien, der Evangelien, Psalterien, Lektionare, Missalia und der emaillierten Rundfibeln. Das schönste Exemplar aus dieser Zeit ist wohl der *Ältere Lindauer Buchdeckel.* Er hat in den Zwickeln Vögel aus Grubenschmelz. Dann kam die Epoche der Kosmographien. Als die *Kosmographie des Aethicus Isther* auf den Markt kam, war das geistige Klima schon dermaßen überhitzt, daß Isther es sich erlauben zu können glaubte, sein Werk mit absurden und absichtlich verfälschten Daten zu spicken.

Kurfürst Max III. Joseph tat gut daran, im Jahre 1769 ein Zensurkollegium einzuberufen, um dem Übel der »mehr und

mehr zunehmenden Bücherschreiberey« Herr zu werden. Der
Journalist Moritz Saphir mußte verbannt werden, weil er die Auf-
führungen des Hoftheaters allzu kritisch begleitet hatte. Es war
ein Gebot der *Liberalitas Bavarica*, dem Verbannten freizustellen,
wohin er sich flüchten wollte, und Majestät Humanität zeigte sich
darin, daß Sie Saphir wünschte, »es möge ihm in einem andern
Land recht gut gehen«.

In Nürnberg fand die Polizei eine antinapoleonische Schrift
bei dem Buchhändler Palm. Man brachte ihn auf die Festung
Braunau. Später entging eine Nürnberger Marktfrau, die einen
Polizisten mit »Du« angeredet hatte, nur knapp diesem Schicksal.

Im Vormärz konfiszierten die Behörden Schriften mit subver-
siven Titeln wie *Allgemeine Verbrüderung* oder *Erklärungen der
Rechte der Menschen und Bürger*. Auch Rilke wurde aus München
ausgewiesen. Es wäre jedoch verfehlt, hierin einen Akt politischer
Willkür zu sehen. Rilke war der Polizei allein deshalb verdächtig,
weil er ein Dichter war, wie sogar Ernst Toller zugab. Thomas
Mann hatte es schon richtig gesehen: München war eine Stadt für
Maler, nicht für Schriftsteller. Nur zähneknirschend begrüßte der
Rektor der Ludwig-Maximilians-Universität im *Auditorium Ma-
ximum* den Kaffeehausliteraten Erich Mühsam als Vertreter der
Eisler-Regierung. Wenige Jahre später war die rechte Proportion
wiederhergestellt. Erleichterte Germanisten derselben Hochschule
fanden sich zu einer Feierstunde in der Aula zusammen und ver-
brannten die Werke von Oskar Maria Graf.

Eine Besonderheit des Landes sind Ärzte, die sich auf die
Schriftstellerei geworfen haben. Bereits im 15. Jahrhundert war
der Hofarzt Johann Hartlieb mit einem *Buch von der hannd* her-
vorgetreten, das man lange für ein orthopädisches Nachschlage-
werk hielt und das doch über die Handlesekunst ging. Inzwischen
existiert eine *Sektion Schriftstellerärzte*, deren Mitglieder durch die
Leichtigkeit ihres Stils verblüffen (»Die Violone gab alles. Stru-

delnde Wildbäche plätscherten durch dunkles Wehen im Tann.«*)
Bayern steht heute vor einer nahezu abgeschlossenen Entprofes-
sionalisierung der Literatur. Gleichzeitig erleben wir die Rückkehr
zu mündlichen Übermittlungsformen. Wir fanden die wahren
auktorialen Erzähler nicht in den Autorenbuchhandlungen, nicht
in den Literatencafés und auch nicht im *Tukankreis*, sondern an
den Tresen der Pilspubs und Imbißstuben. »Bei Heinz« begegne-
ten wir einem Erzähltalent, das uns über Stunden hinweg eine
Magenoperation und ihre Spätfolgen schilderte, und »Bei Harry«
setzte uns ein Informant mit raffinierten Kadenzen ins Bild darüber, daß das Sorgerecht für die beiden Kinder eigentlich ihm zu-
stünde, wenn der Richter nur die wahren Verhältnisse kennte.
Wir konnten uns des Eindrucks nicht erwehren, daß Bayern den
Weg von der Volksdichtung zur Volksprosa bis zum Ende durch-
schritten hat.

---

* A. Rottler, *C'est la vie. Nachlese eines Nürnberger Arztes*, Beinharting o.J., S. 18.

Musik, Theater, Tanz

Die Entwicklung der bayerischen Musikgeschichte läßt sich am ehesten in räumlichen Begriffen fassen. Sie reicht von der kleinräumigen Einheit (»Am Abend in der Stub'n«) über mittlere Gesangs- oder Orchesterformationen wie den Vierseer Schliergesang oder die Wilde Gungl (seit 1864) zu den endlosen Horizonten einer Wagneroper. Bei aller Vielgestaltigkeit präsentiert sich die sonische Ordnung mit einem bemerkenswerten Drang zur Einheitlichkeit. Das drückt sich schon im Sprachgebrauch aus. Der Bayer macht nicht Musik, er macht eine Musik. Und er betont das Wort unbeirrbar auf der ersten Silbe, um Verwechslungen mit Musikformen aus anderen Kulturkreisen vorzubeugen und die stammeseigentümliche Musizierweise vor fremden Einflüssen zu schützen.

Musik ist allgegenwärtig. Nur im Augustinerbiergarten als ehemaliger Hinrichtungsstätte gilt ein musikalisches Aufführungsverbot. Zu den beliebtesten Instrumenten gehören, neben Hackbrett und *Raffele*, Geige (Plural: *dö Geigna*) und Zither. Die Zither begleitet den Bayern, wo er geht und steht. Deshalb gibt es auch ein zusammenklappbares Modell zum Mitnehmen im Rucksack. Der Volkssänger Paul Kiem war mit einem solchen Instrument ausgerüstet. Vorbild aller Zitherspieler ist nach wie vor der zitherspielende Herzog Max, einer der unsterblichen »Gebirglerischen« bei Hofe, dessen Virtuosität über den Saiten mit Worten nicht zu beschreiben war:

Was aus der Zither außa bringt der Mo',
Dees glaab i nit, daß's oaner sag'n ko.

Die Kunst des Herzogs ist seitdem nicht mehr erreicht worden.

Vorübergehend wurde sein Instrument fast ganz der kommerziellen Nutzung anheimgegeben. Entsprechend der künstlerische Niveauverlust. Die Zithersoli in der Vergnügungsstätte Zum Donisl waren zeitweise nur nach dem Genuß von Beruhigungsmitteln erträglich.

Andere gebräuchliche Instrumente sind das Fagott und das Akkordeon. Das Fagott gibt dem Ethnomusikologen einige Rätsel auf, da es so klingt, als würde es nicht mit dem Munde geblasen, sondern etwas tiefer. Das Akkordeon ist unter dem Begriff *Quetsche* bekannt. Quetschenspieler können persönlich durchaus achtbare Leute sein. Schließlich noch die Orgel. Bei den Orgelspielern bewundert das Publikum »vor allem die technische Beherrschung immer größerer Pfeifenmassen«*, ein Grundsatz, der von der Musik in die Politik hineindiffundierte.

Die Sangeskunst fand bei Hofe ihre einfühlsamsten Mäzene. Ludwig I. widmete einer anonym gebliebenen Sängerin ein Gedicht »wegen ihrem schönen Organ«, womit ihre Stimme gemeint war (und nicht etwa ein Musikinstrument). Ob sie das Kompliment erwiderte, ist nicht bekannt. Herzog Max nahm sich die Zeit, eigenhändig das Lied vom *Grab der Gefallenen des k.k. 10. Jägerbataillons auf den Friedhofe in Gaèta* zu komponieren, während der Freiherr von Hallberg-Broich jungen Arabern *O du lieber Augustin* als bayerische Nationalhymne beibrachte.

Die Bayernhymne stammt vermutlich von dem 1875 verstorbenen Konrad Max Kunz. Sie ist musikalisch der Weise *God Save the King* nachempfunden und betonte ursprünglich den Gedanken des inneren Zusammenhalts und der Wehrhaftigkeit.

Daß mit Deutschlands Bruderstämmen
Einig uns der Gegner schau …

---

* Spindler, IV, 2, 1236.

214

Michael Öchsner, der Dichter des Textes, war Hilfslehrer in Hinterskirchen im Kreis Vilsbiburg und vorher nur durch das Gedicht *Des Teufels Fußtritt* aufgefallen. Eine neo-traditionelle Umdichtung aus dem Jahre 1966 muß als »gesungenes Gebet« verstanden werden und lautet:

> Daß vom Alpenrand zum Maine
> Jeder Stamm sich fest vertrau …

Die unvergeßlichste Art der Sangesdarbietung ist die Kehlkopfkoloratur. Sie hat ihren Ursprung in den zum Teil sinnlosen Silben des *Almschroa* auf den Bergen, wird mittlerweile aber nur noch in geschlossenen Räumen oder unter Zeltdächern zu Gehör gebracht. Doch nach wie vor ist das Liedgut von der Liebe zur Natur durchdrungen.

> Ja – – und – –
> vom Wald samma außa,
> drum samma so frisch!

Bei der Gründung eines Gesangvereins ist das wichtigste Requisit die Sängerfahne, die eine Länge von bis zu vier Metern erreichen kann. Kunz hat gerade draußen in den Vororten der Hauptstadt – in Feldmoching oder in Moosach – stimmliche Naturtalente entdeckt, die *con bocca chiusa* mit kräftigen Brummstimmen *(Mmmmmmmmh)* aufwarteten und damit vorrangig zärtliche Gefühle zum Ausdruck brachten.* Das nationalsozialistische Terrorregime konnte bayerische Sangeslust nie ernsthaft dämpfen. Im Gegenteil, die Lokalhistoriker wissen, daß gerade jüdischen Bür-

---

* Konrad Max Kunz, *Die Stiftung der Moss-Gau-Sänger-Genossenschaft Moosgrillia*, München 1866. Mit Notenbeispielen.

gern selbst zu später Stunde noch von christlichen Zechern auf dem Nachhauseweg Ständchen dargebracht worden sind.*

Eine angeborene Liedschwäche kann von Obermusikmeistern inzwischen relativ leicht korrigiert werden. Vorbildlich hierin die *Regensburger Domspatzen*, die das Publikum in aller Welt bejubelt und denen man die blauen Flecken kaum noch ansieht, die die Ausbildung bei ihnen hinterließ.

Zu den meistbeschäftigten Chören zählten der Jägerchor aus Freising und der Gefangenenchor aus Pernambuko. Auf der Klassikwelle des Bayerischen Rundfunks werden am häufigsten gespielt das Andante Matjestoso, Le Sakradi Printemps und der Donauwallen-Wälzer. Die Topfavoriten bei den Wunschkonzerten des beliebten Fred Rauch waren »Komm in das Traumbad der Liebe«, »Ich bin nur ein warmer Wandergesell« sowie die Rückseite von Zarah Leander. In den Jazzsendungen lag der *All Erbarmer Blues* unangefochten an der Spitze. Während der Hitlerjahre hatte der Minister für Kultur den Kampf gegen »Jazz und Negertum« aufgenommen.** Doch nach dem Krieg war Radio München die erste Station, die Jazzprogramme brachte. Heute tritt im Wolferstetter Keller zu Vilshofen das Ray Brown Trio auf, als wäre dies die natürlichste Sache der Welt.

*

Ein Tiefpunkt bayerischen Musikschaffens war mit Richard Wagner erreicht. Die »sinnverwirrende Raffinerie der Wagnerischen Musik«*** hat nicht nur den Märchenkönig in den Wahnsinn getrieben. Das Verhältnis zwischen Ursache und Wirkung wird nie ganz geklärt werden können, doch schienen Musiksoziologen eine

---

* *Krumbacher Heimatblätter*, 7/1989, S. 48 f.
** *Hans Schemm spricht*, Bayreuth 1942, S. 30.
*** W. W. Ireland, S. 111.

breite Induktionsbasis für die Annahme zu haben, daß weniger
Irre nach Bayreuth pilgerten, als von dort zurückkamen und dann
in den Heimatstädten ihre Sucht weiterpflegten. In München
fand noch vor dem Ersten Weltkrieg so mancher *Richard Wagner
Evening* statt. Korrelierend mußte die *Nervenheilanstalt Haar* weiter ausgebaut werden. Von psycholinguistischer Seite wurde geltend gemacht, daß der nordische Tonfall von Wagneropern dem
südlich angeflogenen Temperament und Sprachempfinden nicht
behage. Im Interesse der Volksgesundheit wurde deshalb der
Tannhäuser probeweise in die Stammessprache übersetzt:

> Statt daß er »holde Göttin« sagt,
> sie nach ihrm Wohlbefinden fragt
> und brünstig hoaße Liab ihr schwört
> und bettelt, daß sie ihn erhört,
> war jedsmoi nur sei grobe Red:
> »Sag, Oide, magst jetzt oder net?«*

Eine Stichprobe bei Befallenen hat freilich keine merkliche Besse-
rung ausgewiesen. Dabei liebt der Bayer die Oper, sein Musikver-
ständnis reicht tief, und sein Geschmack ist international gebildet.
Im Tierpark Hellabrunn wurde das Gorillamännchen auf den Namen *Porgy* getauft, nach der Figur aus der Gershwin-Oper.

In letzter Zeit haben die Opernbühnen eher an Zulauf verloren, der anspruchsvolle Münchner reist ins benachbarte Stuttgart,
wenn er eine gute Oper sehen will. In der Residenzstadt selbst
spielen sich die interessantesten Konflikte nicht auf der Bühne,
sondern zwischen Generalmusikdirektor und Intendant ab. Doch
ist die Liebe der Bayern zur Musik ungebrochen und rangiert

---

* Paul Schwallweg, *Vom Rigoletto zur Zauberflöte, Opern auf bayrisch*, Rosenheim 1989,
S. 78.

217

noch vor der Begeisterung für den Sport. Ein bayerischer Trainer riet einem Spieler freimütig: »Spiel Klavier, spiel Flöte, aber spiel net Fußball.« Das sachverständige Publikum neigt dazu, Fußball als modernes Musiktheater zu begreifen. In den Tageszeitungen klingen die Sportreporter wie Musikkritiker und umgekehrt.

Der Oberpriester eröffnet mit seiner wundertätigen Flöte den Reigen. Im Mittelkreis harren Achill und Menisco. Der König der roten Elfen nähert sich, um ihnen das Vlies abzujagen, er stößt Achilles zurück und enteilt Menisco mit einer jähen Wendung, das scheckige Vlies vor sich hertragend. Sofort verriegeln die grünen Elfen den heiligen Bezirk. Quintus schickt seine grimmig dreinschauende Leibwache vor. Sie soll den König zum Zweikampfe fordern ...*

*

Die Ursprünge des Theaters liegen bei den Theatinermönchen. Jesuiten führten die Tradition unter erheblichem Aufwand fort. Auf dem Marienplatz kam mit 2000 Schauspielern das Drama *Esther* zur Aufführung; es dauerte drei Tage. Etwas bescheidener gab sich die Zeit der Aufklärung. Die Stücke aus dieser Epoche waren eher auf eine Reduzierung des Stammpersonals angelegt. Ein in Bayern damals zu Gast weilender Franzose hat hier Dramen gesehen, »worin die Hauptperson alle 12 bis 15 mitspielende Personen der Reihe nach umbringt und sich dann zur Vollendung des löblichen Werkes den Dolch selbst in die Brust stößt«.**

Es folgte das Zeitalter der Hirtenspiele. Bei diesen war der beliebteste dramaturgische Trick die Teichoskopie, der Schauplatz

---

* *Münchner Merkur* vom 24./25. September 1977.
** Riesbeck, S. 84.

die Hochalm, und die Sennerin die verstoßene Tochter des Grafen. Ihre Blüte erreichte die edle Schauspielkunst mit dem Puppenspielen. Graf Pocci schrieb *Kasperl wird reich* und 44 weitere Kasperlkomödien von einsamem Rang.

In den Theatern herrscht möglichst direkter Kontakt zwischen Bühne und Publikum. Schauspieler fordern den *feedback* der Zuschauer richtiggehend heraus. Wie anders wäre es zu erklären, daß eine Theatersängerin zur Loge einer lorgnierenden Fürstin hinaufrief: »Gefällt dir's, alte Sau?« Volksnah ist das Theater bis zur Ankunft der Moderne geblieben. Dann setzte eine Entfremdung zwischen Intendanz und Besuchern, aber auch zwischen Autoren und Kritikern ein. Als Ludwig Thomas *Erster Klasse* im Reichenhaller Kurtheater ausgepfiffen wurde, rechnete es der *Münchner Stadtanzeiger* den Besuchern hoch an, daß sie »ein dramatisches Machwerk verurteilen, das mit der wirklichen Kunst auf dem gespanntesten Fuße steht«. Nach der Premiere von *Der Stein der Weisen* schrieb dieselbe Zeitung resigniert: »Man kann nichts tun, als immer nur den bedauern, der irgend ein Wedekind'sches Verbrechen über sich ergehen lassen muß.«*

Der *rocher de bronze* der Unterhaltungskunst ist das Bauerntheater. In den Worten eines Kenners wird es beherrscht von rotkarierten Tischdecken, blaukarierten Hemden und kleinkarierten Stücken. Typische Szenen drehen sich um Pilzvergiftungen, verlorene Traglasten oder verschluckte Gegenstände, die vom Zahnstocher über Splitter vom Steckerlfischstab bis zum Sektkorken reichen. Bereits Schubarth hatte festgestellt, daß außer den Salzburgern kein deutscher Stamm eine größere Begabung für das »Niedrig-Komische« zeigt als die Bayern. Es konnte uns jedoch nicht verborgen bleiben, daß das Bauerntheater in einer Krise steckt. Seit die Volksschauspieler falsche Zähne und Jacketkronen

---

* *Münchner Stadtanzeiger* vom 11. März und 12. August 1911.

tragen, ist ein Schuß Authentizität verlorengegangen. Das Publikum vermißt die braunen verfaulten Stumpen. Von einer Austragsbäuerin erwartet man sich ganz einfach, daß sie einen Mund hat wie ein eingefallenes Ofenloch.

Im Theaterleben erweist sich einmal mehr die Tabugefügigkeit der Bayern. Wir konnten eine Serie nahezu widerspruchslos hingenommener Aufführungsverbote mitverfolgen. Ein sexualaufklärerisches Theaterstück mit dem Titel *Was heißt hier Liebe*, das in Berlin und anderen Haufendörfern ab dem Alter von zwölf Jahren freigegeben war, wurde in Oberbayern sofort mit einem Bann belegt. Verboten wurden im Untersuchungszeitraum ferner der Film *491*; das Ballett *Abraxas* von Werner Egk; *Figaros Hochzeit* (in Augsburg); *Marat* (in Regensburg); *Der Stellvertreter* (südlich der Mainlinie) und *Katharina Blum* (in Würzburg).

*

In Bayern und insbesondere in seiner Hauptstadt lebte bis zum Zweiten Weltkrieg eine tanzfreudige, um nicht zu sagen tanzwütige Gesellschaft. Dies geht schon daraus hervor, daß das Alte Rathaus einmal unter dem Namen Tanzhaus bekannt war. Im 16. Jahrhundert führten die Moriskentänzer des Orlando di Lasso in Mohrenkostümen exotische Schwertertänze auf. Draußen auf dem flachen Land sang das Gesinde derweil seine Schnaderhüpfl (Schnitterlieder) zum Erntetanz. Weiter sind zu nennen der ungestüme Aufhauerische und der Wilde-Männle-Tanz, wie er in Oberstdorf alle fünf Jahre zur Aufführung gelangt. Am volkstümlichsten dürfte der Schuhplattler sein. Der Schwierigkeitsgrad dieser Besessenheitstänze wird im allgemeinen höher bewertet als ihr künstlerischer Ausdruck. Der historische Schäfflertanz ist ein Contretanz im 2/4-Takt. Seine gefälligsten Formationen sind am schönsten von oben zu erkennen, aber da sieht sie keiner.

STAATSARCHIV MÜNCHEN, STAATSANWALTSCHAFT MÜNCHEN I, 2295/I
Zu einem neuen Tanzschritt versuchte Ministerpräsident Eisner die Bavaria zu über-
reden, die jedoch skeptisch blieb und den Staatsanwalt einschaltete.

Mut bewies die Tanzpädagogin Stümpel-Schlichthaar, die aus-
gerechnet in Erlangen eine Tanzschule aufmachte. Stümpel-
Schlichthaar legte bei ihrer Arbeit besonderen Wert auf die
Mittelkörperspannung. Ihr unermüdlicher Einsatz für diesen Be-

221

reich blieb nicht unbelohnt, denn sie durfte bei der Ausbildung von Laientänzern für die Olympischen Spiele 1936 mitwirken.

Nach des Kapitulation war den Münchnern die Lust am Tanzen vergangen. Die heimische Polizei sprach sich dagegen aus, in solch schweren Zeiten Tanzvergnügen zuzulassen. Die Militärregierung gerierte sich weniger puritanisch und ließ erklären, wer tanzen wolle, solle es tun. Kurz darauf, im Mai 1946, entstand der Modetanz *wucki-wucki*, der die Währungsreform allerdings nicht überdauerte. Seither sind unseres Wissens in Bayern keine neuen Tänze aufgekommen, die künstlerischen Wert beanspruchen könnten.

Bildende Kunst und Architektur

Zu den frühesten Zeugnissen materieller Kultur zählen reich verzierte *Odel-* und Schmalznudelschöpfer, bunt bemalte Spanschachteln und *Almschaffl*, Holzmodel und *Brezenbrechen*. Später treten Gebetsschnüre und andere Allzweckgeräte hinzu, vor allem aber barocke Pestlöffel für die heilige Kommunion. Auf dem Reichenberg nahe Pfarrkirchen haben jüngsthin Maulwürfe als Hilfsarchäologen so manche *crux gemmata* zutage gefördert, so manches Silberschächtelchen mit eingepunztem Kreuz, wie wir es sonst nur aus südostdeutschen Klosterwerkstätten kennen.

Die religiös bestimmte Kunst nahm ihren Anfang mit Heiligenbildern, mit dem hl. Lukas, dem hl. Lazarus, Franz von Paula und anderen biblischen und historischen Eidola. In Passau stehen wir vor der Urform des *drip painting*. Auf dem Gnadenbild in Mariahilf trinkt das Jesusknäblein an einer Brust, »während aus der anderen ein silbernes Röhrchen geht, aus dem die Gläubigen trinken«. Zu einem Klosterlegen kam es nach dem Reichsdeputationshauptschluß. Da fielen die Hofkommissäre in die Schatzkammern der Provinz ein. Die reichen Klöster verloren ihre Kunstschätze an die Residenz. Was unter dem Namen »Säkularisationserwerb« lief, wollte Kennern wie ein gigantischer Kunstraub vorkommen. Ziborien und Schalen, Trinkhörner und ganze Altäre, Glasfenster und Standkreuze, dazu wertvolle Bücher und Handschriften wie der *Codex Aureus* oder das *Muspilli*-Fragment wurden beiseite geschafft.

Bei aller Verbitterung über diesen Raubzug blieb die Frömmigkeit ein Wesensmerkmal bayerischer Kunst. Von der Obrigkeit ist das religiöse Kunstschaffen logischerweise weiterhin gefördert worden. Der König persönlich hat dem begnadeten Künstler

Heinrich Heß eine Euloge dargebracht: »Kirchenmaler bist du, ja! gottbeseelt ist dein Pinsel.« Als in unserer Zeit die Gruppe SPUR wegen ihrer urwüchsigen Formensprache in rechtliche Schwierigkeiten geriet, erkundigte sich einer der angeklagten Maler ausdrücklich, ob Gott als Zeuge geladen sei.*

Eigentümlich ist den Bayern das Staunen vor dem Kunstwerk. Keiner glaubt, daß das Sakramentshäuschen von Adam Kraft wirklich aus Burgsandstein gehauen ist und daß die meisten Kruzifixe, die heute auf dem Markt sind, computergefräste Kruzifixe sind. Der Einfluß der Herrgottschnitzer auf die Kunstgeschichte ist erst verkannt, dann belächelt worden. Und doch hat die bedeutendste deutsche Bildhauerin des 20. Jahrhunderts bei den Herrgottschnitzern von Oberammergau den Umgang mit dem Schnitzmesser für ihre gefeierten Holzplastiken gelernt.

Die Bildhauerei ist lange darnieder gelegen. Der Fremde fürchte nur eins in München, spottete Cousbet, nämlich in Stein verewigt zu werden. In der Tat findet man wenig aus Stein Gehauenes, was Beachtung verdiente. Die steinernen Repräsentanten des Wissens in der Ludwigstraße nennt der Volksmund despektierlich die »Vier heiligen Drei Könige.« Einheimische Künstler haben mit anderen Materialien mehr Erfolg gehabt, so die Stoffbildhauerin Maria Pscheidl. Zu den originellsten Schöpfungen zählen die Naturplastiken aus Ästen und Wurzeln, wie sie jedermann in den Wäldern suchen und finden kann.

Daß der holsteinische Maler holsteinisch, der thüringische thüringisch und der bayerische bayerisch malen soll, dazu brauchte man hier nicht die Ermunterung eines Autors namens *Langbehn*. Niemand macht den Bayern die Lüftlmalerei nach, bei der

---

* Hans Maier/Ulrich Beck, *Vom Christus ohne Schamtuch bis zur Gruppe Spur*, Gräfelfing 1987.

Eine lebende Werkstatt im Spielzeugmuseum zu Neustadt: Die Teddybär-Stopferei.

man die Farbe auf den feuchten Putz aufträgt. Er habe damals nur aus der Not eine Tugend gemacht, sagte Franz Seraph Zwinck, einer der Meister dieses Genres. Die Altmünchner Schule um Hiasl Maier-Erding beschäftigte sich mit dem Chiemgau. Münchens braune Soße bestimmte den künstlerischen Geschmack bis zum Sezessionskrieg. Bahnbrechend dann die pastose Technik eines Theodor von Hörmann (*Tümpel im Buchenwald*, 1892). Gleich-

225

zeitig machten die ersten Künstlerinnen von sich reden. Zenetti versetzte sich in dem Gedicht *Lebens-Ordnung einer Malerin* verständnisvoll in die Lage einer künstlerisch begabten Frau.

> Du lieber Gott, ich will einmal
> Ein recht honettes Leben führen
> ; Und Meisterwerke ohne Zahl
> Zu deiner größern Ehre schmieren.

Kein geringerer als Ludwig I. hat das erste Plädoyer für *street art* gehalten.

> München's Kunstausstellung suche du nie in den Sälen
> Der Ausstellung selbst, schaue du München dir an.

Wer sich als erster daran machte, das Programm »München leuchtet« zu verwirklichen, ist nicht mehr feststellbar. Jedenfalls brannten Mitte des 19. Jahrhunderts in der Stadt 1194 Gaslaternen, die neun Millionen Kubikmeter Gas verbrauchten.* Um die Jahrhundertwende verlagerte sich der künstlerische Fokus von der Straße weg in die Gaststätten hinein. In der Bräugasse der Passauer Altstadt betrieb Emerenz Meier mit dem *Koppenjäger* eine vielbesuchte Künstlerkneipe. Das jetzt defunkte Künstlercafé *Stefanie* in der Münchner Maxvorstadt beherbergte die in Samtkittel gekleidete Schwabinger Lumpenboheme, im Volksmund »Schlawiner« genannt. In der Schwemme des Hofbräuhauses saß der Hofbräuhaus-Lenbach und malte mit wuchtigen Pinselhieben Porträts gegen eine Maß Bier und eine Brotzeit.

Kontinuität wurde stets groß geschrieben. Der echte Lenbach ist nie öffentlich gefördert worden. Im Gegenzug hemmte er Leibl

---

* *Journal für Gasbeleuchtung*, Juli 1858, S. 31.

bei dessen Entwicklung, wo es nur ging. Lenbachs Ästhetik wird am besten als geradlinig beschrieben. Bilder, die ihm mißfielen, dismittierte er mit dem Satz: »Des kann i net habn.« Ebenso unzweideutig fielen die Expertisen des Franz von Stuck aus, der Kommissionsmitgliedern einmal schlicht mitteilte: »Meine Herren, dieses Buidel ist nicht von Dürer.« Die Kunstrichter sind seither verboster und umständlicher geworden. So schreibt ein junger Kunsthistoriker über eine *Maria Gravida*: »Das reduzierte Faltengeriesel der Schoßgegend steht im starken Gegensatz zu dem des Oberschenkels, vor allem der im Licht stehende Diagonalverlauf des Oberschenkels, welcher deutlich die Parallelfaltung durchschneidet und mittels Parzellierung apostrophierend wirkt.«*

Das 20. Jahrhundert begann wenig vielversprechend. Angesehene Kunstkritiker stuften den Jugendstil als »halb scheußlich, halb japanisch« ein. Die sich anschließende Stilrichtung, der Expressionismus, kam dem *Völkischen Beobachter* wie eine Kunstpest vor, deren Erreger bekannt war: die Juden. Die *Thule-Gesellschaft* fand mit ihren stilisierten Sonnenzeichen starken Anklang, doch muß man den Münchnern attestieren, daß sie den Mut aufbrachten, 1937 in einer großen Kunstausstellung Werke von Nolde, Beckmann, Kandinsky, Feininger, Klee und Dix zu zeigen, die in den Museen und Galerien anderer deutscher Gaue schon längst abgehängt worden waren. Olaf Gulbransson vom Tegernsee faßte sich 1943 ein Herz und ließ sich im *Haus der Kunst* mit dem Bild *Der totale Krieg* sehen. Insgesamt beeindruckt die Museumskultur durch ihren Einfallsreichtum. Das Leibl-Museum in Bad Aibling besitzt kein Bild von Leibl, aber die Stimme des Meisters auf Schallplatte.

Französische Reparationen nach dem Siebziger Krieg ermöglichten den Bau der Kunstakademie. Dort gilt seit jeher der

---

* G. M. Lechner OSB, *Maria Gravida. Zum Schwangerschaftsmotiv in der bildenden Kunst,* Zürich 1981, S. 14.

Grundsatz: »Wer zuerst kommt, malt zuerst.« Durch eine kluge Berufungspolitik ist aus der Akademie trotz Baufälligkeit eine weltweit anerkannte Institution geworden. Als der Lehrstuhl für »Malerei und Graphik insbesondere für große Komposition unter Hervorhebung der christlichen Kunst« wiederzubesetzen war, berief der Kultusminister einen ehemaligen Benediktinermönch, der zwar nicht malen konnte, sich im eigenen Haus aber als Sachbearbeiter für Kunsterziehung, Musik und Sport bewährt hatte.

Auch außerhalb der Akademien erinnert vieles an die Kunst der Pygmäen. Die *Regensburger Schule* setzt bewußt bayerische Akzente (*So, so, wieder im Arsch,* 1985). Etwa dasselbe Niveau halten die Buchmaler. Illuminierte und ausgemalte Handschriften zählen vom 15. Jahrhundert bis zu den Kinderbüchern von »Onkel Franz« zum Besten, was die Kunst zu bieten hat. Ein interessanter Nebenzweig ist die Deltiologie, zum Beispiel die Serie *Waldkraiburg* auf alten Postkarten.

Stürmisch hat sich in den letzten Jahren die Tierfotografie entwickelt, und in der Filmkunst ist mit Herbert Achternbusch ein bayerischer Andy Warhol erstanden. Für die Filmkunst gilt, daß die Filmförderung wichtiger ist als die Filme selbst. Gerade die Filmschaffenden suchen eine alte Forderung von Otto Julius Bierbaum zu erfüllen, die Dienstbarmachung der Kunst für das Leben. Der Regisseur des Films *Faustrecht der Freiheit* betrat folgerichtig ein Lokal in der Thalkirchnerstraße und drückte einem Gast sein Whiskeyglas so lange ins Gesicht, bis dieser ins Krankenhaus gebracht werden mußte. Wir haben hier eine perfekte Übereinstimmung von Idee *(idea)* und Tat *(pragma).*

*

Bayern besteht städtebaulich aus mehr als Fachwerkhäusern und schwibbogenüberspannten Gäßchen. Man denke an die phantastische, von Hirsch gewürdigte Entwicklung der Zooarchitektur*, denke an das *Neue Affenhaus* im Bauholzstil, die Parkanlagen für horntragende Wiederkäuer, denke an die Verdienste, die heimische Architekten sich um die Wildbachverbauung erworben haben. Die Welt hat die Repräsentativbauten an der Ludwigstraße, einer wahren *via triumphalis*, schätzen gelernt. Man sollte darüber nicht bescheidenere, aber deswegen nicht weniger ansprechende Gebäude vergessen, die ebenfalls vom Sinn für die Antike zeugen, wie die Häuser für das Patriziat oder die Scheune mit griechischen Portalen, die der Philhellene Ignaz von Kreittmayr, einer dieser Patrizier, in Rottenburg an der Laaber errichten ließ. Bayerns Stadtbaumeister hatten das Glück, die benötigten Baustoffe auf dem eigenen Stammesgebiet vorzufinden, den Muschelkalk für das Münchner Polizeipräsidium, den Kelheimer Kalkstein, aus dem nicht nur Walhalla, Siegestor und Feldherrnhalle erbaut sind, sondern auch die Führerbauten an der Münchner Arcisstraße.**

Für Heinrich Heine war München bloß ein Dorf, in dem Paläste stehen, und Gustav Meyrink hat in diesem Dorf gar nur eine erweiterte Sennhütte gesehen. Als Reaktion auf diese Kritiken hat sich im Baustil eine gewisse Großmannssucht eingeschlichen. Das *Neue Rathaus* ist im Maßstab sicherlich überzogen und wirkt heute störend nicht bloß in architektonischer Hinsicht. Am Georgianum bekritteln Gegner der *straight photography* die »wandhafte Geschlossenheit« dieses Gebäudes.*** Carl Jacob Burckhardt schmähte die »kümmerliche Rückseite« des Maximilianeums. Selbst das Haus der Kunst, im Volksmund zärtlich »Weißwurst-Allee« genannt, wird von einigen Sachverständigen so verabscheut, daß sie den Abbruch verlangten. Ältere Anrainer erinnern

---

* Fritz Hirsch, *Hellabrunn,* Dachau 1984.
** Putzi Hanfstengel, *Zwischen Weißem und Braunem Haus,* Garden City 1974.
*** Klaus Gallas, *München*, Köln 1979, S. 314.

sich an ein böses Omen: Bei der Grundsteinlegung brach der Hammerstiel in Hitlers Hand.

Kunstsinnige amerikanische Bomberpiloten ließen das fuchs-bauartige Haus des *Völkischen Beobachters* an der Schellingstraße unangetastet, und kaputte Nazibauten sind nach dem Krieg liebe-voll restauriert worden*, wogegen manche Neubauten nur die architektonische Schönheit von Behelfspostämtern erreichten, zu-mindest in der unmittelbaren Nachkriegszeit. Danach herrschte die Devise *function follows form*. Unter dieser Devise haben die Baumei-ster ihre verschönernde Hand erprobt. Es entstanden die wuchtige Kaufhof-Fassade am Münchner Marienplatz, der Hertieturm an der Münchner Freiheit und die Kulturvollzugsanstalt am Gasteig. Mit der Kirche St. Matthäus gelang ein architektonisches Juwel, das Architekturstudenten aus aller Herren Länder anzieht. München leuchtet wieder mit Scheibenhochhäusern wie dem Arabellahaus oder dem Turm der Hypobank, ein Verwaltungssolitär von 114 Metern Höhe, nach dem Fernsehturm das zweithöchste Gebäude der Stadt, eine Ehrensäule des Kapitalismus mit menschlichem Antlitz.

Zu einem hervorstechenden Merkmal ist die Profanisierung von Sakralbauten geworden. Aus einem Franziskanerkloster wurde das Nationaltheater und aus der Augustinerkirche ein Jagdmu-seum. Der Königsplatz, eine uralte Kultstätte, ist in einen Parkplatz umgewandelt worden, dann in eine funktionsfreie Fläche. Das Törring-Palais erfuhr eine Metamorphose zum Postamt, und aus der Herzog-Max-Burg (»Maxburg«) machte man das Amtsgericht. Das Seminar für Theaterwissenschaft war früher ein Blindeninsti-tut und das winzige Institut für Amerikanistik ein Stift für adlige Mädchen. Die Beispiele ließen sich vermehren um die Frauenge-bäranstalt an der Sonnenstraße, die lange als Postscheckamt diente. Im Lerchenfeld-Palais ist das Bestattungsamt untergebracht.

---

* E. Schleich, *Die zweite Zerstörung Münchens*, Stuttgart 1978.

*

Graf Rumford und die Gartenarchitekten haben den Bewohnern eine Vielzahl innerstädtischer Naherholungsflächen geschenkt. Außerhalb des Stadtkreises entstanden als Nebenprodukt der Erdbewegungen im III. Reich (»Hauptstadt der Bewegung«) eine Reihe von freizeitintensiven Baggerseen. München ist laufend schöner geworden, man denke an die Vitrinen in der Kaufingerstraße oder an die Plastiklaternen an der Theatinerstraße. Der *Ehrenpreis für guten Wohnungsbau* konnte bisher allerdings nur einmal vergeben werden.

Man spricht in Fachkreisen von einer Tertiärisierung des Wohnraums. Dies trifft beispielsweise für die Holbeinstraße in Bogenhausen, für das gesamte Gärtnerplatzviertel und für Teile von Schwabing zu, welch letzteres heute als Vergnügungskerngebiet ausgewiesen ist. Der Universität, am Rande von Schwabing gelegen, fiel dabei eine zentrale Rolle zu: »Hatte sie Ende des 19. Jahrhunderts noch maßgeblich in Richtung Künstler- und Studentenviertel geprägt und neue Lebensideen hervorgebracht, so hat sie sich jetzt durch die Verdrängung von Wohnfunktion und Stadtviertelqualität eher zerstörerisch ausgewirkt.«* In der jüngsten Entwicklung freilich unterliegen die Staatlichen Hochschulinstitute gegen finanzkräftigere Bieter aus der Privatwirtschaft, so daß sich eine Quarterisierung der Geschoßflächennutzung abzuzeichnen beginnt.

München ist ohnedies »eine der gewagtesten menschlichen Ansiedlungen«**, die Wohnungsnot dortselbst ein durchaus historisches Phänomen. Bereits in der Zeit vor dem Ersten Weltkrieg hatte sich ein eklatanter Mangel an kleinen Wohnungen eingestellt, eine große Kleinwohnungsnot gewissermaßen. Nach Kriegsende resümierte das Städtische Wohnungsreferat die Lage so: »Die Zahl der Gefallenen schuf keine Erleichterung, da ihr

---

* Michael Georg Conrad, *Was die Isar rauscht,* München o.J., S. 49.
** R. Geipelt et al, *München,* Kallmünz 1987, S. 334.

Tod in der Regel nicht zur Auflösung der Haushalte führte und daher die Wohnungsnachfrage kaum verminderte.« Das klang so, als hätten Frauen und Kinder mit hinausziehen sollen. Als nun aber nach dem Krieg auch noch »der Ansturm der aus dem Felde zurückkehrenden Krieger« erfolgte, wurde die Wohnungsnot so groß, daß im Nymphenburger Schloß Notwohnungen eingerichtet wurden, »was nur nach langwierigen Verhandlungen mit der Krongutsverwaltung gelang«*, wie sich denken läßt.

In jenen Jahren mußte auf der Schwanthaler Hochebene für ein Mietverhältnis über Wohnraum zwischen 78 und 84 Reichspfennig pro Quadratmeter und Monat entrichtet werden. Die örtlichen Architekten gaben sich dabei alle Mühe, den Wohnungsbau zu verbilligen und die Mietpreise zu halten. Trotzdem gelang es nicht, die Wohnungsnachfrage zu befriedigen. Die Belegungsdichte nahm sittenwidrige Ausmaße an.** Zum andern stellte knapper Wohnraum auch ein politisches Risiko dar: »Die Wohnungsnot zerstört das Gemeinschaftsgefühl, sie untergräbt die Staatsräson.«***

*

Das neuhochdeutsche Wort *wohnen* leitet sich aus germanischen Formen ab. Es hat sprachlich zu tun mit *gewohnt sein* und bedeutet so viel wie *sich an einer Stelle wohl befinden*.

Bei dem Begriff *Wohnzufriedenheit* handelt es sich also strenggenommen um einen Pleonasmus. Viele Bayern wären gerne so seßhaft, wie man es ihnen nachsagt. Und doch jagt oft eine Umzugsbestätigung die andere. Die langandauernde Suche nach einer tauglichen Wohnstatt lehrt Demut und Beflissenheit gegenüber

---

* *Die Beseitigung der Wohnungsnot in München*, München 1927, S. 17, 42 und 49.
** V. Noack, *Die Wohnungsnot als Sexualproblem*, Berlin 1925.
*** *Die Beseitigung ...*, S. 62.

Die wuchtige Fassade einer Kaufhauskette ersetzte das verspielte Roman-Mayr-Haus.

Akademiestraße 7 – das in seiner Gliederung stilbildende Scheibenhochhaus vis-à-vis der Münchner Kunstakademie.

233

Gelungene Altbausanierung in Regensburg. Das altbayerische Flair blieb erhalten.

Hausbesitzern. Intransigenz und Hochmut der Hausherren haben selbst abgezockte Makler dazu gebracht, etwas von der Sozialpflichtigkeit des Eigentums zu murmeln. Aus dem Gesichtswinkel der Hausbesitzes dagegen nutzen die Mieter die ihnen zur Verfügung gestellten Wohnungen als Orte abweichenden Verhaltens *(deviant behavior)* und loten dort Grenzbereiche aus: Phonstärken, Schmutz- und Alkoholverträglichkeit, Paarungsbereitschaft.

Da die Nachbarstämme der Bayern *free wandering* üben und bayerische Städte die Mobilitätsgewinner sind, tut sich der heimische Mieter trotz Dachgeschoßausbau und Hofentkernung immer schwerer, eine taugliche Wohnstatt zu finden. Die magere Rendite läßt den Wohnungsbau stagnieren. In den Innenstädten sind Wohnungen regelrecht entmietet worden. Dunkle Fensterhöhlen und

Aus der Hausordnung
eines Anwesens
an der Münchner Schellingstraße
(um 1980)

SÄMTLICHE REPARATUREN, EINSCHLIESSLICH SCHÖNHEITSREPARATUREN SIND VOM MIETER ZU TRAGEN.

WÄSCHE DARF NUR IM WÄSCHESPEICHER GETROCKNET WERDEN.

EINE GESCHIRRSPÜLMASCHINE DARF IN DER WOHNUNG NICHT VERWENDET WERDEN!

NACH 21 UHR DARF NICHT GEBADET WERDEN NOCH EINE WASCHMASCHINE LAUFEN.

VOR UND AN DEN FENSTERN DARF NICHTS (z.B. STRICKE, VORRICHTUNGEN ZUM WÄSCHETROCKNEN, BLUMENKÄSTEN, VOGELHÄUSL U. AUSSENANTENNEN U.S.W.) ANGEBRACHT WERDEN UND KEINE WÄSCHE GETROCKNET WERDEN.

VOGELFÜTTERUNG IST AUF DEM GANZEN GRUNDSTÜCK NICHT GESTATTET.

DER HOF STEHT DEM MIETER ZU KEINERLEI ZWECK ZUR VERFÜGUNG!

Fortsetzung siehe Rückseite

KINDER DÜRFEN SICH NICHT IM HOF AUF-
HALTEN.

TIERHALTUNG IST NICHT GESTATTET.

ZERBROCHENE FENSTER DÜRFEN NICHT GE-
STÜCKELT ODER MIT BLEI ZUSAMMENGESETZT
WERDEN, SONDERN MÜSSEN SOFORT WIEDER
GANZ ERSETZT WERDEN.

HÄNGESCHRÄNKE WERDEN NICHT GEDULDET.

ES IST NICHT ERLAUBT DÜBEL IN DIE WAND
EINZUPUTZEN.

KAMINANSCHLÜSSE WERDEN NICHT GESTATTET.

ÖLFARBSOCKEL DÜRFEN NUR WEISS ÜBER-
STRICHEN WERDEN.

IN KEINEM ZIMMER DARF EINE KOCHGELEGEN-
HEIT AUFGESTELLT UND ANGESCHLOSSEN WERDEN!

DIE KÜCHE DARF IN KEIN ANDERES ZIMMER
VERLEGT WERDEN.

FLIESSENARBEITEN DÜRFEN NUR MIT SCHRIFT-
LICHER GENEHMIGUNG DES VERMIETERS AUSGE-
FÜHRT WERDEN! DIE VORHANDENEN FLIESSEN
DÜRFEN NICHT DURCHGEBOHRT WERDEN!

VERSIEGELTES PARKETT NUR MIT KALTEM
WASSER OHNE ZUSATZ ABWASCHEN.

ABZIEHEN DER BÖDEN IST NUR MIT VORHERIGER
SCHRIFTLICHER GENEHMIGUNG DES VERMIETERS
GESTATTET!

DIE PARKETTBÖDEN DÜRFEN NUR MIT FEINFEIN
STAHLSPÄNEN ABGERIEBEN WERDEN.

Huflattich auf den Gesimsen lassen auf bauliche Desinvestitionen und kalkulierten kumulativen Gebäudeverfall schließen. Auf den Gehsteigen häufen sich die art-typischen, penetranten, morphologisch bis zum Überdruß bekannten Produkte hündischer Körpersprache und vergrößern die soziale Distanz zwischen den Anrainern.

Die Verdrängungsmobilität bewirkt, daß Einheimische draußen an der Peripherie der Städte landen. Binnenethnologisch muß jemand als lebensunfähig gelten, der allzulange in Randbezirken wohnt oder sich auf Dauer mit dem Wohnen in einem Hochhaus begnügt und es nicht schafft, in einem der alten Quartiere eine Wohnbleibe zu ergattern.* Ein Generationsgefälle läßt ältere Bürger in anonymen Neubauten hausen, während junge Dynamiker in respektablen Häusern aus der Gründerzeit residieren. Innerstädtische Restbestände ähneln einer steinzeitlichen Wohngrube oft mehr als einer Wohnung. Trotzdem erscheinen die Bewohner in hellen Scharen, wenn ein solches Objekt angeboten wird. Die Empfehlungsschreiben und Gehaltsstreifen knistern nur so in den Sakkotaschen. Preiswerte und sonnige Wohnungen werden den Einheimischen von besserverdienenden außerbayerischen Bewerbern weggeschnappt. Einer unserer Informanten entwickelte einen antifeministischen Komplex, nachdem er im Kampf um eine stimmungsvolle und geräumige Altbauwohnung von einer Kinderbuchautorin aus Bad Cannstatt *(Schnief, das Schnüffeltier macht Ferien)* aus dem Feld geschlagen worden war.

Die Ausdehnung des § 7b des Einkommensteuergesetzes auf Altbauten erlaubte es, bestimmte Viertel als geschlossene Sanierungsgebiete auszuweisen. Saniert werden sollten neben den Wohnungen auch das Wohnumfeld und die Hausbesitzer. Der Münchner *Stadtentwicklungsplan* sah eine vorsichtige Regenerierung der Bevölkerungsstruktur vor, das bedeutete: Rentner und

---

* Michael und Katharina Rutschky, *Erfahrungshunger*, Köln 1980, S. 101.

Arme raus, Dinks und Yuppies rein. Der Seniorenberg mußte abgetragen, Bürgern mit hohem Steueraufkommen die Rückwanderung in citynahe Lagen schmackhaft gemacht werden. Das Stichwort lautete »simultane Sanierungspolitik«. Simultan hieß diesfalls: Investoren anlocken, ohne Wähler zu vergraulen. In den historischen *Herbergshäusln* an der Haidhausener Preysingstraße drehten sich alsbald die Töpferscheiben, wehten die Batiktücher frischgebackener Künstler und Künstlerinnen im Wind. Die Sanierung suboptimal genutzter Altbauquartiere, nach amerikanischem Vorbild *Gentrification* genannt, brachte für eingesessene, sozial schwache Mieter während der Implementierungsphase ein Leben im Bauschutt und nach der Implementierungsphase die Vertreibung. Einer verdrängte den anderen, und den letzten bissen die Wanzen im Obdachlosenasyl. Einer unserer Informanten meinte mit stammestypischer Logik: »Wenn die Hausbesitzer die schlaflosen Nächte alle mitmachen müßten, die sie verursachen, dann bräuchtens ihr Leben lang nicht mehr schlafen.«*

Bayerische Städte haben seit dem Übergang zu modernen Siedlungsformen über die Jahre hinweg sicherlich einen Originalitätsverlust hinnehmen müssen. Trotzdem ist dem Stamm der Sinn für originelle Pointen nicht verlorengegangen. In der Münchner Isarvorstadt mußten elf Wohnhäuser aus der Gründerzeit abgerissen werden, um Platz zu schaffen für den Neubau des *Europäischen Patentamtes* (EPA). Man schrieb das Jahr 1975, das zum *Europäischen Denkmalschutzjahr* ausgerufen worden war. Die Stadtväter hatten klug gehandelt und vor der entscheidenden Abstimmung über den Standort des EPA Polizeischutz angefordert. In der Debatte waren ihre Argumente nicht zu schlagen. Das EPA mußte dort hingebaut werden, wo es heute steht, weil die Bibliothek des *Deutschen Museums* in fußläufiger Entfernung liegt.

---

* Christel Schachtner, *Die Sorge um unser Zuhause*, München 1981.

Nur die Amerikaner haben mehr Erfahrung, wenn es um den Abriß antiquierter Bauten geht. Sobald es sich rentiert, ist der Bayer bereit, seine sprichwörtliche Objektverliebtheit zu suspendieren. In München wurde das Geburtshaus von Richard Strauss ebenso unkompliziert beseitigt wie die Fassade am Jugendstilhaus Elvira in der Von-der-Tann-Straße. Der Abbruch ist oftmals zweckfrei, geschieht um seiner selbst willen. Ein Pavillon in der Leopoldstraße (»Studio 15«) wurde im Sinne der Universitätsplanung zusammengeschoben, »ohne daß der Standort selber beansprucht wurde«.* Ein interessanter Effekt stellte sich bei den alten *Waschermadlhäuschen Am Gries* im Lehel ein. Eine Bürgerinitiative, die um deren Erhalt kämpfte, hat den Abriß unfreiwillig beschleunigt.**

Die Immobilienhändler geben heute in München den Ton an, was die Stadtentwicklung und die Nutzung der Gebäude angeht. Sie als seelen- oder geschichtslose Gesellen zu verteufeln, wäre verfehlt. Wie die Abbruchbranche kann sich der Immobilienhandel auf eine alte Tradition stützen. Sein an der Rendite orientiertes Gebaren gemahnt an die Aussätzigen der – inzwischen abgerissenen – Leprosenanstalt am Nikolaiplatz, die mit dem Ruf durch die Stadt pilgerten: »Gebts, weils lebts! Wanns nimma lebts, könnts nimma gebn.«***

Im Landesinnern waren durch die Auskernung landwirtschaftlicher Betriebe, den Neubau von Gehöften und die Entmischung der Arbeits-, Versorgungs-, Wohn- und Erholungsfunktionen rationelle Siedlungsformen entstanden. Funktionslos gewordene Bausubstanz wurde einer Umnutzung zugeführt. Diese Aufgabe war nicht leicht zu bewältigen, denn das Ackerbürgertum begegnete Reformversuchen mit einer Mentalitätssperre und tä-

---

* Schleich, S. 142.
** Geipel et al., S. 298.
*** Ebenda, S. 348.

tigte lieber Kleininvestitionen in überalterte Baubestände, statt sich einer umfassenden Sanierung zu öffnen.

Experten setzten einen höheren Technisierungsgrad und den Übergang zur Monokultur durch, um damit mehr Kapital zu schöpfen und zu verhindern, daß die Landwirtschaft nicht zum »romantischen Hobby« geriet oder bloß noch aus »sozialem Zwang« ausgeübt wurde. Gegen mangelnde Veränderungswünsche half oft »nur ein von außen kommender und großzügig konzipierter Entwicklungsstoß«.* Auf diese Weise gelang es, Fortschrittsoffenheit, Entwicklungswillen und ein neues ländliches Selbstbewußtsein zu erzeugen. Mitunter mußte man freilich auf den Erbgang warten, um zum Ziel zu gelangen. Als besonders geeignet für die Dorferneuerung erwiesen sich Orte mit negativen Wanderungssalden. Öffentlich geförderte Abrißaktionen machten aus ganz normalen Bauerndörfern echte Siedlungsgemeinschaften mit ausgeprägter Wohnfunktion und einer akzeptablen infrastrukturellen Grundausstattung.

Doch plötzlich wandelte sich das Antlitz der Dörfer erneut. Die einst so geschätzten graugefärbten Verbundsteine verschwanden quasi über Nacht. Preßbitumen, Kunstschiefer, Verblendziegel, Kunstschmiedegitter und Panoramafenster wurden entfernt. Auf den Fenstersimsen erschienen disfunktionale Blumenkästen, als gälte es, einen Wettbewerb zu gewinnen. Fachwerk wurde freigelegt, Aussiedlerhöfe grün ummantelt, der Dorfrand als Kontaktbereich zum landschaftlichen Umfeld neu entdeckt und gestaltet. Wer aus Geldmangel nie renoviert hatte, war fein heraus. In die schnurgeraden Durchgangsstraßen baute man Kurven, Krümmungen und Winkel ein, so daß sie sich wieder durch die Orte schlängelten wie zu alten Zeiten. Die Renaturierung bayerischer Dörfer ist heute so gut wie abgeschlossen.

---

* Dr. Karl Ganser, *Modelluntersuchung zur Dorferneuerung,* München 1967, S. 51 und passim.

Bayern in Zeit und Raum

Bayern beobachtet die allerwärts in Gang befindliche *retribaliza-tion* mit Gleichmut; man hat selbst nie aufgehört, Stamm zu sein. Wenn es zutrifft, daß nur Stämme überleben, so liegt Europas ältester Staat gut im Rennen. Aber ist es nicht richtig, daß die Bayern durch Fremdenverkehr, Zuwanderung und Mischehen wirklich vom Aussterben bedroht waren und zeitweise der Gedanke verfolgt wurde, echte Bayern durch Hereinnahme von Österreichern zurückzuzüchten, so wie man in Hellabrunn das bereits ausgestorbene mausgraue Urwildpferd zurückgezüchtet hat? Es gibt einen wichtigen Grund, warum sich die Befürchtungen rasch wieder verflüchtigten, und der ist die Objektverliebtheit der Bayern. Der tiefe oknophile Zug des Volkes begünstigt das Überleben der materiellen Kultur und kommt der Kulturbewahrung generell zugute.

Seit auf dem Berg Andechs einige Reliquien vor den Hunnen in Sicherheit gebracht worden sind, lagern dort die Knochen von mehr als einer halben Million Heiliger, dazu Dornspitzen aus der Krone, gewisse Silberlinge, Haarlocken der heiligen Anna, Milchtropfen aus Mariae Brust und weitere Raritäten, die von den engen Objektbeziehungen des Stammes künden. Das retentive Verhalten läßt sich, nebenbei gesagt, auch im ideellen Bereich nachweisen. Vor Abstimmungen etwa werden ausgefüllte Neinzettel auf Vorrat gehalten, die man bei Anträgen des politischen Gegners *grundsätzlich* abgibt.

Die Erzeugnisse der materiellen Kultur sind immer rasch sozialisiert worden. Dies erklärt die Beigabenlosigkeit der Männergräber auf den bayerischen Hochlanden, die uns zu Beginn unseres Forschungsaufenthaltes noch Kopfzerbrechen bereitet hatte.

Wenn wir unsere Ergebnisse rückblickend und abschließend würdigen, so bleiben offene Fragen und Widersprüche. Wie oft haben wir in der sakralen Kunst die Fleischwerdung des Logos* bewundern und verstehen können, ohne im Alltag mit paradoxen sprachlichen Bildungen à la »Kruzitürken« wirklich zu Rande zu kommen. Wir mußten lernen, daß sich *culture and personality* in Bayern nicht so simpel ergänzen, wie es scheint. Die Gewohnheit, eine Person mit Vornamen, Familiennamen und Hofnamen zu identifizieren (»Max heißt er, Aigner schreibt er sich, und der Schedlbauer ist er«), läßt auf eine vielschichtige und mindestens dreifache Identität schließen.

Wir mußten uns bescheiden. Der Stamm der Bayern ist ethnographisch nicht so bequem zu erfassen wie etwa die Kamelnomaden Nordkenias. Eine bestimmte Affinität zum Schwarzen Erdteil ist uns nicht verborgen geblieben, die Wasserarmut, die Existenz von Löwen, das Vorkommen von nubischen Steinböcken, die Bedeutung der Strauße, wie denn überhaupt in Bayern neben dem Kulturmorphologen immer auch der Wildbiologe gefordert ist.

Einige der Forschungsprobleme tauchten nicht ganz unerwartet vor uns auf. Was für die australischen Aborigines gilt, gilt auch für Bayern: Die Menschen verstehen ihre eigene Tradition nur mehr bruchstückhaft. Die Ergiebigkeit der schriftlichen Quellen war oft zum Verzweifeln mager, die Auswertung von Kindheitserinnerungen pure Zeitvergeudung (»Wenn man mich suchte, verhielt ich mich zunächst mäuschenstill, um mich dann später durch einen leisen Kuckuckruf zu melden.«**). Mit den mündlich überlieferten Zeugnissen stand es manchmal nicht viel besser, ist der Bayer nüchtern genommen doch ein rechter Lakoniker und

---

* G. B. Lechner OSB, S. 11.
** Karl Wieninger, *Lausbubenjahre in Sendling*, München o.J. im Selbstverlag, S. 5.

Die reichhaltige materielle Kultur konnte bisher nur zum Teil kommerzialisiert werden.

nach dem Genuß von Alkohol ein Gesprächspartner, bei dem sich nach etwa sieben Halben *informant fatigue* einstellt. Trotz mehrfacher Versuche ist es uns nicht gelungen, die tatsächliche Einstellung zu den sekundären Geschlechtsmerkmalen herauszufinden. Einesteils gilt der Bart als eine Zierde des Mannes, und im Voralpenland finden sogar Wettbewerbe um die schönste Gesichtsbehaarung statt. Auf der anderen Seite stießen wir in großen Tageszeitungen auf Inserate wie dieses:

> **Residenztheaterabonnement** **wird**
> bayer., bartlosem Stud. med. **verehrt.**
> Handgeschriebene Zuschr. erb. u. A
> 741239 an SZ

Eine Zeitlang hat uns die Unergründlichkeit des bayerischen Charakters frustriert, obwohl wir uns mit einer Sentenz des Märchenkönigs hätten trösten können: »Ein ewiges Rätsel will ich bleiben mir und anderen.« Das zur Schau getragene Selbstbewußtsein des Stammes wirkte aber schließlich auf unser Team so ansteckend, daß wir auf die geleistete Arbeit mit einem Modicum an professionellem Stolz zurückblicken.

Denn immerhin läßt sich abstrahieren, daß der Stamm in Zeit und Raum eine Sonderstellung einnimmt. Vor dem 7. Jahrhundert lag Bayern in süßer Ruhe. Die Bajowaren tauchten erst einige hundert Jahre nach anderen Ethnien (Alemannen, Franken, Sachsen) in der Geschichte auf. Sie haben sich seither keine besondere Mühe gegeben, den *cultural lag* aufzuholen, sind vielmehr ihren eigenen Weg gegangen und waren erfolgreicher als andere Stämme in dem Bemühen, sich eine unverwechselbare Identität zuzulegen. Bayerische Würdenträger haben es immer verstanden, dem Volk seine wahren Interessen zu erläutern und Solidarität zu erzeugen. »Halts enk zamm!« rief der führende Dichter des Landes während der *Lola-Montez-Krise.*

Zur Zeit der *Dorfener Bierkrawalle* – gewiß ein sensibler Bereich – schrieben besonnene Chefredakteure, die Bauern müßten einsehen, »daß sie durch so törichte Handlungen nur die Schrittmacher für die Sozialdemokraten, die größten Feinde der Bauern, machen«.* Und bald war die Ruhe wieder eingekehrt. Weltverbesserer haben sich schwergetan in einem Land, das sich zur Revolution entschloß, »damit a Ruah is«.** Als der Präsident der Bayerischen Landesbank im Berichtszeitraum die Meinung vertrat »Hierzulande ist das meiste im Lot«, löste er einen Sturm der Entrüstung aus und mußte sich als Jakobiner beschimpfen lassen, denn nach herrschender Meinung ist unter dem bayerischen Hoheitszeichen alles und nicht nur das meiste im Lot.

Das historisch-staatliche Bewußtsein und der in sich ruhende Volkscharakter konnten sich um so klarer herausbilden, je geschickter man Überfremdung und Überintellektualisierung abzuwehren verstand. Dazu werden Ausländer und Studenten in einen Sinnzusammenhang gebracht (»ole mitanand woins nix ois wia unsere weiwa schdessn«***). So paradox es klingt: Xenophobie und Universalismus gehen Hand in Hand. Die höchsten Funktionäre bei der *International Association of Drip-Mat und Label Collectors* sind Bayern. Das ausgeprägte globale Interesse läßt staatliche Grenzen verschwimmen. »Für mich gibt es nichts Schöneres«, bekannte ein vielbeschäftigter Stammesrat, »als den Sonnenaufgang in den Salzburger Alpen zu erleben, da ich beruflich so oft im Ausland bin.« Tatsächlich ist der Inn so etwas wie die Oder-Neiße-Grenze der Bayern.****

Bayerns Bindung an die Welt ist ein Zerstörer gleichen Namens. Als es um eine Geste an die Adresse Israels ging, schickte

---

* *Mühldorfer Stadt- und Landbote* vom 14. Juni 1910.
** Carl Amery, »Was ist bayrisch?«, *Süddeutsche Zeitung* vom 9./10. Februar 1980.
*** Benno Höllteuffel, *Ois mitnand,* Feldafing 1980, S. 44.
**** Günther Nenning, »Es lebe der kleine Unterschied«, in: *Geo spezial,* 13. Juni 1990, S. 146.

man die »Bayern«. In schmucke weiße Uniformen gekleidete See-
leute schenkten den Israeli original Münchner Straßenschilder
und bewirteten sie in der alpin dekorierten Messe. Andere Stämme neiden den Bayern ihr weltgewandtes Auftreten und verübeln
ihnen ihre geschützte Identität. Ein Exponent norddeutscher Gemütsart konstruierte mit seinen Kenntnissen als Amateurhistori-
ker aus dem Sonderweg eine geschichtliche Schuld. Bayern sei es
gewesen, schrieb er, das den Dreißigjährigen Krieg »um etliche
Jahre verlängerte«, Bestechungsgelder annahm, den Ausschlag für
Hindenburgs Wahl zum Reichspräsidenten gab, das Grundgesetz
ablehnte und in Sachen Wiedervereinigung eine Extrawurscht ge-
braten haben möchte.*

Die Bayern sind es gewohnt, daß ihre Mentalität in anderen
Gauen nicht sonderlich gut verstanden wird. Der Bayer ruht in
sich, er verströmt Stasis, will offenbar den Konservativismus und
sonst nichts auf der Welt.

> Was i brauch hob i,
> was i muaß ko i,
> was i ko gfreut mi,
> nix davo reut mi.

Weitere Fahrten unternimmt er am liebsten im Konvoi mit
Landsleuten. In der Fremde schlägt Heimatverbundenheit abrupt
in Heimweh um. Ein Journalist, den es aus Eichenried im Erdin-
ger Moos nach Hamburg verschlagen hatte, fragte bänglich:
»Kann ich auskommen ohne Dirndl und Kartoffelknödel?«

Der Bayer hängt an seinen Gewohnheiten und behält sie auch
im Angesicht des Todes bei. Ein Bauer, der auf dem Sterbebett

---

* Rudolf Augstein, »Kreuth in Sachsen«, in: *Der Spiegel*, 13/1990, S. 20. – Ders., »Bayerns Extrawurst«, in: *Der Spiegel*, 32/1990, S. 20.

beichten sollte, raunte seiner Frau zu: »Geh, Wei, hol a Raadern, i kos grad durchs Gaaderer.«*

Der Bayer ist genügsam, lebensklug, und er weiß zu relativieren. Eine schlechte Nachricht, eine abgeschlagene Bitte, den vorletzten Platz beim Schafkopfrennen quittiert er mit dem Satz: »Das ist besser wia in d Hosen gschissn.« Die Mentalität des Stammes scheint ein großes Ruhebedürfnis nach sich zu ziehen. Unschwer fallen einem hierzu historische Belege ein. Feldmarschall Wrede hatte über die ersten Demokraten des Landes gesagt: »Es werden nur 10 aufgehängt, und dann ist Ruhe.« Man sollte sich jedoch nicht täuschen lassen. Der Bayer mag im Bierzelt sitzen, die Ellenbogen gemütlich aufstützen, sein Pfeifchen schmauchen und nach Ruhe verlangen. In Wirklichkeit beobachtet er aus den Augenwinkeln heraus sehr scharf, ob nicht irgendwo eine Schlägerei entsteht.

Bei aller Liebe zu unserem Gegenstand wollen wir nicht unterschlagen, daß der Bayer auch unangenehme Eigenschaften hat. Er ist keineswegs der »gaskognerhaft glückliche, unbefangene südliche Menschenschlag«, den die Romantiker sehen wollten, und den seither alle verbissen suchen. Uns Kulturanthropologen hat zunächst einmal eine gewisse Halsstarrigkeit irritiert, die bis zur Apperzeptionsverweigerung gehen kann und durch die Liebe zur Natur nur teilweise entschuldbar wird.

Einheimischer: Da hint'n die Bergspitze mit dem Schnee auf der Ostflanke, sehn'S die Bergspitze?

Fremder: Nein.

Einheimischer: Des is da Herzogstand.**

----

* Komm, Frau, hol ein Getreidesieb, ich kann's nur durchs Gitter.
** Nach A. Schweiggert, S. 21

Störend wirkt ferner das invertierte Abstraktionsvermögen, das sicherlich gewöhnungsbedürftig ist. Ein volksnaher Dramatiker beantwortete die Frage, wer denn in dem gleichnamigen Stück *Auf verlorenem Posten* stehe, so: »In der direkten Aussage sind es die Kommunisten. Aber letzten Endes sind es die drei Hauptdarsteller.« Zudem ist der stammesspezifische Umschlag des starken Heimatgefühls in eine etwas penetrante Selbstverliebtheit bemerkenswert, die beispielsweise den Archonten dazu brachte, häufiger als nötig über die Ursachen des Terrorismus zu reden und damit von sich selbst.

Gerade Frauen legen manchmal eine kaum glaubliche Herzlosigkeit an den Tag. Cosima Wagner spielte am Flügel *Lob der Tränen*, während im Nebenzimmer der Gatte starb. Bei Männern führt das Bewußtsein von der Endlichkeit des Daseins zu einer Realitätsleugnung, die sich bis zum Realitätsverlust steigern kann. Eine alte Grabrede *Auf dem Schaffote* begann mit dem Satz: »Der Mensch weiß nicht, wann und wo er sterbe.«* Als ein Mann in Fürstenfeldbruck beim Fensterln aus dem dritten Stock abstürzte, fand man in der Presse statt eines *Memento mori* nur die lakonische Warnung vor einer »Folklore um jeden Preis«.

Der Tod wird nicht verdrängt, aber vom ersten Atomschlag werden die Bayern wahrscheinlich in der warmen *Zirbelstube* bei *Geselchtem* und *Pflümlischnaps* überrascht. Dabei ist ihnen der Gedanke an die Apokalypse keineswegs fremd. Das in Regensburg entstandene Gedicht *Muspilli* schildert den Weltuntergang sehr eindringlich. Noch heute sind die Kramerläden voller Apokalyptiker, und im Gespräch ist jeder zweite davon überzeugt, daß es in den meisten Belangen und Betreffs »weit fehlt«. Sobald die Katastrophe aber besprochen ist, ist sie gebannt. Die Nürnberger in

---

* Matthias Heimbach SJ, *Schaubühne des Todes. Leichenreden für alle Fälle, Stände und Altersklassen*, Augsburg 1881, S. 72.

Das Bayerntum soll die Apokalypse überstehen – rustikal eingerichteter Atomschutz-bunker südlich von München.

ihrem Fatalismus beenden fast jede Unterhaltung mit einem »suu genga di Geng«, und der Altbayer schickt sich in den Tod auf eine Weise, die selbst hartgesottenen Feldforschern und Feldgeistlichen noch Schauer über den Rücken jagt.

> Wo sind Ihre Eltern?
> Vom Traktor überfahren.
> Die Frau?
> Vom Traktor überfahren.
> Kinder?
> Vom Traktor überfahren.
> Haben Sie sonst noch Verwandte?
> Alle vom Traktor überfahren.
> Was machen Sie denn so allein auf der Welt?
> Mei, Traktor fahren.*

---

* Schweiggert, S. 26.

Wir versagen uns ein Urteil, ob es sich hier um sadistische Impulse, seelische Taubheit oder technische Begeisterung handelt.

Im großen und ganzen überwiegen die positiven Eigenschaften, wie denn der Bayer zum Leben grundsätzlich positiv eingestellt und nach Kräften bemüht ist, anderen zu einer ähnlichen Einstellung zu verhelfen. Damit ein hoher Würdenträger seine positive Einstellung zum Raiffeisenwesen behalte, wurde ihm ein Millionenkredit zur Renovierung seiner alten Wirtschaft gewährt, ungeachtet dessen, daß die Höhe der Kreditsumme die Bank ins Schleudern brachte. Hilfsbereitschaft und Zuvorkommenheit, die sich hinter einem etwas ruppigen Wesen verbergen, werden oft unterschätzt. In einer Straßenbahn *(Tram)* erlebten wir folgende Szene mit:

> *Fahrgast:* Halten Sie auch an der Heidestraße 3?
> *Trambahnfahrer:* In welchem Stockwerk darf es sein?*

Daß der Bayer besonders harsch mit Randgruppen umspringt, konnten wir als Mythus entlarven. Die Toleranzzettel für Tagelöhner sprechen hier eine andere Sprache, und die Toleranz für geistig Behinderte ist so hoch, daß dem Märchenkönig sogar Verehrung entgegengebracht wurde. Gegenüber Minderheiten weiß man fein zu differenzieren. »Er ist natürlich ein sehr gescheiter Mann«, urteilte der seigneurhafte Verleger Reinhard Piper, »aber offenbar Jude. «

Der Humor der Bayern wurzelt tief in der Geschichte. Ins späte 17. Jahrhundert fällt die Institutionalisierung des Schabernacks. Der Tod des Hofnarren Prangerl im Jahr 1820 wurde als herber Verlust empfunden. Daß Humor als soziales Korrektiv dienen kann, mußte auf makabre Weise der Jurist Paul Johann von

---

* Ebenda, S. 77.

Feuerbach erfahren. Vor seinem Haus tauchte an einem Palm-
sonntag die Leichenfrau samt Sarg auf, um den toten Hausherrn
abzuholen, der sich allerdings guter Gesundheit erfreute und kurz
zuvor die Enthauptung von Pasquillanten gefordert hatte. In Zeiten der Unterdrückung ist Humor als politisches Kampfmittel
eingesetzt worden. Die *Bayerische Volkspartei* bestritt eine Reichs-
tagswahl mit einer Karikatur des nordischen Menschen Dr. Goebbels und dem Vers »Erkläret mir, Graf Orindur / Diesen Zwiespalt
der Natur!«

Der Bayer hat im allgemeinen ein untrügliches Gefühl dafür,
wo Humor deplaziert wirkt. Sanktionen stehen bereit. Als ein der
Blasphemie verdächtigter Passauer Kabarettist den Brief an eine
Polizeibehörde mit »Komik-Hauptmeister« unterzeichnete, handelte er sich ein Strafverfahren ein. Eben weil der Bayer Humor
hat, versteht er keinen Spaß. Zudem ist er davon überzeugt, daß
der Vorrat an Humor endlich und deshalb zu bewirtschaften ist.

Einer der markantesten Träger des *Karl-Valentin-Ordens* ist der
Kurienkardinal Ratzinger. Dieser Orden wird von der Münchner
Faschingsgesellschaft *Narrhalla* für Verdienste um den Humor
verliehen. Joseph Ratzinger, Präfekt der Römischen Glaubens-
kongregation, hatte anfänglich Bedenken, sich auf diese Weise
auszeichnen zu lassen, stimmte dann aber mit großer Freude zu,
so daß man sagen kann, seine humoristische Leistung habe darin
bestanden, den Orden überhaupt anzunehmen.

Humor hat in Bayern immer auch mit dem religiösen Empfinden zu tun gehabt. Die Mönche der Abtei Windberg, bemerkt
Pezzl, »lachen beim freundschaftlichen Schmaus selbst ungescheut

über die religiösen Schwänke, die sie in den Morgenstunden dem getäuschten Volk von der Kanzel anpreisen.«

Religion und Politik stehen in einem osmotischen Verhältnis zueinander. Das Christentum bestimmt die Politik und die Politik das Christentum. So wurden in den letzten Kriegswochen zahlreiche Parteiabzeichen in den Klingelbeuteln deponiert. Der kirchliche Alltag offenbart sich als human, weil der Gläubige die Gewißheit besitzt, auch einmal auf ein Opfer verzichten zu dürfen.

Bayern ist *terra benedictina* mit einem feierlichen *cultural code*, der praktisch am Türstock der Wohnung beginnt. Die mit Kreide angebrachten Großbuchstaben *K+ M + B* stehen nämlich für *Katholisch Mußt Bleiben* und nicht, wie es ein Scherzwort will, für *Kathi Machs Bett*. Der Katholizismus ist weniger starr als anderswo. Ein Schuß *common sense* macht Dogmen und Exhortationen erträglich und sorgt für eine angepaßte Liturgie. Wenn er über Sparsamkeit predigen will, läßt der Pfarrer *vor* der Predigt sammeln. Persönliche Lebensziele haben oftmals eine religiöse Färbung. So mancher Fromme wünscht sich nichts sehnlicher, als einmal in Oberammergau mitspielen zu dürfen, und sei es als linker Schächer.

Religion und Konsum sind ebenfalls miteinander verknüpft. In der Pariser Straße zu München gab es lange Zeit einen Stehausschank *Zum Heiligen* ohne nähere Spezifizierung. Ein paar Straßen weiter, am Wiener Platz, kann man ein neuzeitliches Wunder in Augenschein nehmen: An Therese von Konnersreuth scheiden sich die Geister, aber daß ein *Tagescafé* eine Schankgenehmigung bis zur *Sperrstunde* hat, überzeugt auch den letzten Zweifler. Ohne Frage macht die Religion einen guten Teil dessen aus, was man Bayerns Einmaligkeit oder den bayerischen Exzeptionalismus nennen könnte.

*

Gibt es überhaupt Alternativen zur dominanten Kultur und ihrer Einheitlichkeit? Entsprechende Versuche sind meist im Sande verlaufen. Der *Verein für bodenständige Kultur* aus Rosenheim krankte an seinem Motto: Lieber bodenständig als ständig am Boden. Der geistesverwandte e.V. *Das andere Bayern* wollte erkannt haben, daß die eigene Kultur nicht allein per Schuhplattler-Workshop weitergegeben werden kann und daß die Zustände im Land nicht auf einem geheimnisvollen Volkscharakter beruhen, sondern auf politischen und damit veränderbaren Faktoren. Zu einer Veranstaltung des Vereins im Jahre 1983, natürlich in der Bayernhalle, erschienen viertausend Besucher. Ein Jahr darauf brach ein Machtkampf um die Vereinsführung aus. Gewerkschaftsfunktionäre und Künstler boxten Hochschullehrer und andere Beamte hinaus. Seitdem ist es stiller um den Verein geworden, zu dessen vornehmsten Programmpunkten stets die Heimatpflege gehört hatte. Gepflegt werden sollte des bayerischen Menschen Aufmüpfigkeit, wie sie Lion Feuchtwanger, Oskar Maria Graf oder Therese Giehse vorgelebt hatten.

Signum des Vereins Das andere Bayern e.V. *Zu den Vereinszielen dieses gemeinnützigen Vereins gehörte der Nachweis, daß es nur das* eine *Bayern gibt.*

253

Doch als die Passauer Obrigkeit einer jungen Historikerin die Kandare einzog, weil sie es gewagt hatte, im Stadtarchiv nach Akten aus dem III. Reich zu fragen, da machte *Das andere Bayern* keinen Finger krumm, der Aufmüpfigen zu helfen oder ihr wenigstens moralische Unterstützung zu geben. Inzwischen hatte die Wissenschaftlerin den *Geschwister-Scholl-Preis* der Stadt München erhalten, worüber mit einigem Stolz die *Bayerische Staatszeitung* berichtete, die man getrost zu dem einen, nicht zu dem andern Bayern rechnen darf.

Die *Staatszeitung* war es auch, die als erste zugab, sie vermisse am kabarettistischen Programm der Münchner Lach- und Schießgesellschaft »die Schärfe der frühen Jahre« – jener Jahre, in denen der *Bayerische Rundfunk* sich ausblendete, wenn der aus Schlesien stammende Kabarettchef zu seinem Monolog aus den Kulissen trat. Schwer zu begreifen ist ferner, warum ausgerechnet ein Schriftsteller, der den aus Fürth gebürtigen Henry Kissinger mit Bedacht einen Kriegsverbrecher nennt, den Literaturpreis der *Bayerischen Akademie der Schönen Künste* erhielt, es sei denn, daß es wirklich nur das eine Bayern gibt, das seine eigene Opposition schon in sich trägt. Die Proponenten eines *anderen* Bayern hätten dann die Bestimmung, die Existenz des *einen* Bayern zu bestätigen.

Der Bayer weiß zu unterscheiden zwischen Sachen, die pressieren, und solchen, die nicht pressieren. Die meisten Sachen pressieren nicht.* In der Kunst findet man eine Vorliebe für sitzende Zentralfiguren, und in der Gastronomie liegen die Ursprünge der *Slow-food*-Bewegung. Der Archont war ein Cunctator, der die angemessenen letzten Worte fand. Zu seinem Gewehrträger sagte er »Warten Sie noch«. Dann fiel er leblos zu Boden. Ein eklatantes Paradoxon, der *Bayerische Eilbote*, konnte sich als

---

* M.P. Nilsson, *Primitive Time-Reckoning,* Oxford 1920.

Tageszeitung nicht lange halten. Die kulturelle Antwort folgte auf dem Fuße in Gestalt der Zeitschrift *Rückwärts*, die im Titel ihr Programm enthielt: »Wird Alles, wie wir es uns zur Aufgabe gemacht haben, möglichst rückwärts gehen, so werden die Menschen wieder in das Paradies versetzt.«* Mit diesem Programm stellte man sich ausdrücklich gegen Seine Majestät, denn der König hatte dekretiert:

> Gleichest dem Strome der Zeit, o Isar! es schiffte noch keiner
> Je auf euch beiden zurück, vorwärts treibend allein.

An der Bruchstelle zwischen Steinkrug und Moderne muß Bayern heute sein Verhältnis zur Zeit neu austarieren. Sich das Land als absolut rückständig vorzustellen, wäre verfehlt. In manchem war Bayern seiner Zeit sogar voraus. Dachau sah das erste deutsche KZ, in München und Nürnberg wurden die Synagogen mehrere Monate *vor* der »Reichskristallnacht« zerstört. Im Zeichen des Atoms haben die Behörden eine erfolgreiche Umdatierung der Halbwertzeit in christliche Zeit vorgenommen, wie man überhaupt konstatieren kann, daß der Zeitbegriff an ethische Vorstellungen gekoppelt wird. Einen ausgeprägten Sinn für Moral und *timing* stellte ein Spielbankenkonzessionär unter Beweis, dessen Gewissen erst schlug, als er seine letzten Kasino-Anteile verkauft hatte.**

Vor alters warf der Landmann einen Blick in die Mistlache, »um darin anhand des Sonnenstandes die Tageszeit festzustellen«.*** Heutigentags werden noch einige wenige chronometrische Indikatoren origineller Art herangezogen. Wenn nach der Urlaubszeit die Arbeitskolonnen ausrücken und die Leitplanken

---

* *Rückwärts*, Nr. 1, 1848.
** Heinrich Senfft, *Glück ist machbar*, Köln 1988, S. 164.
*** Scheingraber, S. 225.

wieder gerade biegen, weiß die einheimische Bevölkerung, daß der Herbst beginnt. Längst wird die exaktere Zeitmessung jedoch von *High-Tech* bestimmt. Am *Physikalischen Institut* in Garching arbeiten Wissenschaftler an einer Uhr, die in 30 Milliarden Jahren nicht mehr als eine Sekunde nachgeht. Bis dahin wird es bei abweichenden Zeitvorstellungen bleiben müssen. Das ethnische Differential kann bis zu zwei Stunden betragen. Am Sudelfeld in der Nähe von Bayrischzell sahen wir ein Schild mit der Aufschrift »Aufstieg zum Wendelstein drei Stunden – für Preußen fünf«.

Mit dem Beginn der Moderne sind nicht nur die Zeitbegriffe durcheinandergeraten, es kam auch zu einer Vermischung der räumlichen mit der zeitlichen Dimension (»war's gestern oder im vierten Stock?«) und einer Mixtur aus Chronik und Toponomastik (»Neunzehnhundertdingelskirchen«!). Ein Blick in die Erinnerungsschatulle kann den Indeterminismus nur scheinbar auflösen: »Früher herrschten bei uns die Ultramontanen, und was hatten wir? Bonzen. Dann kamen nach der Revolution die Marxisten. Und was hatten wir? Bonzen. Dann kam endlich der Nationalsozialismus. Und was haben wir heute? Mittwoch.«*

Der Dichter hat die verbreitete Unsicherheit in die Zeile gegossen: »Geh weida Zeit, bleib steh.« Keine Frage: Das moderne Zeitgefühl des Stammes ist mit Todesangst untermischt. Der reichste Mann des Landes legt in seiner Stammwirtschaft Wert darauf, daß die Musikkapelle unausgesetzt spielt. Nur jeweils einer der Musikanten darf seine Notdurft verrichten, die anderen müssen weiterspielen. Die Kellnerin hat *standing order*, dem hohen Gast unausgesetzt ein Paar Spiegeleier zu bringen, von denen er eines ißt, das andere läßt er zurückgehen, *da capo al fine*. Leicht erkennt man hinter diesem neurotischen Verhalten die Angst vor einem »Abreißen« der Zeit. Da hilft es nicht viel, daß einer der

---

* Richard Carstensen, *Anekdoten aus Bayern*, Husum 1983, S. 68.

größten Rüstungskonzerne des Landes eine Flächenwaffe entwickelt, die wie eine riesige Feuerwalze wirkt und zu unserem
Schutz binnen einer Sekunde dreihundert Meter Landschaft auf-
frißt.

Ein kleiner Trost mag sein, daß nach neuesten Messungen
junge Frauen länger im Beichtstuhl verweilen als ältere und wir
eine Re-Affirmation des ethnischen Tempos vor uns haben. Aufs
Ganze gesehen – und wir sagen es zum Schluß nicht ohne eine gewisse Wehmut – dürfte jedoch Bayerns repräsentativster Denker
das dominierende Zeitgefühl am besten getroffen haben, als er
sagte: »Die Zukunft war halt früher besser.«

Epilog

In meinem Alter hat man gelernt, sich mit bescheidenen Erfolgen zufriedenzugeben. Meiner auf Seite 51 versteckten Empfehlung, den Bayerischen Senat abzuschaffen, wurde entsprochen. Daß es einen Landtag und einen Senat geben muß, war in der Bevölkerung ohnehin nie verstanden worden. Der politisch interessierte Bauer hatte seit je eine andere Arithmetik im Kopf: Das Parlament hat zwei Kammern, meine Odelgrube hat drei.

Der riesige Flächenstaat will die schleichende Demokratisierung nicht zu weit gehen lassen, doch ist eine Rückkehr zur Monarchie ausgeschlossen. Georg Büchner durfte unzensiert neu aufgelegt werden, obwohl er Ludwig I. übel beschimpft hat.* Unbehelligt blieb ein Zeitungsmann, der gespottet hatte, die Königstreuen seien ins Hofbräuhaus eingezogen, um sich dort majestätisch zu betrinken. Im Jahresrückblick 1996 wurde der Toten des Jahres gedacht, darunter Margaux Hemingway und Rio Reiser. Der verstorbene Chef der Wittelsbacher, Herzog Albrecht von Bayern, blieb unerwähnt. Die monarchistische Besoffenheit über dem Leichnam der Lady Di war vielen Einheimischen zuwider.

Die Mehrheit begnügt sich mit dem neuen Ministerpräsidenten als politischer Symbolfigur – trotz dessen wenig volkstümlichen leptosomen Körperbaus. Am Kabinettstisch sorgen die Inhaber der Nickplätze vis-à-vis dem Premier für ein Modicum an höfischem Flair. Die Oppositionsparteien verhalten sich ungewollt loyal.

Etwas beunruhigend sind die Wahlerfolge der Naturgesetzpartei, die das Schneidersitzhüpfen als Allheilmittel praktiziert und in Kötzting zur drittstärksten Kraft aufgestiegen ist. Eine subjekti-

---

* »Das Schwein, das sich in allen Lasterpfützen von Italien wälzte« *(Hessischer Landbote)*

ve Bedrohung geht von den Exgenossen um Stefan Heym aus. Doch sind die Rotwildschützen und andere *non-government organizations* auf der Hut.

Die Teilrepublik hat ihren natürlichen Platz zwischen Laptop und Lederhose gefunden. Technikbegeisterung paart sich mit ausgeprägtem Geschichtssinn. Noch Jahre nach dem Absturz wissen die Anwohner, wie tief die Einmotorige sich in den Wiesengrund gebohrt hat. Ferner ermittelt ein vollelektronisches Meßgerät auf den hundertstel Millimeter genau die Zinkenzahl, die Aufschluß gibt über den Besitzer der größten Nase im Land. Der Obatzde ist längst mit einem Strichcode versehen, und die Hopfenbauer-Newsgroup chattet im Bürgernetz like nobody's business. Zum Abschied war es uns vergönnt, an einem altherkömmlichen Erdäpfel-Dämpfen mit High-Tec-Wasser- und Lichtspielen teilzunehmen.

Das Wirtschaftsleben wird von Risikobereitschaft und Innovationskraft getragen. Eine darbende Käseschachtelfabrik konnte über den Verein »Stille Hilfe Südtirol« vor dem Ruin bewahrt werden. Beim Neubau des Schneefernerhauses auf der fast 3000 Meter hohen Zugspitze wurde den Arbeitern von 80 Mark gerade mal 15 Mark ausbezahlt: wirtschaftliches Denken an höchster Stelle. Ein geschicktes Management läßt Aufwendungen im Inland, Erträge im Ausland anfallen und sorgt für Transparenz. Beim Tag der offenen Tür eines Automobilkonzerns staute sich der Besucherverkehr bis auf die Autobahn zurück, so daß nach einem Auffahrunfall ein Menschenleben zu beklagen war.

Die Aussichten für eine erfolgreiche Eingliederung von Straftätern werden landesweit eher zurückhaltend eingeschätzt (»a Bandit bleibt a Bandit«). Die Todesstrafe bietet nach verbreiteter Meinung den Vorteil, Wiederholungstätern das Handwerk zu legen. Die Basis hätte jener Polizistin, die mit einem Schuß zwei Staatenlose erlegte, am liebsten einen Orden verliehen. Einer volkstümlichen Auffassung von Rechtspflege entstammt der Rat, einen jugendlichen Straftäter namens »Mehmet« mit der Schaufel zu erschlagen, weil für ihn die Kugel zu schade sei.

Zwangsarbeit gäbe man einer Therapierung von Sexualtätern den Vorzug. Der Einwand, die Arbeit sei ohnehin knapp, wird mit dem Argument gekontert, der inkriminierte Personenkreis könne den Watzmann abtragen oder umsetzen, Stein für Stein, zwölf Stunden am Tag. Der tiefere Grund für die Unnachgiebigkeit bei der Strafzumessung liegt wohl darin, daß die Motive von Sittlichkeitsverbrechern in Zweifel gezogen werden (»es gabat so vui Weiba, die wos dankbar waarn«). Die soziologische Jurisprudenz sieht für eine Reform des Sexualstrafrechts drei Möglichkeiten: den Täter der Verwandtschaft des Opfers überlassen; ihn an die Sonnenseite der Scheune nageln, bis er vertrocknet, oder als Generalprävention: »Zipfi o' schnei'n«.

Die jüngste Rechtschreibreform begünstigt das Vordringen des Hochdeutschen und läßt dialektgewohnte Bürger um ihre körperliche Unversehrtheit bangen. Das zackige »muss« des Norddeutschen beansprucht die Sprachmuskulatur nun einmal stärker als ein bayrisch-breites »muß«. Der Härte von Mitlauten geht man aus dem Weg. »Ich trinke eine oder zwei Maß« wird zu »I dring oane oda zwoa Maß« oder noch vokalreicher und eigentlich korrekt »I dring a Maß a zwoa«. Um überflüssige Anstrengungen zu vermeiden, wird bei der Satzbildung auf Kürze geachtet. »Geng mas o« heißt »gehen wir es an«. »Host wos« dürfte gleichbedeutend sein mit »Bist du verstimmt?« und »Mogst blos'n?« mit »Wünschen der Herr einen Cunnilingus?«

Der Altbayer beherrscht noch die klassischen Redefiguren wie Antiphrase* (»ja, Sie g'frein mi«) oder Aposiopesis** (»Ihr könnt's

---

* die Bezeichnung durch das Gegenteil
** das Verschweigen durch Abbrechen

mi!«). Ein Meister des Bayrischen war Karl Valentin, dessen Schriften leider in die Hände eines dialektunkundigen Herausgebers gefallen sind, der nicht einmal das Elementarste, die stets sprecherperspektivische Verwendung von Richtungsadverbien, begriffen hat (siehe Seite 56). Ob einbürgerungswillige Nichtbayern einen Sprachtest ablegen sollten, ist umstritten, weil dann auch Österreicher betroffen wären, die von Haus aus einen alpinen Dialekt sprechen.

Fremdsprachen werden umstandslos assimiliert. Im Warteraum der Chiemsee-Schiffahrt zu Prien vertrieben wir uns die Zeit über einer Cola *leight*. Der Fraktionsvorsitzende einer großen Münchner Rathauspartei versicherte, er sei kein *Matschiavelli*. Im Club der Stockcarfans zu Schönau spielen *El Toreros* zum Tanz auf. Nahe der größten Universität des Landes betrat ein junger Bursche eine romanistische Buchhandlung und rief der Fachkraft zu: »Sie, hohm'S an *Cid* do?«

Ein polyglottes Lehrstück wurde uns anläßlich des Besuchs einer Delegation aus China im Rahmen der Städtepartnerschaft vorgeführt. Der etatmäßige Dolmetscher war ausgefallen. Also drängte der Bürgermeister einen anderen Mitarbeiter, die Begrüßungsansprachen der chinesischen Delegierten zu übersetzen. Nach anfänglichem Sträuben tat der das auch, Wort für Wort, Satz für Satz. Alle lächelten und waren zufrieden. Der Ersatzdolmetscher wurde zum Helden des Tages, erhielt von allen Seiten Komplimente, Freibier und die Aussicht auf Beförderung. Bis er mit einem einzigen lakonischen Satz seinen Nimbus wieder zerstörte: »Mei, was werns scho' g'sagt ham.«

Mangels Effekt stellte der Bayerische Rundfunk sein Studienprogramm wieder ein. Seither ist jeder Erwachsene eingeladen, auf individuelle Formen der Weiterbildung zurückzugreifen. Daß Reisen bildet, hat sich herumgesprochen: »Es gibt Kulturreisen, Sepp, die wo ned langweilig san.« Andere finden über ihre Ehepartner Zugang zur Kultur. Ein bekannter Mittelfeldspieler meinte: »Sie hat mich für Musical, Oper, Theater, Museen begeistert, lauter Dinge, die mir vorher links am Arsch vorbei gegangen sind.« Die Theaterbegeisterung geht quer durch alle Schichten. Ein Kidnapper gab sich beim Kauf von Handschellen als Theaterrequisiteur aus und ließ die Rechnung auf »Kammerspiele München« ausstellen.

Die landestypische Volksmusik zählte zu den wichtigsten Push-Faktoren bei der Auswanderung nach Übersee, doch lassen sich die Daheimgebliebenen davon nicht beirren. Musik ist Politikersatz. Als bei einer Kundgebung ein hoher Parteifunktionär wegen Erkrankung absagen mußte, sprangen die »Rottaler Spitzbuam« in die Bresche und retteten den Abend. Die transnationale Wirkung von Musik wird weidlich genutzt und keine Blaskapelle, die nicht »Preußens Gloria« zu intonieren vermöchte. Blasmusik ist selbst unter Akademikern so etwas wie eine Obsession. Die Ärzte eines oberbayerischen Krankenhauses pumpen wie auch andere Mediziner Luft in den Darm des Patienten, um die Analyse zu erleichtern. Aber nur hier wird beim Ausströmen der Luft der Sphinkter manipuliert, um möglichst variantenreiche Töne zu erzielen.

Als der Schriftsteller Siegfried von Vegesack die Burg Weissenstein bezog, nannten ihn die Nachbarn einen Hungerleider, bei dem es nicht einmal für eine Brezel reichte. Die Dichterin Emerenz Meier konnte vom »Verserl schreiben« ebenfalls nicht leben und ging nach Amerika. Der bayerische Schriftstellerverband, auf Tradition bedacht, hält seine Mitgliederversammlung im »Leeren Beutel« zu Regensburg ab. Die höchsten Auflagen werden von schriftstellernden Laien erzielt, und dies, obwohl der obenzitierte Fußballstar nach Erscheinen seines Erstlings bekannte: »Schreiben ist nicht mein Milieu.« Während im anglo-amerikanischen Kulturkreis die Poesie als »the thing with feathers« angesprochen wird, wachsen dem bodenständigen Bayern keine Flügel. Vor seiner Stammkneipe in der Berg-am-Laim-Straße wollte ein Betrunkener einen Vogel imitieren, prallte mit rudernden Armen gegen eine Trambahn und blieb schwerverletzt liegen.

In der Gastronomie setzt sich ein neuer Umgangston durch. Statt »Was derf's sei« fragt der Ober »Kann ich schon was Gutes für Sie tun?« Die geschwollene Ausdrucksweise paßt zu Preisen und veränderten Konsumgewohnheiten. Im extravaganten »Königshof« schlotzt die Filmstatisterie den Kaviar vom Handrücken. An den Prominententischen der Oktoberfestzelte kostet eine Portion Kaviar 750 Mark, aus Maßkrügen schäumt der Champagner zu 1480 Mark.

Bayern lehnte seinerzeit das Grundgesetz ab, weil darin nur die ungestörte Religionsausübung, nicht aber der ungestörte Bierausschank festgeschrieben war. Der erhöhte Flüssigkeitsbedarf des Stammes setzt gewisse Priorisierungen. Typischerweise findet ein Bierfest mit Fußballturnier statt und nicht etwa umgekehrt. Egal wie groß ein Bierzelt, bei Überfüllung muß es mit Dobermannhunden und Feuerlöschern gegen den Ansturm Durstleidender verteidigt werden. Krankenhäuser sind während des großen Volksfestes verpflichtet, jeden Alkoholvergifteten zu versorgen, selbst wenn alle Betten belegt sind. Denn nur geübte Trinker wissen, wann sie den Konsum des Starkbiers einstellen müssen, dann nämlich, wenn sie unter dem Tisch liegen.

Über den Umfang staatlicher Einmischung in die Alkoholabgabe herrscht Dissens. Die Freischankflächen auf öffentlichem Straßengrund dürfen nur in der warmen Jahreszeit genutzt werden. Biergärten müssen zu einer bestimmten Stunde schließen, urteilte ein Gericht. Eine Verlängerung der Öffnungszeiten per Exekutivanordnung und gegen die Justiz forderte ein Staatsminister, der vorher als alkoholisierter Todesfahrer von sich reden gemacht hatte.

Der Drogensucht nach Schweizer Vorbild mit Fixerstüblis zu begegnen, wird abgelehnt. Ein Funktionär der staatstragenden Partei fand diese Idee so abwegig, daß er eine Protestversammlung einberief – in einem Bierzelt.

Diskotheken haben sich zu Orten entwickelt, an denen die erste Begegnung zwischen den Geschlechtern stattfindet. Die Flirtversuche fallen manchmal noch etwas unbeholfen aus. In der Disco »Zum Bauernsepp« hatte der Landwirtssohn lange überlegt, wie er die Mollige neben sich an der Bar ansprechen könnte. Bis er schließlich einen geeigneten Gesprächsstoff gefunden zu haben glaubte: »Wos host 'n du für a Schuahgröß?« Manch junge Frau muß auf verbales Vorgeplänkel ganz verzichten und erleiden, daß ihr auf der Tanzfläche ein Unbekannter gleich »seine dicke Hose hindrückt«.

Ein »Schwanzata« hat höhere Heiratschancen als ein normal ausgestattetes Mannsbild. Nichts klingt süßer in seinen Ohren, als wenn die Mädchen in seinem Rücken tuscheln »der hot's XL«. Allerdings sollte das Glied nicht dermaßen groß geraten sein, daß die Partnerin sich vorm Verkehr fürchten und die Schwiegerleute einen Melkschemel dazwischen halten müssen. Neben dem Sexuellen spielt das Ökonomische eine Rolle. Aus paritätischen Gründen wurde seit jeher darauf geachtet, daß Sach' zu Sach' kommt. Diese Tradition wird heute über die Milchkontingente fortgeführt. Wenn er 500 Liter hat, sollte sie nicht viel weniger haben.

Das Spiel »Kasperl in der Schlucht«, das die beiden aller Wahrscheinlichkeit bereits vor der Hochzeit geprobt haben, verliert nach der Legalisierung an Reiz. Besonders beim Ehemann läßt das Verlangen rasch nach. »I kannt am Doog fünfmoi, wann I jedsmoi a anders Wei' hätt«*, sagte der Wirt einer Gaststätte am Wör-

---

* Bei wechselnden Partnern wäre ich fähig, Koitus fünfmal täglich zu exerzieren.

thersee unter beifälligem Nicken seiner Stammgäste. Ein Witwer warf ein: »Na, heirat'n tua I nimma. Liaba tua I mia an zwoatn Hund her. I bin so gern alloa. My castle is my home. Na, wenn mi' a Frau o'glangt, dann friert's mi direkt.« Und als Nachgedanke zu der einzigen anwesenden Dame: »Entschuldigen's«. Ein Dritter hebt sein Glas, alle andern folgen und skandieren:

Luja luja hamma g'sunga
hamms uns unsre Weiba gnumma
Luja luja sing ma nimma
Kannten 'ses uns wieda bringa.

Die Heiratswilligkeit ist am stärksten ausgeprägt bei Homosexuellen und bei Geistlichen, wobei der heterosexuelle Teil der Bevölkerung dem Wunsch der ersten Gruppe wenig, dem der letzten volles Verständnis entgegenbringt. Als der Pfarrer von Schmatzhausen die Mutter seines Sohnes ehelichen wollte, konnte er mit der Solidarität der ganzen Gemeinde rechnen.

Ob in den Schulen Kreuze aufgehängt werden dürfen oder nicht, mußte höchstrichterlich entschieden werden. Das Kruzifix-Urteil des Bundesverfassungsgerichts hat im In- und Ausland für Schlagzeilen gesorgt. »Crucifix conflict in Bavaria« titelte die *Toronto Globe & Mail*, und die Berliner *taz* zog nach mit: »Kruzifix! Bayern ohne Balkensepp«. Betroffene Eltern wollten nicht ausschließen, daß unter den Karlsruher Richtern »a paar Verkehrte« sind. Die königlich-privilegierte Feuerschützengesellschaft Miesbach setzte sofort ein Schießen gegen das Schandurteil an. Vor allem wurde befürchtet, daß mit dem Abhängen der Kreuze eine Schleuse geöffnet würde. Schon lag dem Petitionsausschuß ein Antrag aus dem protestantischen Nürnberg vor, die Formel »Grüß Gott« wegen des darin enthaltenen vertraulichen Du verbieten zu lassen.

Der Anfang vom Ende schien gekommen, als im *Altöttinger Anzeiger* des berühmten Wallfahrtsortes junge Strapsmäuschen inserierten. Ließ die Säkularisierung sich nicht mehr aufhalten? Bei den Thurn und Taxis gerieten weltliche und geistliche Familienmitglieder über Kreuz. Die erste christliche Videothek ohne Gewalt und Porno mußte mangels Nachfrage bald wieder schließen. Und doch gibt es eine Gegenbewegung, die Hoffnung macht. Als in Oberbergkirchen eine Mülldeponie errichtet werden sollte, rafften sich die Bürger auf und stellten an der geplanten Stelle eine Gnadenkapelle mit Marienbild hin. Mehr noch: Münchner Wiesenwirte fügen der geforderten Unbedenklichkeitsbescheinigung des Finanzamts freiwillig einen Beichtzettel des Erzbischöflichen Ordinariats bei. Das metaphysische Denken ist so fest im Stamm verwurzelt, daß irdische Dinge im Zweifelsfall zurücktreten müssen. Es ist alles Tand, sagt man sich in Altötting, deshalb kann ein Vertrag auch einmal zurückdatiert werden. Mit 30 Messerstichen in Brust und Rücken brachte der Ehemann seine junge Frau um. In der Todesanzeige schrieben die Angehörigen, Gott habe sie zu sich gerufen.

An Allerseelen melden die Zeitungen reges Leben auf den Friedhöfen. Dem Tod unverwandt ins Auge zu sehen ist eine vielfach dokumentierte Stammeseigenschaft. Als der Lokführer vor der Selbstmörderin nicht mehr bremsen konnte, schickte er sich ins Unvermeidliche: »Do hob I's hoid mit 80 ka-em-ha bedient, do is as Hirn an da Scheib'n dro g'hängt«. Der eine oder andere Todesfall darf gewohnte Abläufe nicht beeinträchtigen. »Traumstart in frühen Winter – Pannenhelfer starb bei Unfall«, schrieb der *Donaukurier*. Die Vorstellung, man könne den Zeitpunkt des eigenen Todes selbst bestimmen, drückt sich in transitiven Formen aus: »Wenn ich einmal den Löffel weglege« oder »sollte ich einmal den Schirm zumachen«. Die Verwunderung über den intransitiven Charakter des Todes ist dann um so größer, wenngleich von kurzer Dauer. Der Teilnehmer an einem Weißwurst-wettessen erstickte, weil er sich aus Zeitersparnisgründen eine ganze Wurst in den Rachen gesteckt hatte.

Das Trauerzeremoniell bildet eine Brücke zwischen Leben und Tod. Eine Leberzirrhose hatte den beliebten Volksschauspieler plötzlich und unerwartet hinweggerafft. Die Trauergäste strebten schon wieder ihren Limousinen zu, da trat eine der Trauernden noch einmal ans Grab, öffnete eine Bierflasche, goß den Inhalt in die Gruft. Und hielt inne. Dann warf sie auch die leere Flasche ins Dunkel. Ruhet in Frieden.

Umatac, im Januar 2000   McC.

Weiterführende Literatur

Abraham a Santa Clara, *Gack, Gack, Gack, Gack, A Ga einer wunderseltsamen Hennen in dem Herzogthum Bayrn*, 2. Auflage, München 1742.

Peter Auzinger, *Es feit si nix!*, München [vor 1909].

Walter Drexl, *Gugu-Pamperln und Schnig Schnag Schnur*, Landsberg 1987.

U. Ehmann, *Zur Karieshäufigkeit bei den Bajuwaren* [Diss. med. dent.], München 1967.

Otto Grashey, »Noch einiges über Luchse in Bayern«, in: *Das Bayerland*, 1894, S. 94-95.

Georg Häring, *Dö woazan und eahne Gai*, Plattling o.J. [ca. 1989].

Ders., *Söizogn, strangkitzli und stoigrante*, Straubing 1980.

Peter Hoinka, *Statistical Analysis of Foehn and Foehnic Opening*, München 1979.

Fitzgerald Kusz, *Wennsdn sixd dann saxdersn*, München 1981.

Herbert Maas, *Mausgesäß und Ochsenschenkel*, 2. Auflage, Nürnberg 1986.

Ders., *Wou dee Hasen Hoosn und die Hosen Huusn haaßn*, Nürnberg o.J.

R. W. B. McCormack, »Die Bayern – teilnehmend beobachtet«, in: *Merkur. Deutsche Zeitschrift für europäisches Denken*, Nr. 12/1988, S. 1047ff.

Inge Peitzsch, *G'lebt is glei* [engl. Ausgabe: *Make the most of life*], 3. Auflage, Passau 1984.

Georg Queri, Hrsg., *Die Schnurren des Rochus Mang, Baders, Meßners und Leichenbeschauers zu Fröttmansau*, München 1911.

Hans Sachs, *Äpfel, Keile, Hörner und Xanthippen*, Neudruck, Leipzig 1928.

Maria Schwägerl, *dalust und daspächd*, Nabburg 1958.

Peter Thalheim, *Schtrumpfsoggad*, München 1983.

Josef Zintl, »Prosodic Influences on the Meaning of ›Leck mich am Arsch‹ in Bavarian«, in: *Maledicta. The International Journal of Verbal Aggression*, IV, 1, 1980, S. 9-95.

Über den Verfasser

Der gebürtige Texaner R.W. B. McCormack hat in Harvard und Heidelberg studiert. Nach seiner Promotion über die *Verwandt-schaftsbeziehungen kenyattischer Kamelnomaden* übernahm er eine Professur für Kulturanthropologie und Ethnolinguistik an der *Simon Suggs* Universität. Zu seinen wichtigsten Veröffentlichungen zählen Betrachtungen über das *Schwirrholz bei den westlichen Pueblos* und eine Studie über die *Rolle des Schamanen in polyethnischen Kulturen.*

Professor McCormack ist verheiratet und hat drei Töchter. Er lebt auf Guam.

*

Das vorliegende Werk ist einem Symposium des *American Council of Learned Societies* (ACLS) über den Einfluß prämoderner Gesellschaften auf das globale Geschehen entsprungen. Der Verfasser dankt der *Friedrich von Orschel-Stiftung* für die großmütige Unterstützung während seiner Feldforschungsaufenthalte in Bayern.

*

Wir danken den Rechteinhabern der Bildzitate für ihre freundliche Genehmigung zum Abdruck. Es konnten nicht alle ermittelt werden. Gegebenenfalls bitten wir um Nachricht.